PLANO DE NEGÓCIOS
ELEMENTOS CONSTITUTIVOS E PROCESSO DE ELABORAÇÃO

EDITORA
intersaberes

O selo DIALÓGICA da Editora InterSaberes faz referência às publicações que privilegiam uma linguagem na qual o autor dialoga com o leitor por meio de recursos textuais e visuais, o que torna o conteúdo muito mais dinâmico. São livros que criam um ambiente de interação com o leitor – seu universo cultural, social e de elaboração de conhecimentos –, possibilitando um real processo de interlocução para que a comunicação se efetive.

PLANO DE NEGÓCIOS
ELEMENTOS CONSTITUTIVOS E PROCESSO DE ELABORAÇÃO

EGON WALTER WILDAUER

EDITORA
intersaberes

Av. Vicente Machado, 317 . 14º andar
Centro . CEP 80420-010 . Curitiba . PR . Brasil
Fone: [41] 2106-4170 . www.intersaberes.com . editora@editoraintersaberes.com.br

Dr. Ivo José Both (presidente)	Conselho editorial	Informamos que é de inteira responsabilidade do autor a emissão de conceitos.
Dr.ª Elena Godoy		
Dr. Nelson Luís Dias		Nenhuma parte desta publicação poderá ser reproduzida por qualquer meio ou forma sem a prévia autorização da Editora InterSaberes.
Dr. Neri dos Santos		
Dr. Ulf Gregor Baranow		
Lindsay Azambuja	Editor-chefe	
Ariadne Nunes Wenger	Editor-assistente	A violação dos direitos autorais é crime estabelecido na Lei nº 9.610/1998 e punido pelo art. 184 do Código Penal.
Tiago Krelling Marinaska	Preparação de originais	
Roberto Querido	Capa, projeto gráfico e diagramação	Foi feito o depósito legal.
		1ª edição, 2013
Danielle Scholtz	Iconografia	

Dados Internacionais de Catalogação na Publicação (CIP)
(Câmara Brasileira do Livro, SP, Brasil)

Wildauer, Egon Walter
  Plano de negócios: elementos constitutivos e processo de elaboração / Egon Walter Wildauer. – Curitiba: InterSaberes, 2013. – (Série Plano de Negócios).

  Bibliografia
  ISBN 978-85-8212-025-5

  1. Administração de empresas 2. Empreendimentos 3. Plano de negócios I. Título. II. Série.

12-07601   CDD 658.4012

Índices para catálogo sistemático:
1. Plano de negócios: Empreendimentos: Administração de empresas 658.4012

Sumário

Apresentação, 13

Como aproveitar ao máximo este livro, 17

1 – O início do empreendimento, 22

    1.1 – Elementos do perfil de um empreendedor, 26

2 – Planejamento e plano de negócios, 36

    2.1 – Conceitos de plano de negócios, 39

    2.2 – Necessidade do planejamento e da formulação do plano de negócios, 40

    2.3 – O processo de planejamento de um plano de negócios, 45

    2.4 – Clientes do plano de negócios, 49

    2.5 – Uso do plano de negócios, 50

    2.6 – Cuidados na elaboração do plano de negócios, 51

3 – Estrutura de um plano de negócios, 56

- 3.1 – Sumário executivo, 59
    - 3.1.1 – Enunciado do projeto, 60
    - 3.1.2 – Apresentação da empresa: organograma, estrutura organizacional e legal, 63
    - 3.1.3 – Informações dos integrantes da empresa, 65
    - 3.1.4 – Visão da empresa: questão de foco, 66
    - 3.1.5 – Planejamento, 68
    - 3.1.6 – Objetivos, 68
    - 3.1.7 – Missão, 69
    - 3.1.8 – Estratégias, 72
    - 3.1.9 – Produtos e tecnologia, 75
    - 3.1.10 – Capital e investimentos da empresa, 78
    - 3.1.11 – Análise contextual: requisitos e necessidades, 78
- 3.2 – Análise de mercado, 79
    - 3.2.1 – Análise ambiental e tamanho do mercado: SWOT e 7W3H, 80
    - 3.2.2 – Análise macroambiental, 90
    - 3.2.3 – Análise externa, 92
    - 3.2.4 – Análise interna, 95
    - 3.2.5 – Público-alvo, 96

4 – Planos de *marketing*, 100

- 4.1 – Análise de mercado, 107
- 4.2 – Estratégias do produto, 108
    - 4.2.1 – Classificação do produto, 108
    - 4.2.2 – Características do produto, 110
    - 4.2.3 – Gerenciamento dos produtos, 111
    - 4.2.4 – Processos dos produtos, 112
- 4.3 – Estratégias do preço, 116
    - 4.3.1 – Conceitos econômicos, 117
    - 4.3.2 – Estratégias de preço, 118
    - 4.3.3 – Efeitos do preço, 118

4.3.4 – Questão legal dos preços, 119
4.3.5 – Ética do preço, 120
4.3.6 – Mercadorias e preço, 120
4.3.7 – Fatores do preço, 122
4.3.8 – Avaliação estratégica do preço, 125
4.4 – Estratégias da praça: localização e distribuição, 126
   4.4.1 – Segmentação de mercado, 127
   4.4.2 – Canais de comercialização, 128
   4.4.3 – Gerenciamento dos canais de distribuição, 129
4.5 – Estratégias da promoção/divulgação: publicidade (composto promocional), 132
4.6 – Nichos de mercado, 139
4.7 – Diferencial competitivo: produto e/ou serviço, 143
4.8 – Entrega: venda e pós-venda, 153

5 – Plano operacional, 158

5.1 – Projeto contingencial: escopo e ambiente, 161
   5.1.1 – Ciclo de vida do produto, 164
   5.1.2 – Serviços, 166
   5.1.3 – Forecast, 170
   5.1.4 – Capacidade instalada: atual e prevista (*forecast*), 172
   5.1.5 – Tecnologia envolvida, 178
   5.1.6 – Pesquisa e desenvolvimento, 180
   5.1.7 – Cronograma, 182
   5.1.8 – Tributos sobre produtos e serviços, 191
   5.1.9 – Matéria-prima envolvida, 195
   5.1.10 – Processos e operações, 196
   5.1.11 – Fluxograma operacional, 201
   5.1.12 – Identificação dos processos críticos: gargalo, 205
   5.1.13 – Instalações e arranjo físico quanto a equipamentos e materiais, 207
   5.1.14 – Recursos humanos, 215
   5.1.15 – Logística, 218
   5.1.16 – Gerenciamento de custos e financiamentos, 220

- 5.1.17 – Estimativa de custos, 221
- 5.1.18 – Orçamento, 229
- 5.1.19 – Controle de custos, 231
- 5.1.20 – Comunicações, 236
- 5.1.21 – Riscos, 243

6 – Plano financeiro, 252
- 6.1 – Investimento inicial, 255
- 6.2 – Projeção de resultados, 258
- 6.3 – Indicadores para análise de investimentos ao plano financeiro, 260
- 6.4 – Fluxo de caixa, 263
- 6.5 – Ponto de equilíbrio, 268
- 6.6 – Balanço patrimonial, 271

7 – Plano jurídico, 280
- 7.1 – Leis e contratos, 283
- 7.2 – Documentações do plano de negócios, 284

8 – Cenários, 288

9 – Avaliação do plano de negócios, 294
- 9.1 – Avaliação da viabilidade do plano de negócios, 298

Para concluir..., 303
Referências, 307
Respostas, 321
Sobre o autor, 331

À minha filha Ingrid, fonte de força e vida.

Apresentação

Pretendemos, com esta obra, apresentar um roteiro para elaborar um plano de negócios, elencando os principais elementos que o compõem e expondo, de forma simples e direta, os principais cuidados e a atenção a serem considerados nas tomadas de decisão acerca de um ou outro plano de ação. Iniciamos com a apresentação do empreendedorismo como elemento essencial para o início de um negócio, passando à explanação sobre o processo de planejamento e a definição da visão e da missão do negócio. No decorrer da obra, listamos os comportamentos do empreendedor e, na sequência, apresentamos o roteiro do plano de negócios passo a passo em cada um dos seus componentes: a estrutura do plano de negócios, a forma, os elementos e o contexto dos planos de *marketing*, operacional, financeiro e jurídico.

Dividida em capítulos, a obra mostra o roteiro da produção do plano de negócios e os elementos que devem ser apresentados em cada um de seus estágios, mostrando a forma, as ferramentas e as maneiras de se estruturar cada um dos planos, com questionamentos e dicas de elementos a serem contemplados. O objetivo é deixar você muito à vontade para raciocinar a respeito do seu negócio e do que deseja apresentar na concretização deste.

Com a leitura deste livro, teremos a oportunidade de verificar seus conhecimentos sobre um plano de negócios e sobre cada um dos planos que o compõem, podendo ser utilizado como um referencial para estruturar (ou reestruturar) seu empreendimento. Esta obra também se concentra na visão do plano de negócios, cuja concepção, construção e execução devem se dar sobre seus elementos constitutivos. Com base nesse ponto de vista, objetivamos demonstrar que o plano de negócios é um projeto, com início, análise, desenvolvimento, implementação e finalização devidamente planejados, visando atender às expectativas e aos anseios dos sócios, dos parceiros, dos acionistas, dos clientes e dos fornecedores.

No **Capítulo 1**, apresentamos uma introdução sobre o empreendedorismo e seus conceitos; no **Capítulo 2**, enfocamos o ciclo de planejamento como elemento central do projeto, chamando a atenção para o uso do plano de negócios, com destaque para os clientes e os cuidados a serem tomados na elaboração desse documento. No **Capítulo 3**, são examinados os elementos que compõem a estrutura do plano de negócios, detalhando o que não deve faltar nele. O **Capítulo 4** trata sobre o plano de *marketing* e seus "Ps", enfatizando estratégias e sua ligação com o nicho de mercado, diferencial competitivo e estrutura de vendas. O **Capítulo 5** aborda o plano operacional, chamando a atenção para as ações do projeto empreendedor. O **Capítulo 6** envolve o plano financeiro e seus elementos, discorrendo sobre taxas e tributos aplicados nos principais modelos de empresas. No **Capítulo 7**, são analisados o plano jurídico e os cuidados relativos a leis, regulamentos e normas envolvidos no seu

Apresentação

negócio. Nos **Capítulos 8** e **9** são apresentados os elementos e cuidados a serem tomados na elaboração de cenários e na avaliação do plano de negócios, respectivamente.

A obra também traz questionamentos e exercícios de fixação e de reflexão, com a intenção de levar você a pensar sobre seu plano de negócios e em como ele pode ajudá-lo a concretizar seu sonho, seu ideal de ser dono de um empreendimento.

Como aproveitar ao máximo este livro

Este livro traz alguns **recursos** que visam **enriquecer** o seu **aprendizado**, facilitar a compreensão dos conteúdos e **tornar a leitura mais dinâmica**. São ferramentas projetadas de acordo com a natureza dos temas que vamos examinar. Veja a seguir como esses recursos se encontram distribuídos na obra.

Conteúdos do capítulo:

- conceito de empreendedor;
- esclarecimento do perfil do empreendedor;
- elementos que fazem um empreendedor;
- o que o Sebrae alerta sobre o empreendedorismo e o empreendedor;
- teoria das necessidades.

Após o estudo deste capítulo, você será capaz de:

- elencar os elementos que caracterizam um empreendedor;
- entender, compreender e saber divulgar o que o Sebrae alerta sobre o empreendedorismo e o empreendedor;
- saber a influência e a contribuição que a teoria das necessidades de Maslow apresenta para o empreendedor.

Conteúdos do capítulo

Logo na abertura do capítulo, você fica conhecendo os conteúdos que serão nele abordados.

Após o estudo deste capítulo, você será capaz de:

Você também é informado a respeito das competências que irá desenvolver e dos conhecimentos que irá adquirir com o estudo do capítulo.

Estudo de caso

Esta seção traz ao seu conhecimento situações que vão aproximar os conteúdos estudados de sua prática profissional.

Estudo de caso

Análise SWOT

Neste estudo de caso, o intuito é trazer informações que enriqueçam e facilitem a elaboração de planejamento estratégico, através da análise SWOT, buscando a utilização dos próprios diferenciais para alcances benéficos no crescimento e na formação de diferencial competitivo no mercado.

Para isso, o uso dessa ferramenta irá nos auxiliar na avaliação à qual estamos submetidos perante nossos concorrentes e parceiros. Utilizaremos a análise SWOT no processo de avaliação de uma organização do litoral do Estado do Paraná, município de Guaratuba, atuante no ramo de prestação de serviços de contabilidade a empresas da região, que busca o seu crescimento diante de um mercado escasso, frágil e repleto de concorrentes.

Síntese

Este capítulo chamou a atenção para o fato de que um negócio tem origem no empreendedorismo. O processo de amadurecimento do empreendedor que existe dentro de cada indivíduo parte de um processo de inovação – o empreendedor seleciona as informações reunidas em seus questionamentos, estrutura seu pensamento e suas ideias, criando, assim, uma oportunidade de negócio. A realidade, ou seja, a concretização do sonho do empreendedor, é a chave de sucesso de muitos empreendedores. Muitos começam cedo, outros tarde, mas todos, de uma maneira ou de outra, reúnem as forças e os recursos necessários para concretizarem, para materializarem seus sonhos.

Síntese

Você dispõe, ao final do capítulo, de uma síntese que traz os principais conceitos nele abordados.

Questões para reflexão

Nesta seção, a proposta é levá-lo a refletir criticamente sobre alguns assuntos e trocar ideias e experiências com seus pares.

Questões para reflexão

Há pessoas que invertem a pirâmide das necessidades de Maslow, buscando, por exemplo, a autoestima em primeiro lugar, em detrimento das outras necessidades.

1. O que você acha disso?
2. Quais seriam as consequências dessa escolha para os indivíduos e para aqueles que os circundam?
3. O que explica essa inversão de necessidades?

Questões para revisão

1. Quais as principais características de um empreendedor?
2. De acordo com a teoria das necessidades de Maslow, qual é a organização estrutural da pirâmide das necessidades e por que seus elementos são importantes para o empreendedor?
3. Por que um empreendedor necessita partir para o planejamento de seus ideais?
4. Quais as realizações que um empreendedor pode esperar em sua carreira?
5. De quais características de poder o empreendedor necessita para iniciar seu negócio?

Para saber mais

GRAVES, C. W. Levels of existence: an open systems theory of values. **Journal of Humanistic Psychology**, Washington, DC, n. 10, p. 131-135, 1970.
   Esse artigo apresenta uma abordagem interessante sobre o tema dos "níveis de existência" de uma pessoa, caracterizando pontos que identificam as realizações do empreendedor.

Questões para revisão

Com estas atividades, você tem a possibilidade de rever os principais conceitos analisados. Ao final do livro, o autor disponibiliza as respostas às questões, a fim de que você possa verificar como está sua aprendizagem.

Para saber mais

Você pode consultar as obras indicadas nesta seção para aprofundar sua aprendizagem.

Importante!

Algumas das informações mais importantes da obra aparecem nestes boxes. Aproveite para fazer sua própria reflexão sobre os conteúdos apresentados.

Pense a respeito

Aqui você encontra reflexões que fazem um convite à leitura, acompanhadas de uma análise sobre o assunto.

Preste atenção

Nestes boxes, você confere informações complementares e importantes a respeito do assunto que está sendo tratado.

O início do empreendimento

Conteúdos do capítulo:

- Conceito de empreendedor;
- Esclarecimento do perfil do empreendedor;
- Elementos que fazem um empreendedor;
- Alertas do Sebrae sobre o empreendedorismo e o empreendedor;
- Teoria das necessidades.

Após o estudo deste capítulo, você será capaz de:

- elencar os elementos que caracterizam um empreendedor;
- entender, compreender e saber divulgar os alertas dados pelo Sebrae sobre o empreendedorismo e o empreendedor;
- compreender a influência e a contribuição que a teoria das necessidades de Maslow apresenta para o empreendedor.

Antes de iniciarmos o estudo sobre o plano de negócios, devemos ter consciência de que qualquer plano de negócios possui sua origem agregada a um fator importantíssimo – o empreendedorismo! É nele que se origina um plano de negócios; é nele que reside a origem e a formação de um negócio, que engloba todos os conteúdos do referido plano.

Pela visão de Bernardi (2003, p. 13), empreendedor é

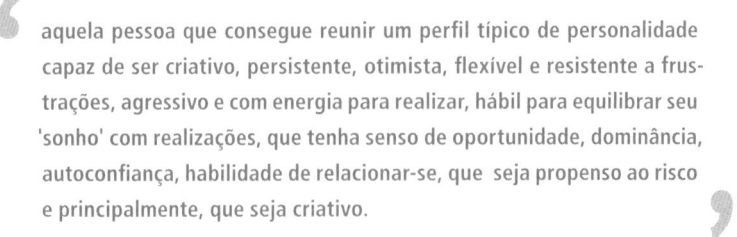

> aquela pessoa que consegue reunir um perfil típico de personalidade capaz de ser criativo, persistente, otimista, flexível e resistente a frustrações, agressivo e com energia para realizar, hábil para equilibrar seu 'sonho' com realizações, que tenha senso de oportunidade, dominância, autoconfiança, habilidade de relacionar-se, que seja propenso ao risco e principalmente, que seja criativo.

capítulo 1

Com as incertezas do sistema no mundo globalizado, Bernardi (2003, p. 20) já comentava a necessidade de percebermos as interações destes e os rumos que o empreendedorismo deve tomar nesse sistema:

- necessidade de mudança constante;
- conduta de não desperdício ou de não trabalho com supérfluos;
- os resultados do empreendimento alinhados a resultados globais;
- diferenças cada vez maiores das condições e dos fatores de relacionamento;
- crescimento constante da concorrência;
- preços competitivos como sinal de sobrevivência;
- o centro do empreendimento como a criação de valor e utilidade para o cliente;
- excelência no mercado como um conceito muito mais amplo do que realmente se imagina.

Portanto, entendemos como empreendedorismo a capacidade que uma pessoa possui de formular uma ideia sobre um determinado produto ou serviço em um mercado, seja essa ideia nova ou não. O empreendedor parte da concepção abstrata para uma concepção prática, na qual se apresentam elementos que possam ser discutidos. Os elementos são os mais diversos e tiveram sua origem em perguntas, dúvidas e respostas encontradas pelo empreendedor, o qual não precisa ser alguém com uma formação superior, com diploma de faculdade ou alguém que conte com cursos teóricos ou práticos (muito embora essa virtude ajude na rapidez em formular as perguntas e em encontrar as respostas certas).

Então, quando partimos de uma curiosidade acerca de algo que questionamos, que nos perguntamos, nós podemos obter respostas, descobrindo novas formulações e novas teorias acerca daquilo que realmente queremos descobrir. Muitos chamam isso de *inovação*. E será realmente inovação se a concepção da ideia posta em prática se apresentar como algo

> Empreendedorismo é a capacidade que uma pessoa possui de formular uma ideia sobre um determinado produto ou serviço em um mercado, seja essa ideia nova ou não.

novo no mercado, que surge ou é descoberto e rapidamente é posto em prática, com o objetivo de empreender, de originar um negócio!

1.1 Elementos do perfil de um empreendedor

Partindo de um processo inovador, o empreendedor começa a selecionar as informações coletadas em seus questionamentos, estruturando seu pensamento e suas ideias para transformá-los em uma oportunidade de negócio, ou seja, o empreendedor necessita de uma estrutura de pensamento sistêmico e visionário, com base no qual estabelecerá metas e desenhará trajetórias para alcançá-las (Filion; Dolabela, 2000).

> **Podemos então enumerar muitas características do empreendedor, sendo as principais a atitude de saber ouvir, de estar atento, de saber interpretar e analisar as informações do mercado, de ter condições de elaborar um planejamento de suas ações futuras, de traçar objetivos e todo um roteiro teórico-prático para poder atingi-lo. Sem essas premissas básicas, o empreendedor não terá sucesso na formulação do plano de negócios, muito menos na sustentação de seu negócio.**

Filion e Dolabela (2000, p. 31) definem o empreendedor como "uma pessoa que imagina, desenvolve e realiza visões".

Termos uma visão clara do futuro, das potencialidades, das capacidades e dos elementos que possam nos proporcionar a concretização de nossa visão é o mais importante para nós, empreendedores. Mas por que não traduzirmos a "visão" de Filion e Dolabela em "sonho"?

> O empreendedor necessita de uma estrutura de pensamento sistêmico e visionário, com base no qual estabelecerá metas e desenhará trajetórias para alcançá-las.

Precisamos perguntar a nós mesmos: "Qual é o meu sonho?"; "O que quero ser – ou possuir – daqui a alguns anos?". Essas perguntas são o abstrato da nossa visão, é o intangível (por enquanto), que se tornará tangível quando planejarmos estratégias, arquitetarmos ações e definirmos metas que tornem esse nosso sonho em realidade.

A realidade, ou seja, a concretização do nosso sonho, é a chave de sucesso de muitos empreendedores. Muitos começam cedo, outros tarde, conseguindo alcançar seus objetivos por acreditarem e aplicarem seus esforços nos elementos de mercado que escolheram. Os elementos do perfil empreendedor, segundo Filion e Dolabela (2000), são:

- **Conceito de si**: Como nos enxergamos e como descrevemos nosso sonho.
- **Energia**: O quanto nos dedicamos para tornarmos nosso sonho em realidade, seja na quantidade, seja na qualidade.
- **Liderança**: Conjunto de atitudes e comportamentos que faz com que outros acompanhem a nossa visão, criando, dessa forma, parcerias de negócios.
- **Compreensão do setor**: Sabermos interpretar e compreender o mercado, lidando com seus ativos, com as pessoas envolvidas, com as necessidades e dificuldades encontradas; termos condições de apresentar vantagens e evitar desvantagens.
- **Relações**: Reflexo do nosso capital de relacionamento, ou seja, como nos relacionamos com amigos, colegas e parentes; em outras palavras, trata-se de nossa *network*.
- **Espaço de si**: O que é necessário para que nos conheçamos, para sermos e crescermos no decorrer do tempo.

Cossete (1990) afirma que, para facilitar a descoberta de oportunidades de negócio, é também adequado cultivar o pensamento intuitivo, positivo e criativo. Essa afirmação de Cossete nos leva a formular algumas questões: "Que produto/serviço diferenciado eu poderia apresentar nesse segmento de mercado?"; "O que eu posso fazer de melhor e mais específico nesse setor?". Conhecer o cliente potencial é a chave, lembrando que ele é um ser que se relaciona, que possui necessidades e requisitos.

> Cossete (1990) afirma que, para facilitar a descoberta de oportunidades de negócio, é também adequado cultivar o pensamento intuitivo, positivo e criativo.

Ainda tratando do empreendedorismo, uma pesquisa realizada pela McBer e pelo Management Systems International, por solicitação da ONU, em 2009, resultou em uma cartilha que apresenta as dez características do empreendedor e os trinta comportamentos empreendedores que cada característica contempla, sendo distribuída e utilizada pelo Sebrae em todo o Brasil.

Em seus cursos sobre empreendedorismo, o Sebrae-PR (2010) alerta sobre os três principais conjuntos distintos de características que o empreendedor deve ter, formados em torno das características *realização*, *planejamento* e *poder*. Vamos iniciar pelo conjunto das realizações[1]:

1° Busca de oportunidades e iniciativa:

- faz as coisas antes de solicitado/antes de ser forçado pelas circunstâncias;
- age para expandir as atividades a novas áreas, produtos ou serviços;
- aproveita oportunidades fora do comum para começar um projeto novo, bem como para obter recursos, equipamentos e apoio interno.

2° Persistência:

- age diante de um obstáculo significativo;
- age repetidamente ou muda para uma estratégia alternativa a fim de enfrentar um desafio ou superar um obstáculo;
- assume responsabilidade pessoal pelo desempenho no atingimento de metas.

---

[1] Para um maior aprofundamento sobre os três conjuntos de características empreendedoras, acesse o *site*: <http://www.sebraepr.com.br/portal/page/portal/PORTAL_INTERNET/BEMPR_INDEX/BEMPR_ARTIGO?_dad=portal&_boletim=4&_filtro=239&_artigo=3786>.

3° Comprometimento:

- faz sacrifícios pessoais ou despende um esforço extraordinário para concluir uma tarefa;
- junta-se a demais colaboradores ou se coloca no lugar deles, se necessário, para terminar um trabalho;
- esmera-se em manter os clientes satisfeitos e coloca em primeiro lugar a boa vontade a longo prazo, acima dos ganhos a curto prazo.

4° Exigência de qualidade e eficiência:

- encontra maneiras de fazer as coisas da forma mais rápida, mais adequada e mais barata;
- age de maneira a fazer coisas que satisfazem ou excedem padrões de excelência;
- desenvolve ou utiliza procedimentos para assegurar que o trabalho seja terminado a tempo ou que atenda a padrões de qualidade previamente combinados.

5° Correr riscos calculados:

- avalia alternativas e calcula riscos deliberadamente;
- age para reduzir os riscos ou controlar os resultados;
- coloca-se em situações que implicam desafios ou riscos moderados.

No campo do planejamento, o empreendedor apresenta:

6º Estabelecimentos de metas:

- estabelece metas e objetivos que são desafiadores e que têm significado pessoal;
- tem visão de longo prazo;
- estabelece objetivos de curto prazo mensuráveis.

7º Busca de informações:

- dedica-se pessoalmente a obter informações de clientes, fornecedorese concorrentes;
- investiga pessoalmente como fabricar um produto ou fornecer um serviço;
- consulta especialistas para obter assessoria técnica ou comercial.

8º Planejamento e monitoramento sistemáticos:

- planeja dividindo tarefas de grande porte em subtarefas com prazos definidos;
- revisa os planos feitos, baseando-se em informações sobre o desempenho real em novas circunstâncias;
- mantém registros numéricos e os utiliza para tomar decisões.

No campo do poder, as características do empreendedor incluem:

9º Persuasão e rede de contatos:

- utiliza estratégias deliberadas para influenciar ou persuadir os outros;
- utiliza pessoas-chave como agentes para atingir seus objetivos;
- age para desenvolver e manter relações profissionais.

10° Independência e autoconfiança:

- busca autonomia em relação às normas e controles de outros;
- mantém seu ponto de vista mesmo diante da oposição ou de resultados desanimadores;
- expressa confiança na sua própria capacidade de complementar uma tarefa difícil ou de enfrentar um desafio.

Ao lermos cada uma dessas características, podemos perceber que a atenção ao cliente e ao mercado que ele representa pode ser realizada observando-se suas necessidades.

Sobre esse assunto, Maslow (2003) apresenta a **teoria das necessidades**, na qual o autor afirma que, se um nível de necessidade é, de alguma forma, satisfeito, começam a prevalecer outras necessidades. Maslow hierarquizou-as em uma pirâmide, conhecida por *pirâmide das necessidades de Maslow*, como podemos observar na Figura 1.1 a seguir.

Figura 1.1 – Pirâmide das necessidades de Maslow

Fonte: Brandme, 2009.

Ao analisarmos a pirâmide, notamos que as necessidades fisiológicas (respirar, tomar água, comer, dormir, entre outras) são as necessidades básicas do ser humano, sendo, portanto, o objetivo primário de cada um, pois, sem conseguir satisfazê-las, será mais difícil um indivíduo satisfazer as outras necessidades.

Maslow (2003) não pretende propor um esquema do tipo "tudo ou nada", mas, sim, demonstrar um instrumento útil para prever o comportamento humano com maior ou menor probabilidade. Embora alguns motivos apareçam acima da superfície humana, muitos outros permanecem em grande parte subconscientes, não sendo óbvios nem fáceis de identificar.

No artigo *Levels of Existence: an Open Systems Theory of Values* (1971), o americano Clare W. Graves enfatiza que **os seres humanos existem em diferentes "níveis de existência"**. Em qualquer um desses níveis, o indivíduo apresenta o comportamento e os valores característicos das pessoas daquele nível. Uma pessoa concentrada no nível inferior não consegue nem sequer entender as pessoas que estão em um nível superior.

Questões para reflexão

Há pessoas que invertem a pirâmide das necessidades de Maslow, buscando, por exemplo, a autoestima em primeiro lugar, em detrimento das outras necessidades.

1. O que você acha disso?
2. Quais seriam as consequências dessa escolha para os indivíduos e para aqueles que os circundam?
3. O que explica essa inversão de necessidades?
4. E se elevarmos os padrões do nível de vida e de educação?
5. Para pessoas diferentes, temos configurações diferentes quanto à satisfação de necessidades?

Quando nos envolvemos no empreendimento de um negócio, é de fundamental importância verificarmos quais necessidades do mercado (do cliente) iremos satisfazer! Isso é importante para a definição das estratégias de ação e especificação das metas dentro de um cronograma (tempo) rigorosamente analisado e definido.

Esses elementos são fundamentais para a formulação do nosso plano de negócios. São fatores que nos levam a pensar e repensar nosso sonho, nossa visão! Se nossa visão for míope, se deixarmos de pensar, analisar e interpretar qualquer um dos sinais apresentados, poderemos cair em frustração, que, de acordo com Maier (1982), é um bloqueio ou impedimento da consecução do objetivo, podendo evoluir para a agressão, ou seja, conduzir a comportamentos destrutivos, como hostilidade e ataque, acarretando danos que acabarão por destruir nosso lado empreendedor.

Por isso, **em se tratando de empreendedorismo, devemos prestar muita atenção nos sonhos que temos!** Nossos sonhos precisam ser tangíveis no futuro, devendo caracterizar metas realizáveis, e não objetivos intangíveis, sem fundamentação teórica, que possam dispersar-se com o tempo.

Síntese

Neste capítulo chamamos a atenção para o fato de que um negócio tem origem no empreendedorismo. O processo de amadurecimento do empreendedor que existe dentro de cada indivíduo parte de um processo de inovação – o empreendedor seleciona as informações reunidas em seus questionamentos, estrutura seu pensamento e suas ideias, criando, assim, uma oportunidade de negócio. A realidade, ou seja, a concretização do sonho do empreendedor, é a chave de sucesso de muitos empreendedores. Muitos começam cedo, outros tarde, mas todos, de uma maneira ou de outra, reúnem as forças e os recursos necessários para concretizarem, para materializarem seus sonhos.

Apresentamos o alerta dado pelo Sebrae[2] quanto às características necessárias para o perfil de um empreendedor, agrupadas em três conjuntos distintos – realizações, planejamento e poder.

---

2 Ao visitar diretamente o *site* do Sebrae, você pode se inteirar de oportunidades de cursos e palestras das quais a instituição dispõe para apoiar novos empreendimentos no país. Para mais informações, acesse o *site*: <http://www.sebrae.com.br/momento/o-que-o-sebrae-pode-fazer-por-mim>. Você também pode obter informações através do *site* da biblioteca virtual Portal Brasil: <http://www.portalbrasil.net/>.

Neste capítulo também citamos a teoria das necessidades de Maslow, que classifica as necessidades humanas e suas respectivas características, chamando a atenção para a possibilidade de concretização do ideal empreendedor como uma possível necessidade pessoal, quer por segurança, quer por autoestima.

Questões para revisão

1. Quais as principais características de um empreendedor?
2. De acordo com a teoria das necessidades de Maslow, qual é a organização estrutural da pirâmide das necessidades e por que seus elementos são importantes para o empreendedor?
3. Por que um empreendedor necessita partir para o planejamento de seus ideais?
4. Quais as realizações que um empreendedor pode esperar em sua carreira?
5. De quais características de poder o empreendedor necessita para iniciar seu negócio?

Para saber mais

GRAVES, C. W. Levels of Existence: an Open Systems Theory of Values. **Journal of Humanistic Psychology**, Washington, DC, n. 10, p. 131-135, 1970.

Esse artigo apresenta uma abordagem interessante sobre o tema dos "níveis de existência" de uma pessoa, caracterizando pontos que identificam as realizações do empreendedor.

SEBRAE – Serviço Brasileiro de Apoio às Micro e Pequenas Empresas. Disponível em: <http://www.sebrae.com.br>.

Outra fonte de informação interessante é o portal do Sebrae, que disponibiliza cursos e palestras, bem como oferece uma classificação de empresas empreendedoras, além de serviços e apoio financeiro para novos empreendimentos.

Planejamento e plano de negócios

02

Conteúdos do capítulo:

- Conceito de plano de negócios;
- Necessidade do planejamento e da formulação do plano de negócios;
- Processo de planejamento de um plano de negócios;
- Clientes do plano de negócios;
- Uso do plano de negócios;
- Cuidados no plano de negócios.

Após o estudo deste capítulo, você será capaz de:

- conceituar o que é um plano de negócios e o que ele engloba;
- apresentar o conceito de planejamento e explicar a necessidade da formulação de um plano de negócios;
- apresentar o ciclo do planejamento de um plano de negócios, elencando os seus elementos;
- apresentar os clientes de um plano de negócios;
- discutir o uso do plano de negócios e sua importância com os interessados no empreendimento;
- elencar os cuidados a serem tomados na elaboração do plano de negócios.

Neste capítulo abordaremos os conceitos que englobam o plano de negócios apresentado por diversos autores, que contribuirão para nosso entendimento sobre o tema. Veremos a importância do plano de negócios para um empreendimento, bem como os principais elementos envolvidos, destacando o ciclo de planejamento do plano de negócios, seu futuro uso e os cuidados necessários para sua concepção.

2.1 Conceitos de plano de negócios

Um plano de negócios é um documento em forma de texto, no qual é apresentada uma proposta de negócio para um mercado. Nesse plano deve estar claro que a visão do empreendedor (ou melhor, seu sonho) sobre seu produto ou serviço pode ter sucesso na atual conjuntura de mercado.

De acordo com Dolabela (2000, p. 164):

> plano de negócio é, antes de tudo, o processo de validação de uma ideia, que o empreendedor realiza através do planejamento detalhado da empresa. Ao prepará-lo, terá elementos para decidir se deve ou não abrir a empresa que imaginou, lançar um novo produto que concebeu, proceder a uma expansão etc. A rigor, qualquer atividade empresarial, por mais simples que seja, deveria se fundamentar em um Plano de Negócios.

Bolson (2003, p. 28), por sua vez, afirma que plano de negócio é uma obra de planejamento dinâmico que descreve um empreendimento, projeta estratégias operacionais e de inserção no mercado e prevê os resultados financeiros.

Podemos então resumir o plano de negócios como um documento no qual o empreendedor apresenta, em linguagem formal e objetiva, o negócio que quer conceber e propor para seus parceiros, sócios e futuros investidores, expondo-lhes a visão, a missão e os objetivos do empreendimento, bem como o plano operacional (como irão funcionar as ideias), o plano de *marketing* (para divulgação das ideias), o plano financeiro (para captação, manutenção e distribuição de verbas) e o plano jurídico (como respeitará e observará as leis e regulamentos do setor), de modo a facilitar o entendimento e a aceitação do negócio por parte dos interessados.

> Sem um correto planejamento sobre as atividades e os recursos que um empreendimento solicita, no presente e no futuro, poucas serão as chances de um sonho de negócio se tornar realidade.

De fato, sem um correto planejamento sobre as atividades e os recursos que um empreendimento solicita, no presente e no futuro, poucas serão as chances de um sonho de negócio se tornar realidade.

Por isso, é importante planejarmos, ou seja, realizarmos um estudo, um mapeamento minucioso sobre os elementos da nossa ideia de negócio. Existem muitas ferramentas que podem nos auxiliar nesse processo, que veremos a seguir.

Necessidade do planejamento e da formulação do plano de negócios

Um plano de negócios pode iniciar com uma frase de efeito – "Dê-me uma alavanca e moverei o mundo!". Foi com essa frase que Arquimedes de Siracusa (287-212 a.C.) iniciou seu processo investigatório das forças da natureza.

Cabe nos perguntarmos neste momento: "Qual é a minha frase de efeito?".

> O desenvolvimento do plano de negócios tem início com o planejamento estratégico do negócio.

Se o plano de negócios é necessário para ordenar e permitir a formulação do planejamento das nossas ideias acerca do negócio que desejamos abrir, o desenvolvimento desse plano se inicia com o planejamento estratégico do negócio. Por isso, vamos estudar o planejamento como elemento necessário para a formulação do plano de negócios.

Da mesma forma, um novo empreendedor e, portanto, futuro gestor pode utilizar ferramentas para implantar uma nova forma de planejar os rumos que sua organização tomará, promovendo o estudo investigatório e pormenorizado das ações a serem realizadas para vislumbrar o objetivo que deseja alcançar.

Importante

Os objetivos, se claramente definidos, remetem à definição clara e precisa das atividades a serem interpretadas como tarefas, sendo as ações o ponto crucial de uma boa estruturação de táticas, estas provenientes de estratégias elaboradas, embasadas e alavancadas pela visão do seu gestor.

O empreendedor passará então a ser o gestor da ideia, que se depara então com uma gama de conceitos e ferramentas que o levam a refletir sobre a metodologia a ser utilizada para iniciar o processo de planejamento das ações que levem a atingir o objetivo proposto. Gerir passa a ser então a ordem do dia.

Definir o planejamento leva a uma discussão antiga, referenciando muitas teorias e muitos autores que concordam que o ato de planejar não é simplesmente uma parte do processo administrativo, e sim o responsável pela definição do curso de ações a serem desenvolvidas (Valle et al., 2007). **É o processo por meio do qual se estabelecem objetivos, se discutem expectativas de ocorrências de situações previstas, se veiculam informações e se comunicam resultados pretendidos entre pessoas, entre unidades de trabalho, entre departamentos de uma empresa e, mesmo, entre empresas** (Limmer, 1997).

A lógica aplicada ao processo dessa metodologia de planejamento considera inicialmente os elementos que descrevem os requisitos e premissas da organização, interna e externa ao seu ambiente, bem como os preconizados por Porter (2005), quando o autor sugere a inclusão dos clientes, fornecedores, concorrentes, produtos/serviços substitutos ou novos entrantes no mercado em uma análise ambiental da indústria, antes mesmo da formulação de estratégias defensivas que posicionem a empresa em uma situação de competição favorável.

É importante destacarmos que a reatividade caracteriza a maioria das organizações, ou seja, quando afetadas por situações ambientais (internas ou externas), as organizações reagem com intervenções ao alcance dos recursos disponíveis. Por outro lado, **as organizações que ocupam posições de destaque em suas áreas de atuação são aquelas com**

> O PMI – Project Management Institute (2004) enfatiza que planejamento é o conjunto de processos que define e refina os objetivos e planeja a ação necessária para alcançar os objetivos e o escopo para os quais o projeto foi realizado.

comportamento mais proativo, ou seja, aquelas que com o uso de ferramentas de análise ambiental se antecipam às situações, intervindo no ambiente com o objetivo de obter vantagem competitiva.

Porter (2005) enfatiza que o diagnóstico da situação atual da organização deve ser o mais correto e fiel possível à realidade vivida, considerando o uso de ferramentas, como a análise SWOT (*Strength, Weakness, Opportunities and Threats*) ou o *Balanced Score Card* (BSC), que descrevam seus pontos positivos e negativos, que sugiram pontos que possam ser melhorados, bem como aqueles que são, ou podem tornar-se, fortes ameaças a ações futuras.

A análise SWOT, preconizada por Kenneth Andrews e Roland Christensen, **é uma ferramenta útil para o planejamento** por propor o mapeamento e a descrição detalhada dos elementos que identificam claramente os pontos fortes e fracos, as oportunidades de melhoria e as ameaças ao negócio, ajudando ao mesmo tempo a caracterizar o ambiente organizacional e a apoiar ações futuras.

Da mesma forma, **o BSC é uma ferramenta que possibilita identificar e sinalizar os principais indicadores a serem considerados pela organização**, de forma que o balanceamento de indicadores essenciais possibilita o cumprimento de metas e estratégias. Como ferramenta de controle, o BSC permite a visualização do efeito do processo decisório, de sorte que se assinalam as prioridades competitivas à organização.

Uma vez identificado o ambiente, tendo um posicionamento mapeado e claro, o gestor parte para definir os valores da organização, interna e externamente, identificando a imagem e a percepção sob diferentes óticas do mercado e dos elementos que o compõem.

O conhecimento dos elementos internos e externos ao ambiente organizacional, das forças competitivas e dos meios de que dispõe o empreendedor para atingir o objetivo proposto gera uma base de conhecimentos à disposição do gestor, para que este proceda à elaboração de um planejamento, que pode ser facilitado se adotada a visão de desenvolvê-lo sob a ótica de projetos.

Referenciando a base do conhecimento de gerenciamento de projetos, o PMI (2004) enfatiza que planejamento é o conjunto de processos que define e refina os objetivos e planeja a ação necessária para alcançar os objetivos e o escopo para os quais o projeto foi realizado.

> **Segundo Cleland e Ireland (2002), o planejamento deve ser desenvolvido em função de três conceitos: requisitos, diretrizes e responsabilidades. Os autores consideram como requisito a compreensão das exigências do sistema e a noção do que ele pode ser traduzido do plano de projeto para a situação de trabalho. Como diretrizes, Cleland e Ireland citam a qualidade, o cronograma, o estabelecimento dos objetivos do projeto, dos custos, da execução da sequência do planejamento, da descrição dos parâmetros técnicos, da apresentação do plano de trabalho, principalmente do pessoal, o cálculo dos custos e, consequentemente, dos orçamentos, a identificação e o registro dos fatos do projeto, das premissas, dos problemas e das propostas para solucioná-los, dos mecanismos de controle e como documentá-los, do detalhe do planejamento e da necessidade de considerar as interfaces e dependências do projeto.**

Como responsabilidades, Cleland e Ireland deixam claro que a identificação dos papéis e das responsabilidades deve ser aplicada e relacionada à equipe, à alta administração e aos gerentes funcionais.

Em relação à sociedade do conhecimento, Reis (2000) e Hope e Hope (2000) descrevem os capitais intelectual, ambiental, estrutural e de relacionamento como os principais a serem considerados em uma organização.

Dessa forma, os processos de planejamento podem ser agrupados por áreas de conhecimento (Valle et al., 2007), como vemos no Quadro 2.1 a seguir.

Quadro 2.1 – Processos de planejamento agrupados por áreas do conhecimento

ÁREA DE CONHECIMENTO	PROCESSOS DE PLANEJAMENTO
Integração do gerenciamento de projetos.	Desenvolver o plano de gerenciamento do projeto.
Gerenciamento do escopo do projeto.	Planejar o escopo, definir o escopo e criar a estrutura analítica do projeto (EAP).
Gerenciamento do tempo do projeto.	Definir atividades, efetuar o sequenciamento das tarefas bem como dos recursos, da duração (cronograma).
Gerenciamento de custo do projeto.	Estimar e orçar os custos.
Gerenciamento da qualidade.	Planejar a qualidade do projeto.
Gerenciar os recursos humanos do projeto.	Planejar os recursos humanos.
Gerenciamento das comunicações do projeto.	Planejar as comunicações.
Gerenciamento dos riscos do projeto.	Planejar, identificar, analisar qualitativa e quantitativamente e planejar as respostas a riscos.
Gerenciamento de aquisições do projeto.	Planejar compras e aquisições, planejar contratações.

Fonte: Adaptado de Valle et al., 2007, p. 93.

Nesse processo de agrupamento das áreas do conhecimento, a situação ideal seria contar com o envolvimento do usuário (cliente e fornecedor – internos e externos) desde a fase inicial até final desse ciclo, ajudando a satisfazer os objetivos propostos, apresentando o projeto documentado e aceito pelo envolvimento das esferas administrativas empresariais.

Para um melhor entendimento, vamos estudar o processo de planejamento de um plano de negócios, enfatizando os elementos que devem constar no raciocínio do empreendedor para facilitar o seu desenvolvimento.

capítulo 2

2.3 O processo de planejamento de um plano de negócios

O plano de negócios pode ser encarado como um projeto e, para tanto, o empreendedor pode se utilizar de uma metodologia de gerência de projetos para facilitar sua apresentação. O PMI (Project Management Institute) é um instituto que disponibiliza em seu guia, o *Guia PMBOK* (*Project Management Body of Knowledge*), práticas de conhecimentos compiladas por diversos gerentes, diretores, empresários e executivos em geral que contribuíram com seus *cases* práticos, citando exemplos e formas de se conduzir projetos, atividades ou ações voltadas ao desenvolvimento e à manutenção de um negócio. Trata-se de um documento que relaciona a posição da futura empresa diante dos concorrentes, aos clientes e fornecedores, ajudando a definir sua posição no mercado e o futuro da empresa, sendo fonte de informações aos investidores. Dessa forma, constitui-se em um "guia" que se torna útil para obtenção de conhecimentos para a concepção de um empreendimento.

Além das nove áreas de conhecimento disponíveis no *Guia PMBOK* (PMI, 2004), há outra abordagem que pode ser levada em consideração em relação ao processo de planejamento, enfatizado pelo gerenciamento de processos que, de acordo com Rados (2002), é a definição, análise e melhoria contínua dos processos, com objetivo de atender às necessidades e às expectativas dos clientes.

Conhecendo o processo como uma série de tarefas logicamente inter-relacionadas, que, quando executadas, produzem resultados esperados, compostas e organizadas por pessoas, equipamentos, informações, esforços e processos, observamos que essas atividades culminam nas metas e nos objetivos definidos pelo

> O plano de negócios é como um "guia" útil para a obtenção de conhecimentos para a concepção de um empreendimento.

45

empreendedor, tornando-se elementos essenciais para a gestão de processos organizacionais, que devem ser contemplados no plano de negócios.

Quando esses elementos fazem parte do diagnóstico apresentado pelo empreendedor e estes são agregados à identificação dos valores organizacionais, à análise ambiental da empresa e aos capitais do conhecimento – capital intelectual, capital de relacionamento e capital estrutural –, constituem a base para o planejamento organizacional, devendo ser contemplados como eixo norteador para o desenvolvimento do plano de negócios.

Preste atenção

Quando o gestor define a visão organizacional, define a ideia lógica, a prospecção abstrata para atingir os objetivos da organização. Derivada da visão vem a declaração da missão, que é a base de existência da organização, a resposta ao questionamento que os líderes se fazem sobre qual é o negócio da empresa. A resposta deve ser clara, concisa, precisa e direta, de modo a figurar e proporcionar o entendimento rápido das pessoas que são e compõem a empresa.

Definidas a visão e a missão organizacionais, fica claro o estabelecimento de estratégias para atingir o objetivo organizacional. De acordo com Porter (2005), estratégias de fato são aquelas que mudam os objetivos, os produtos, os serviços ou as relações ambientais de uma empresa, que fornecem vantagens de mercado significantes e que requerem novos padrões de comportamento organizacional.

A definição de uma estratégia engloba a (re)definição do direcionamento de táticas, estabelecendo incialmente o **escopo** do projeto, de de forma a não restarem dúvidas em relação ao que deve ser realizado, seguindo-se da definição clara do **prazo** (ou cronograma) a ser cumprido em relação ao **orçamento** ou à verba disponível para execução das atividades, das **pessoas** envolvidas e arregimentadas nos processos, bem como dos **recursos materiais** que estas usarão em prol das suas ações e do **local** claramente definido e selecionado de forma a proporcionar condições úteis e favoráveis ao cumprimento das ações previstas (Figura 2.1).

Figura 2.1 – Fases definidas no processo inicial do planejamento

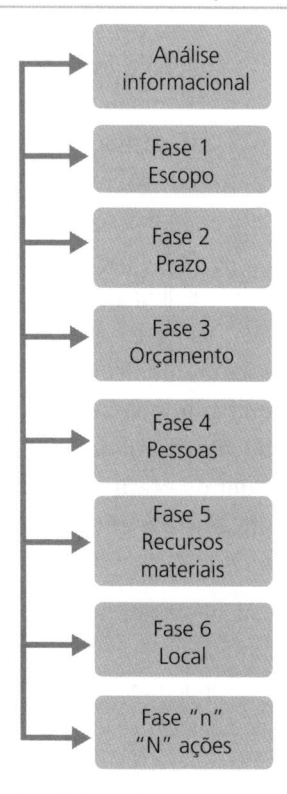

- Análise informacional
- Fase 1 Escopo
- Fase 2 Prazo
- Fase 3 Orçamento
- Fase 4 Pessoas
- Fase 5 Recursos materiais
- Fase 6 Local
- Fase "n" "N" ações

A referência ou descrição detalhada do plano de **atividades** a serem executas pelas pessoas deve compor o conjunto de táticas, que constituem uma estratégia cuidadosamente elaborada a partir da definição de uma missão, deixando claros os mecanismos de **monitoramento** e **controle** a que os processos serão submetidos.

Importante

No conjunto de atividades, definidas pelas táticas elaboradas pelo gestor do negócio, estão elencadas uma série de tarefas, que consistem em ações que devem ser rigorosamente efetuadas de acordo com o planejado.

> Quando um processo é considerado como detentor de qualidade, significa que as metas estipuladas no processo de planejamento podem ser atingidas. Tendo um conjunto de metas atingidas, de forma plena e aceitável, remetemo-nos ao direcionamento dos objetivos organizacionais.

Nesse ponto, entramos em contato com o tema *gerenciamento de processos*, que engloba o estudo pormenorizado das ações. Fluxogramas, diagramas de blocos, árvores de decisão, entre outras ferramentas, podem ser utilizadas para facilitar a visualização das ações com o objetivo de conhecer, identificar e capturar oportunidades de melhorias, como a melhora nas comunicações, na otimização de recursos (tangíveis e/ou intangíveis) e no maior envolvimento dos funcionários em todos os níveis organizacionais, entre outros. **A busca incessante de melhorias reflete então na mudança cultural da organização, na motivação, na criatividade e no poder de efetuar trabalhos cada vez mais elevados em termos de eficiência e eficácia, perenes e sustentáveis no decorrer do tempo**.

As ações, quando monitoradas, ou seja, controladas por meio de gráficos, relatórios, conformidades e padrões preestabelecidos, levam à identificação da ação como sendo uma boa prática a ser estabelecida. Por exemplo: os indicadores de qualidade e idealizadas na influência gerencial por Dinsmore (1989), nos quais são apresentados gráficos de fácil leitura e interpretação por todos os envolvidos nos processos, visando à correção de ações voltadas para a melhoria das mesmas.

De acordo com Garvin (1988), Hauser e Clausing (1988), a qualidade requerida pelo estabelecimento correto de processos gerenciais, seu constante monitoramento e a aplicação de melhorias contínuas mediante o gerenciamento de processos elevam o padrão organizacional e, como consequência, a competitividade e a permanência da organização no mercado.

Quando um processo é considerado como detentor de qualidade, significa que as metas estipuladas no processo de planejamento podem ser atingidas. Tendo um conjunto de metas atingidas, de forma plena e aceitável, remetemo-nos ao direcionamento dos objetivos organizacionais.

O cumprimento dos objetivos se constitui no alvo organizacional. É a consumação qualitativa do processo de planejamento, considerando por satisfeita o cumprimento dos requisitos e necessidades dos elementos (principalmente clientes e fornecedores) internos e externos da organização.

Vamos agora verificar quais são as características dos clientes de um plano de negócios, os elementos a serem apresentados e a descrição dos detalhes enfatizados pelo guia de gestão de projetos.

2.4 Clientes do plano de negócios

Tendo em mente o conhecimento dos conceitos e elementos que compõem o empreendedorismo, a visão, o planejamento e o plano de negócio, é importante agora que compreendamos quais são os clientes do nosso plano de negócios. Os clientes de um plano são seus futuros clientes, consumidores dos produtos ou dos serviços de uma organização.

Fica bem claro, portanto, que entender o que o cliente de uma organização quer, o que ele deseja e o que ele exige passa a ser a composição das ideias da empresa quanto ao seu negócio. Uma vez entendido esse fato, o empreendedor deve se agilizar em não somente captar esses clientes, mas mantê-los no seu portfólio, sabendo que existe a composição da regra 80/20, apresentada por Vilfredo Pareto (1848-1923), que faz a seguinte afirmação: de todo o conjunto de clientes de uma organização, 20% deles são responsáveis pelos 80% do faturamento da empresa, e 80% deles não representam 20% dos seus lucros. Por isso, a organização precisa identificar os seus principais clientes, aqueles que realmente agregam valor ao seu negócio, aqueles que no futuro não deixarão o empreedimento na mão, ou seja, continuarão consumindo seus produtos ou necessitando dos seus serviços.

Claro que existem outros elementos aí envolvidos, como o bom gerenciamento das comunicações, que refletem diretamente no capital de relacionamento dos negócios da organização; os riscos de investimento ou de inovação, ao apresentar uma

> Entender o que o cliente de uma organização quer, o que ele deseja e o que ele exige passa a ser a composição das ideias da empresa quanto ao seu negócio.

nova versão de produtos ou nova concepção de executar os serviços; o gerenciamento de aquisições de novos produtos para desenvolver os produtos da organização e todos aqueles elementos que constituem o seu projeto de produto ou projeto de serviço, apresentado no *Guia PMBOK* (PMI, 2004).

Quanto ao escopo e ao tamanho que nosso empreendimento pode alcançar, os clientes podem caracterizar organizações públicas ou privadas, podendo ser pessoas físicas ou jurídicas e, dependendo do porte e dos recursos envolvidos, o empreendedor deverá procurar adaptar e redesenhar seu plano de negócios de acordo com as perspectivas de aumento ou retração do seu mercado, do negócio que está apresentando e cujo comportamento está monitorando.

2.5 Uso do plano de negócios

Ao terminar o plano de negócios, o empreendedor perceberá que tem nas mãos um documento que é útil para que ele tenha ideia sobre a viabilidade do seu empreendimento. O empreendedor apresentará, então, os aspectos da estrutura da sua empresa, os aspectos operacionais e financeiros, bem como o plano de *marketing* para definir o mercado-alvo dos seus produtos e/ou serviços e a sua relação com os concorrentes.

Os investidores da organização, ao lerem o plano de negócios, tomarão a decisão quanto à viabilidade de parceria ou não do empreendimento da futura empresa, contribuindo ou não para a sua efetivação e futura administração.

Importante

O plano de negócios ajuda a esclarecer a nossa concepção de negócio, promove a integração do planejamento estratégico da empresa e também ajuda a negociar e obter recursos com investidores, sócios, parceiros, bancos, bem como com fornecedores, clientes e incubadoras[1].

1 Centros de preparação nos quais iniciantes ou estudantes aprendem ofícios e desenvolvem habilidades de um projeto.

O plano de negócios ainda ajuda o empreendedor a focar a ideia do empreendimento sob o ponto de vista de um estudo de viabilidade. Nele estão o propósito e a razão de ser da empresa, a relação das estratégias e ações operacionais, de mercado e financeiras a serem adotadas, servindo de base para a tomada de decisão.

Na seção seguinte, veremos os cuidados a serem observados para a elaboração do plano de negócios, destacando elementos que devemos observar para sua correta concepção.

2.6 Cuidados na elaboração do plano de negócios

Para a correta elaboração do plano de negócios, precisamos inicialmente identificar as oportunidades para o sucesso do empreendimento, obtendo informações que nos ajudem a ter conhecimento sobre outras experiências que se aproximam da nossa. Tal postura é importante para que tenhamos a noção dos riscos, custos e investimentos iniciais, auxiliando-nos a quantificar melhor as projeções de lucro futuro e a definir as estratégias para eliminar erros já vistos e a viabilizar economicamente nosso negócio. Outras posturas também precisam ser levadas em conta, entre as quais podemos destacar:

- utilizar sempre um vocabulário formal, evitando frases ou expressões vulgares ou que transmitam falta de seriedade;
- precisar o que desejamos apresentar, transmitindo segurança e otimismo, buscando a atenção do leitor, que no caso, pode ser o investidor do nosso empreendimento;
- evitar textos prolixos, demonstrando objetivamente as ideias e concepções de execução do plano, apresentando metas e formas de alcançá-las;

- evitar precipitações na finalização de nossas ideias; não podemos ser "curtos" nem "longos" em nossas expressões.
- prestar atenção na ortografia do texto e nas normas de apresentação de textos, ou seja, nas orientações da Associação Brasileira de Normas Técnicas (ABNT), muito úteis nesse caso.
- ter o cuidado de buscar ou procurar somente os interessados no nosso plano; não podemos distribuir o plano de negócio aleatoriamente; é necessária uma pesquisa no mercado (no nosso segmento) e nas fontes de financiamento antes de "sairmos entregando" nosso plano empreendedor, pois nosso objetivo maior é o de levantarmos recursos financeiros para ganharmos recursos financeiros; o sucesso futuro de nossa empresa parte desse presente!

Um ponto importante é a aplicação prática do nosso plano de negócios. De nada adianta redigirmos um documento com excelentes análises e informações se ele não puder ser implementado efetivamente.

Síntese

Apresentamos neste capítulo a necessidade de ordenarmos nossas ideias de forma a possibilitar a formulação do plano de negócios, iniciando pelo planejamento estratégico do empreendimento. Por isso, mostramos e estudamos os elementos que compõem o ciclo de planejamento de um negócio, as fases a serem consideradas para que seu plano seja concretizado.

Também chamamos a atenção para a sociedade do conhecimento, difundida por Reis (2000) e Hope e Hope (2000), que apresentam e descrevem os capitais intelectual, ambiental, estrutural e de relacionamento como os principais elementos a serem considerados em uma organização. Apresentamos as considerações de Valle et al. (2007) que agregam os conceitos da sociedade do conhecimento aos processos de planejamento agrupados por áreas de conhecimento e processo de conhecimento.

Além dos processos que compõem o plano de negócios, apresentamos os potenciais clientes aos quais ele se direciona, a quem ele se destina, os principais cuidados a serem tomados em sua elaboração, bem como o uso efetivo do mesmo.

Questão para reflexão

Ao agruparmos as áreas do conhecimento, podemos facilitar a definição dos processos de planejamento. Isso é útil e necessário quando estamos na fase de definição dos sistemas e dos processos que irão compor nosso plano de negócios.

Os elementos que compõem cada processo dos sistemas do plano de negócios devem ser corretamente identificados e delineados de acordo com a estrutura analítica do projeto que desejamos demonstrar a investidores e futuros colaboradores interessados. Nesse caso, a consulta ao *Guia PMBOK* (PMI, 2004) se mostra muito prática, pois cada elemento do projeto é descrito em detalhes, podendo ser sistematizado pelo redator do plano com maior facilidade. Levando tais afirmações em conta, quais são as nove áreas de conhecimento disponíveis no *Guia PMBOK* (PMI, 2004) que auxiliam na concretização do planejamento de um projeto?

Questões para revisão

1. Apresente os elementos do ciclo de vida de um planejamento estratégico.

2. Qual a diferença entre meta e objetivo em um projeto?

3. Quais são os conceitos dos processos de planejamento agrupados por áreas de conhecimento e processo de conhecimento propostos por Valle et al. (2007)?

4. Quais os principais cuidados a serem considerados ao elaborar um plano de negócios?

5. Quais são os clientes de um plano de negócios?

Para saber mais

CAVALCANTI, M. A nova riqueza das organizações: os capitais do conhecimento. **Revista TN Petróleo**, ano 3, n. 16, 2000.

O termo *sociedade do conhecimento* ressalta os capitais ambiental, estrutural, intelectual e de relacionamento como os principais ativos da nova sociedade do século XXI. Procure se aprofundar sobre esse tema nesse texto produzido por Marcos Cavalcanti, professor adjunto da Crie – Coppe-UFRJ (Centro de Referência em Iteligência Empresarial), centro que estuda a sociedade e seus capitais.

PMI – Project Management Institute. **Guia PMBOK**: Mudando para melhor. Disponível em: <http://www.pmimg.org.br/downloads/PMBOKThirdEdition_Ivo_04112004.PDF>. Acesso em: 17 mar. 2010.

Procure estudar o *Guia PMBOK*, disponibilizado gratuitamente no *site* do PMI, no que se refere ao escopo e à estrutura analítica de um projeto, facilitando seu entendimento sobre concepção de projetos e elementos que o compõem.

capítulo

Estrutura de um plano de negócios

03

Conteúdos do capítulo:

- O sumário executivo e seus elementos;
- Apresentação da visão da empresa e do seu foco;
- Estudo da análise de mercado.

Após o estudo deste capítulo, você será capaz de:

- fazer o sumário executivo do plano de negócios, elencando seus elementos;
- realizar o diagnóstico e apresentar a visão da empresa e seu foco;
- realizar um estudo da análise de mercado, abordando a análise ambiental e o tamanho do mercado;
- definir e utilizar as ferramentas SWOT e 7W3H;
- conceituar e apresentar a análise macroambiental e as análises externa e interna da empresa, definindo seu público-alvo.

Com a devida apresentação dos elementos que nos permitem entender o conceito do plano de negócios no capítulo anterior, podemos agora nos concentrar na necessidade de planejamento dos processos e sua formulação. Esses processos devem ser agrupados por áreas de conhecimento que o planejamento irá englobar, assim como devem ser identificados os interessados no conteúdo do plano. Portanto, iremos estudar neste capítulo a estrutura do plano de negócios e os elementos que o compõem, bem como os cuidados e procedimentos utilizados em sua formulação.

3.1 Sumário executivo

Todo plano de negócios possui componentes, sendo o primeiro deles o sumário executivo. Nele, devemos explicitar os elementos apresentados a seguir:

1. Enunciado do projeto
2. Apresentação da empresa (organograma, estrutura organizacional e legal)
3. Informações dos integrantes da empresa (sócios, cargos, funções e perfil)
4. Visão da empresa (foco)
5. Planejamento
6. Objetivos
7. Missão
8. Estratégias
9. Produtos e tecnologia
10. Capital e investimentos da empresa (projeção de vendas, rentabilidade e fonte de recursos)
11. Análise contextual (requisitos e necessidades)

No sumário executivo, cada elemento possui suas particularidades, devendo ser apresentado (escrito) da forma mais clara, objetiva e completa possível, pois é nesse momento que o plano de negócios indicará ao leitor o potencial de sucesso, servindo de base para a busca de parceiros, financiamentos, sócios e clientes do empreendimento.

É aqui que devemos convergir nossas ideias, apresentando nosso plano pessoal e profissional, focando e escrevendo tudo aquilo que pesquisamos, estudamos, analisamos, descobrimos e interpretamos acerca do mercado atual. É importante mostrarmos nosso potencial de gerenciar, de gerir nossas ideias; é importante mostrarmos que, além de empreendermos, saberemos conduzir com sucesso nossos objetivos.

Pense a respeito

Uma vez produzido o sumário executivo, devemos também ter em mente que ele será a primeira parte do seu plano de negócios a ser lido pelos executivos de agências financeiras (bancos, arrendadores etc.), pelos seus futuros ou potenciais sócios e pelos seus fornecedores de recursos (técnicos, financeiros, de pessoal etc.).

Algumas informações básicas que podem ser agregadas ao sumário executivo (além dos elementos já apresentados) são apresentadas no Quadro 3.1 a seguir, que se utiliza de uma técnica muito usual para determinação da análise ambiental – o 7W3H, que deriva dos seguintes termos em inglês: *what* (o que), *who* (quem), *where* (onde), *when* (quando), *why* (por que), *which* (qual), *while* (enquanto), *how* (como), *how much* (quanto) e *how to measure* (como medir). Esse método permite a identificação de informações relevantes para o conceito do negócio e a composição ambiental do plano de negócios.

Quadro 3.1 – Itens e questões úteis para construção do sumário executivo

Item	Perguntas a serem feitas para determinar futuras informações.
Foco	Qual o foco da minha empresa, como delinear sua visão e sua missão?
Análise	Qual a análise do mercado (segmento) em que irá atuar? Concorrência? Parceiros e terceiros (a serem usados futuramente no plano de **marketing**)?
O quê?	O que querem, desejam e exigem os envolvidos no negócio? O que será oferecido? Do que se necessita para o funcionamento da empresa?
Por quê?	Por que este negócio? Por que estes investidores?
Onde?	Onde o negócio será desenvolvido? Onde será localizada a empresa? Onde estão os clientes e os fornecedores?
Quem?	Quem atuará nele e com ele? Quem realizará as operações? Quem são os clientes e os fornecedores?
Quando?	Quando será executado, qual o tempo necessário para implementação? Quando haverá retorno do investimento?
Como?	Como será executado? Como irá crescer? Como irá manter-se? Como irá atuar? Como distribuirá seus recursos? Como empenhará materiais e pessoal?

(continua)

(Quadro 3.1 – conclusão)

Enquanto?	Enquanto persistir a situação dos outros W e H, como a empresa pode melhorar seus processos, seus produtos e seus serviços?
Como medir?	Quais os indicadores que apresentam a eficiência e eficácia da empresa?
Quanto?	Quantos recursos e tempo serão necessários para a empresa? Quanto haverá de retorno?
Quanto custa?	Quanto custará o empreendimento? Quanto custam o material e o pessoal a serem utilizados? Quanto custa a localização? Quanto custam os serviços terceirizados?
Qual?	Qual é o ramo de atividade da empresa? Qual é o produto ou o serviço da empresa? Qual é o lucro estimado? Qual a área de atuação da empresa? Qual a especialização da empresa?

Vamos agora analisar e desenvolver cada um dos elementos do sumário executivo, iniciando pelo enunciado do projeto.

3.1.1 Enunciado do projeto

É importante ressaltarmos que, antes de pensarmos nos elementos que compõem um plano de negócios, devemos primeiramente nos concentrar nos aspectos que nos permitam análises corretas, que nos conduzirão a decisões críticas para o sucesso do nosso empreendimento.

Quando uma ideia do negócio nos vem à mente, precisamos transformá-la em um conceito de negócio, ou seja, devemos detalhar todas as características, os requisitos e as necessidades do empreedimento. Por exemplo: no caso de um negócio relacionado a uma livraria, podemos conceituá-la como uma livraria especializada em obras relacionadas a motocicletas e à motovelocidade, que oferece serviços de busca e venda de qualquer item relacionado a esses assuntos, com entrega em qualquer lugar do país. A livraria contará com um acervo que engloba cerca de 230 assuntos, 45 editoras especializadas, acesso aos *sites* das 539 empresas do segmento, com estoque de aproximadamente 2.500 exemplares. A empresa será considerada de médio porte, com 6 funcionários, 4 salas, 1 *showroom*, estacionamento para 6 carros e 12 motos e segurança terceirizada.

> Quando uma ideia do negócio nos vem à mente, precisamos transformá-la em um conceito de negócio, ou seja, devemos detalhar todas as características, os requisitos e as necessidades do empreendimento.

Depois de apresentada a ideia e definido o seu conceito, devemos promover uma análise abstrata do negócio. A ferramenta mais adequada para esse primeiro passo é a análise SWOT, tendo o pensamento de que o empreendimento deve permitir realizar três funções:

- o que produziremos/ofereceremos;
- o que venderemos;
- como organizaremos e controlaremos a organização que irá dar suporte ao funcionamento dessas ações.

Assim, o que precisamos fazer nessa primeira etapa do plano de negócio é definir o enunciado do projeto!

De acordo com Dolabela (2000), o enunciado do projeto é aquilo que desejamos desenvolver e implantar.

Bernardi (2003) já alertava que novos empreendimentos são vulneráveis e possuem restrições. Por isso, é recomendável a cautela e a elaboração de um plano de negócios que responda a questões que são importantes para análise e reflexão, tais como:

- quem é a empresa, o que vende e a quem?
- quem são os concorrentes e qual o diferencial que o empreendimento irá apresentar para lidar com a concorrência?
- quais os rumos que a empresa deve seguir futuramente?
- quais as finanças necessárias, onde e quando consegui-las?
- quais são as pessoas envolvidas e qual o modelo de gestão a aplicar?
- quais são os riscos e como gerenciá-los?

Apresentação da empresa: organograma, estrutura organizacional e legal

Neste item, devemos ser objetivos ao apresentar a empresa, falando da sua história, como foi concebida, sua razão social, seu endereço (é interessante anexar um mapa com sua localização), os termos de abertura e as especificações legais e contábeis (que devem constar do anexo ao seu plano de negócios) e como pode ser estruturada organizacionalmente em termos de:

- **Produção**: Que tipo de produto o empreendimento irá disponibilizar ao mercado, seu ciclo de vida, os fatores tecnológicos envolvidos, os clientes em potencial, a definição da marca e da patente (se for o caso), devendo estar claro quais as especificações do produto – dimensões, peso, volume, cuidados etc., obterá localização e as condições de obtenção a matéria-prima, os equipamentos necessários, os níveis de estoque de matéria-prima ou de produtos acabados, os elementos para o controle da qualidade, a embalagem, o tipo de transporte necessário, entre outros que dependem da especificidade do produto oferecido.
- **Serviços**: Tipo do serviço oferecido, pessoal que irá executá-lo e as especificidades desse pessoal (treinamento, cursos, experiência etc.), prazos de tempo gasto desde o atendimento, execução e de retorno ao cliente, condições de atendimento, equipamentos necessários, deslocamento ao atendimento, entre outras, dependendo do serviço oferecido.
- **Controle**: Estilo de controle adotado, tais como entrada e saída de pessoal e documentos, forma de arquivar documentos, formulários, apresentação de dados, forma de distribuição das tarefas entre o pessoal, definição de responsabilidades e verificação de retornos, entre outros controles que dependem do negócio.

Organização: Forma de organização da empresa – apresentação de um organograma com detalhes dos departamentos e setores, com exposição dos cargos ou responsabilidades de cada um, como exemplificado na Figura 3.1 a seguir:

Figura 3.1 – Organograma de uma empresa fictícia

```
                    Coordenadores
                          |
                 Engenheiros residentes
                          |
  ┌─────────┬──────────┬──────────┬──────────┬──────────┬──────────────┐
Produção  Planejamento Instalações Segurança Administração Terraplanagem
```

Produção	Planejamento	Instalações	Segurança	Administração	Terraplanagem
Infraestrutura Superestrutura Pisos Fechamentos Serviços diversos	Planejamento Medições Topografia Suprimentos	Elétrica Hidráulica Mecânica Ar-condicionado Telecomunicações Lógica	Segurança da obra	Pessoal Transporte/ manutenção Canteiro de obras	Movimento de terra Pavimentação Urbanização

Fonte: Cardoso; Melhado; Souza, 2009.

Pessoas: Apresentação de todas as informações dos integrantes da empresa, principalmente detalhes dos sócios – cargos, funções e perfil (sugerimos o anexação dos curriculla vitae dos sócios ou dos integrantes-chave ao plano de negócio do empreendimento). Para isso, devemos utilizar um organograma detalhado, com fotos nas quais deve estar descrito, de forma clara e objetiva, o número de pessoas necessárias para conduzir o negócio. Não podemos esquecer de descrever as pessoas – seus nomes, suas competências, suas responsabilidades, suas funções e as ações que irão desenvolver na empresa; é importante também explicitarmos os cargos e salários de cada um, bem como anexar o plano de cargo e salário ao plano de negócios, a forma de remuneração, funcionamento do estilo de supervisão. Precisamos também apresentar os parceiros e os terceirizados que compõem a estrutura da empresa, suas características e especificidades, iniciando pela razão social, endereço e formas de

contato, deixando claras as formas de atuação e compartilhamento de ações e trabalhos.
- **Materiais**: Apresentação de todos os equipamentos que a empresa vai utilizar – a localização de cada um, as potencialidades, a capacidade de carga, as especificações técnicas, os cuidados de transporte e armazenamento, custos de aquisição e de manutenção (anexar planos de manutenção preventiva e corretiva) – relacionando o material ao pessoal.
- **Comunicações**: Forma e especificações dos equipamentos de telecomunicações e seu uso, permissões de acesso a dados, políticas de uso de internet e telefone, mensagens e comunicações entre pessoas, equipes, departamentos e setores da empresa, forma e conteúdo das mensagens e diálogos com clientes internos e externos, fornecendo direcionamento do comportamento das comunicações de uma forma geral.
- **Riscos**: Apresentação de um plano de controle aos riscos naturais e não naturais aos quais o negócio poderá se expor: financeiros, de roubos, de ações do governo, entre outros.

Uma vez apresentada a empresa em termos de organograma, estrutura organizacional e elementos que a compõem, devemos apresentar em nosso plano de negócios os integrantes da empresa que iremos iniciar.

Informações dos integrantes da empresa

Neste item do plano de negócios, precisamos apresentar as pessoas que farão parte do nosso empreendimento. **O primeiro passo consiste na descrição do nome de cada um dos sócios, preferencialmente apresentando o *curriculum vitae* de cada um, detalhando suas condições sociais e experiências profissionais, elencando seus nomes na estrutura organizacional da empresa, ou seja, "amarrando" seus nomes ao organograma.** Uma vez agregado o elenco de colaboradores da organização ao organograma, devemos apresentar as funções que cada membro da equipe irá desempenhar, descrevendo suas atividades e ações imediatas, progressivas e permantentes.

É interessante que o perfil de cada integrante da empresa esteja detalhado nessa seção, pois os leitores e interessados no nosso empreendimento poderão ter curiosidade sobre o que os sócios e demais integrantes da organização gostam de fazer nas horas vagas, o que apreciam em termos de produtos ou serviços, para onde gostam de viajar ou de estar nos períodos de férias ou recessos.

Apresentados os integrantes da futura empresa, seus perfis, seus cargos e sua ocupação funcional na estrutura do empreendimento, devemos descrever em nosso plano de negócios a visão que o plano de negócios apresenta aos membros e aos interessados, facilitando o entendimento dos objetivos gerais do emprrendimento.

Visão da empresa: questão de foco

Todas as pessoas possuem um sonho, um desejo que querem realizar em suas vidas, e isso é muito bom! O empreendedor, da mesma forma, possui um sonho e procura realizar esse sonho por meio de um empreendimento, a sua empresa!

Pense a respeito
Quando a empresa começa a existir na cabeça do empreendedor, ele deve iniciar a estruturação de seus pensamentos de forma planejada para concretizar seu sonho, de modo a torná-lo realizável. A declaração, ou seja, a expressão clara do seu pensamento, é, na verdade, da sua ideia, que é própria do ser humano, assim como a criação da empresa é um processo totalmente humano!

Por isso, o plano de negócio é um instrumento teórico, político, intermediador e técnico muito importante para tornar o pensamento humano (a ideia) de negócio em futura realidade. Damos a isso o nome de *visão*.

Nesse ponto, Biagio e Batocchio (2005) afirmam que a visão é o conjunto de intenções que alinham a direção que a empresa deverá seguir.

A visão externaliza a ideia do empreendedor, ou seja, a visão nada mais é do que a apresentação do sonho, da ideia do empreendedor em uma frase, em um artigo, tornando-se a "estrela guia" para a implementação do negócio. Com a visão claramente expressa, o empreendedor expressa o seu foco, o ramo no qual sua empresa irá atuar, englobando todos os elementos que compõem seu ambiente, como também expressa, ao mesmo tempo, seu objetivo maior, e é nesse ponto que a visão passa a ser a abstração dos objetivos do empreendedor, passando a ser o ideal a ser concretizado, a ser atingido, conforme podemos ver na Figura 3.2 a seguir:

Figura 3.2 – Visão – ideal – objetivo a ser concretizado

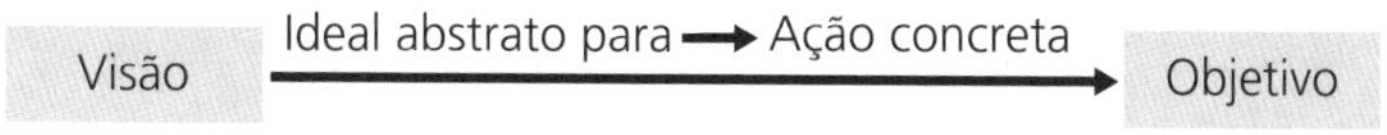

Visão — Ideal abstrato para → Ação concreta — Objetivo

De acordo com Biagio e Batocchio (2005, p. 35), a visão deve ser apresentada de forma a deixar claras as aspirações e as crenças da organização:

> A declaração da visão espelha a relação organização-sociedade, e para que cumpra seu papel é de fundamental importância que seja elaborada e promovida pela alta gerência da empresa. Porém, se todos os níveis da empresa participarem desse processo, a declaração terá maior credibilidade.

Podemos considerar os valores da empresa e nossas crenças e adicioná-las na visão; isso facilitará o entendimento dos propósitos do empreendimento para investidores e parceiros ao lerem seu plano de negócios.

Planejamento

Segundo Ackoff, citado por Bernardi (2003, p. 14), planejamento "é a definição de um futuro almejado e dos meios e das alternativas mais eficazes de alcançá-lo". Por isso, planejar se refere à busca e ao alcance de um futuro, envolvendo meios eficientes e eficazes para este fim.

Então, nessa etapa do sumário executivo, é importante apresentarmos os rumos que nossa empresa deve seguir, bem como a situação atual na qual a empresa se encontra através de um diagnóstico realizado no período desejado. Isso nos ajudará a descrever o objetivo geral da nossa empresa e também os objetivos específicos que o compõem.

Objetivos

Muitos autores e especialistas em planos de negócios procuram ter muito cuidado na definição do termo *objetivo*, pois muitas vezes verificamos a confusão com o termo *metas*. Como estamos abordando o tema *plano de negócios*, cuja função é analisar e validar a viabilidade de um empreendimento, podemos definir *objetivo* como sendo aquilo que desejamos alcançar, ter, ser, obter e conquistar no final de nossas operações, enfim, o que almejamos para o futuro da empresa. As metas, por sua vez, são os objetivos intermediários que devem ser cumpridos para que o objetivo mais amplamente declarado seja atingido com qualidade.

Importante

O objetivo de um empreendimento depende totalmente da visão que possuímos sobre negócio a ser concretizado. Devemos considerar em um plano de negócios todos os objetivos que podem ser realizados, mapeando cada um deles. Podemos, inclusive, derivar alguns em objetivos específicos, de forma a descrevermos todos os detalhes de cada um deles

Na declaração do objetivo, definimos a direção que a empresa deve seguir, de modo a tornar realizável nossa visão e, além disso, auxiliamos na elaboração das estratégias que garantam o sucesso da empresa. Deve ficar claro que a empresa deverá estar disposta a atingir os resultados a que se propõe em sua declaração (ou declarações), de forma a orientar as decisões para que a empresa execute ações corretas que cumpram com a sua missão.

Algumas perguntas que podemos responder para descrevermos o objetivo da nossa empresa são:

- O que fará a empresa?
- O que a empresa irá fornecer em termos de produtos e/ou serviços?
- O que a empresa deverá executar?

É importante termos em mente que a declaração dos objetivos deve contemplar possíveis revisões futuras, devido às mudanças ambientais internas e externas à organização. Para facilitarmos essa tarefa, devemos considerar objetivos que podem ser alcançados em curto prazo, por intermédio de ações (estratégias e táticas) imediatas; ao médio prazo, por meio de iniciativas progressivas e ao longo prazo, por intermédio de ações permanentes. Estas últimas são as mais difíceis de alterarmos, mas, se estiverem contempladas no plano de riscos, pode haver atenuantes na sua revisão.

Missão

Uma vez declarada a visão da empresa, o empreendedor tem conhecimento dos objetivos que ele mesmo projetou para o futuro. Baseado nos objetivos, derivados da visão, ou seja, dos seus ideais, do seu sonho de negócio, o caminho a ser percorrido agora é o do mundo real, um caminho que deve ser clara e perfeitamente planejado, considerando todos os possíveis elementos para tornar concreta a visão posta.

Importante

O caminho que irá tornar o sonho do empreendedor (ideal humano) em realidade de mercado é chamado de *missão*, sendo o elo entre a imaginação do empreendedor "ser humano" e o empreendedor "homem de negócios"

Por exemplo: uma visão de vida melhor pode ser apresentada como a obtenção de um emprego de diretor de *marketing*, em uma empresa inglesa, baseada em Hong Kong, China. Para que esse ideal se torne realidade, o indivíduo tem uma missão à frente: estudar para ser diretor em uma empresa inglesa, tendo como táticas formar-se em *marketing*, procurar falar, escrever, ler e interpretar muito bem a língua inglesa, bem como procurar ser aceito em um cargo de diretor em uma empresa inglesa.

Para Biagio e Batocchio (2005), se o enunciado da visão apresenta uma imagem do que a empresa aspira ser no futuro, o enunciado da missão indica como a empresa fará negócios para realizar a visão.

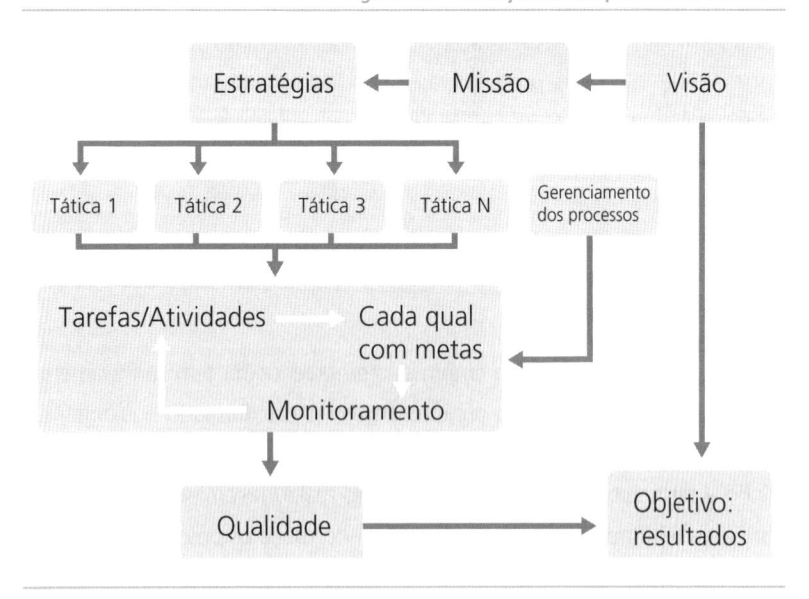

Figura 3.3 – Planejamento operacional da visão

Portanto, ao estabelecermos uma missão, teremos em mãos um balizador das escolhas das estratégias para que a missão seja executada de forma a satisfazer a visão, o que chamamos de *táticas* (Figura 3.3).

Derivando novamente um termo militar para a organização de empresas, as táticas são o conjunto de operações a serem planejadas e executadas, de modo que, operacionalmente, a missão seja cumprida. Nesse sentido, torna-se mais fácil para o novo empreendedor encarar cada tática como um novo projeto, de forma a facilitar seu planejamento de execução. Muitas organizações seguem então o *Guia PMBOK* (PMI, 2004) para auxílio no planejamento do roteiro para realização das operações.

Filion e Dolabela (2000, p. 169) apresentam o seu pensamento sobre a missão de uma organização da seguinte forma: "a missão descreve a filosofia da empresa, seus propósitos e razão de existir (a missão orienta as decisões e ações da empresa; depois de iniciada a operação, é fundamental que todos os seus colaboradores percebam claramente qual a contribuição de suas atividades para o alcance da missão)."

> As táticas são o conjunto de operações a serem planejadas e executadas, de modo que, operacionalmente, a missão seja cumprida.

Para Trogiani (2006), *missão* é a definição, em termos bem amplos e gerais, da razão de ser do empreendimento, devendo conter cinco pontos básicos: expressão do benefício externo, a contribuição para a sociedade; o benefício próprio, o que se espera ganhar com o empreendimento; o caminho para realizar o benefício interno e externo; e os valores e os princípios que embasam as atividades do grupo.

Para sabermos como definir a missão da nossa empresa, basta fornecermos respostas a algumas perguntas, tais como:

- Qual é o negócio da empresa? Qual sua razão de existir?
- O que a empresa estará disposta a fazer e a realizar?
- Quais são as metas a serem atingidas pela empresa?
- Como a empresa irá realizar ou tornar real seu negócio?

> - Quem irá executar as ações para realizar as atividades (tarefas) da empresa?
> - O que a empresa fará para atingir seus objetivos?
> - Com quem a empresa pode contar para satisfazer suas metas e alcançar seus objetivos?
> - Qual o cronograma a ser cumprido para atingir os objetivos propostos para a empresa?
> - Quais as ações imediatas (curto prazo), progressivas (médio prazo) e permanentes (longo prazo) que a empresa deve executar para satisfazer suas metas?

A declaração da missão também ajuda o empreendedor a identificar a cadeia de valores da empresa e a reforçar seus princípios norteadores, pois é por meio dos processos criados pelas táticas, que, por sua vez, foram delineados pelas estratégias, então derivadas da missão, que a empresa produzirá valor para seus clientes, fornecedores e acionistas.

Importante

A declaração da missão compromete a empresa. Por isso, ela deve guiar a definição e a criação de estratégias para garantir a criação de valores e defender sua cadeia de valores, mantendo a competitividade da organização.

Estratégias

Quando definimos a missão da empresa, precisamos ter em mente que ela deve ser cumprida, executada!

Como já vimos, para facilitar a execução da missão, a forma mais adequada de fazê-lo consiste em definirnos as estratégias para colocarmos essa missão em prática, perguntando "o que" deve ser feito!

Estratégia é uma palavra que deriva da área militar e significa "a arte de explorar condições favoráveis para alcançar objetivos específicos". Por isso, se quisermos que nossa empresa alcance os objetivos propostos, devemos identificar, analisar e construir o caminho para que eles sejam alcançados (Biagio; Batocchio, 2005).

Estratégia envolve respostas ao "o que" deve ser feito, consistindo na apresentação das maneiras diferenciadas ao real cumprimento da missão proposta e envolvendo a empresa com o meio ambiente no qual está inserida. Se forem muitas missões, maiores serão os porquês, pois maiores serão as estratégias possíveis para resolver o problema.

O estudo do ambiente em que a empresa irá operar é essencial para delinear estratégias e pode ser realizado com o uso de muitas ferramentas e métodos disponíveis (matriz SWOT, matriz BSC, *brainstorm*, análise de portfólio, matriz de sinergia, matriz space, matriz de vulnerabilidade, matriz de produtos e mercados, matriz de carteira multifator, entre outros). Porém, precisamos ter o cuidado de realizar o estudo de forma mais ampla e especializada possível.

> *Estratégia* é uma palavra que deriva da área militar e significa "a arte de explorar condições favoráveis para alcançar objetivos específicos".

A iniciativa de definir estratégias auxilia a empresa a se posicionar no mercado. Para melhor compreensão da definição de estratégias, é interessante apresentarmos um conjunto de alternativas de execução de uma missão. Assim, estaremos aumentando as possibilidades de sucesso em concretizar suas ações.

Como um suporte, o *Guia PMBOK* (PMI, 2004) pode ajudar o empreendedor a direcionar seu pensamento, pois esse guia permite estabelecer os princípios como um pensamento estratégico sistematizado, que engloba o escopo do problema e que ajude com os outros elementos que envolvem qualquer estratégia, que deve considerar: os recursos materiais empregados, os recursos humanos disponíveis, a tipologia e a facilidade das comunicações, a análise dos riscos envolvidos, do tempo disponível e controle de cronograma, o estudo dos custos envolvidos, o grau de qualidade exigida, as aquisições futuras e as facilidades de integração desses elementos.

Pensando sistemicamente, observando (no mínimo) esses elementos básicos, o futuro empreendedor pode ter a certeza de que a estratégia, ou o conjunto delas, será lida pelos seus acionistas e pelos interessados no seu negócio. Por isso, cada estratégia deve ser apresentada de forma clara, simples e direta, fazendo com que os possíveis investidores/sócios entendam o que o empreendedor deseja dizer, compreendendo que cada estratégia é passível de ser executada com economia de recursos, tempo reduzido e facilidade de operacionalização.

Dependendo da ideia que o empreendedor possui de negócio, aqui estão algumas dicas que podem ser consideradas para a definição de uma estratégia:

- apresentar conceitos precisos, para evitar entendimentos ambíguos;
- estabelecer criteriosamente as prioridades para a empresa, especialmente as que visam lucro ou aumento dele;
- certificar-se de que a visão de negócio está correta e que outras pessoas irão concordar com seu desenvolvimento;
- assegurar-se de que os objetivos propostos são realmente mensuráveis;
- avaliar o quanto o objetivo será relevante quando alcançado;
- estabelecer prioridades e metas (lembre-se que o conjunto de metas lhe permite atingir seus objetivos);
- estar pronto para descartar objetivos de baixa prioridade;
- considerar as limitações de todas as pessoas envolvidas na estratégia;
- avaliar as limitações de tempo;
- procurar descobrir as facilidades de investimentos futuros, inclusive para novas aquisições materiais e de pessoal;
- apresentar uma lista de atividades com descrição clara de cada tarefa que elas envolvem, relacionando pessoal, material, tempo, comunicações, riscos e custos;
- para facilitar o entendimento de operacionalização, relacionar as atividades de modo claro e compreensível com integração entre equipes;

- considerar o orçamento para a execução das atividades propostas;
- apresentar opções de recursos alternativos;
- justificar escolhas, prazos e custos;
- pensar e considerar as contingências com fornecedores e com a equipe do empreendimento;
- considerar riscos e possibilidades de ocorrerem simultaneamente;
- apresentar um esboço de como serão avaliadas as ações e com que frequência essa avaliação ocorrerá;
- considerar o pensamento dos *stakeholders*: clientes, fornecedores, acionistas, parceiros, sócios, entre outros.

Essas dicas são genéricas, não constituindo um roteiro ou uma norma a ser seguida, caracterizando somente uma sugestão para que possamos nos orientar para apresentarmos nossa(s) estratégia(s) de forma clara, precisa e concisa ao leitor e aos interessados pelo nosso empreendimento.

Produtos e tecnologia

Ao produzirmos nosso plano de negócios, é necessário procurarmos identificar, por meio de pesquisas, as tecnologias que envolvem o produto e/ou serviços que sua empresa irá ofertar.

Esse estudo nos possibilita ter em mãos a investigação dos fabricantes que podem ofertar tecnologia, a existência de registros e patentes quanto ao uso ou aplicação das tecnologias, bem como a preparação do capital intelectual do empreendimento para absorver essas tecnologias.

Importante

As tecnologias envolvem equipamentos sofisticados, inovadores, como também as metodologias ou ferramentas que permitam aplicar novos processos de produção e oferta de serviços e processos operacionais que ofereçam ganhos aos clientes e vantagens para o empreendimento.

> O empreendedor precisa sempre promover estudos abrangentes para poder elaborar um plano de negócios que diminua o grau de incerteza quanto às mudanças tecnológicas existentes e emergentes no mercado.

É fundamental estudarmos e compreendermos a evolução tecnológica para entendermos o processo inovativo das organizações, principalmente dos concorrentes.

Pesquisa e desenvolvimento são operações que garantem a competitividade das empresas, pois novos projetos podem ter origem na exploração de novas tecnologias ou novos métodos de operacionalização. A estrutura administrativa da organização tem o dever de facilitar sua viabilidade, favorecendo o diagnóstico do mercado e rápido reposicionamento no segmento.

O empreendedor precisa sempre promover estudos abrangentes para poder elaborar um plano de negócios que diminua o grau de incerteza quanto às mudanças tecnológicas existentes e emergentes no mercado. Pensar em agir e estar despreparado quanto ao emprego de tecnologias alternativas para reações contrárias muito mais sofisticadas podem arruinar um negócio.

Para facilitar esse estudo, Biagio e Batocchio (2005, p. 63) sugerem o uso da matriz de relacionamento entre o grau de complexidade e a velocidade de mudanças no ambiente (Quadro 3.2 a seguir), para analisar e classificar o grau de incertezas ambientais que a organização opera, no qual o grau de complexidade se relaciona com as forças e/ou o caráter delas que tem influência sobre a organização, e a taxa de mudança é relacionada à frequência ou velocidade com que as forças ocorrem.

Na matriz de relacionamento são relacionados os graus de incerteza em quadrantes que indicam a análise ambiental para viabilização dos objetivos organizacionais, que podem ser aplicados para a determinação do emprego das tecnologias existentes ou emergentes, como demonstraremos no quadro a seguir.

Quadro 3.2 – Matriz de relacionamento entre o grau de
complexidade e a velocidade de mudanças em um ambiente

Grau de incerteza de alto a moderado:	Grau de incerteza alto:
- grande variedade de produtos; - vida longa dos produtos ou mudanças lentas.	- grande variedade de produtos; - produtos em contínuo processo de mudanças.
Grau de incerteza baixo:	**Grau de incerteza de baixo a moderado:**
- pequena variedade de produtos; - Vida longa dos produtos ou mudanças lentas.	- pequena variedade de produtos; - produtos em contínuo processo de mudanças.

Fonte: Biagio; Batocchio, 2005, p. 63.

Alguns fatores que devemos considerar no plano de negócios relacionado às tecnologias a serem utilizadas, entre outras considerações a serem indicadas no parque de *hardware* e *software* que será utilizado em sua empresa, são:

- **Plataforma operacional**: *Software* proprietário ou *software* livre (*open/free*).
- **Arquitetura de comunicação**: Infraestrutura e topologia de redes.
- **Sistemas aplicativos**: Encomendados ou por pacotes *on-line* ou *off-line*.
- **Suporte**: *On-line, on demand*, entre outros.
- **Pessoal**: Terceirizado, temporário, efetivado, entre outras categorias.
- **Equipamentos**: Configurações e quantidades de *hardware* embarcado.

Os fatores tecnológicos aqui apresentados constituem um exemplo e uma sugestão para que possamos pensar e refletir sobre a elaboração dessa seção do nosso plano de negócios. Outros fatores existem e podem ser considerados, dependendo do ramo de uso e da aplicação da tecnologia.

Capital e investimentos da empresa

Ao definirmos nossa estratégia, devemos apresentar o que já possuímos de capital necessário para o início das atividades de produção e serviços que serão oferecidos, em termos de:

- projeção de vendas;
- projeção de rentabilidade;
- fonte de recursos e financiamentos;
- aplicações financeiras;
- valores de estoques;
- capital de giro.

Há outros elementos a serem considerados além desses (vide o item Plano financeiro, Capítulo 6). O importante é relacionarmos todo tipo de capital e investimentos que nosso empreendimento tem e terá futuramente. Dessa forma, passaremos para os investidores e interessados a ideia clara da viabilidade do nosso negócio.

Análise contextual: requisitos e necessidades

Para facilitarmos a execução do plano de negócios e apresentarmos a sua viabilidade, devemos apresentar o contexto da nossa empresa.

O contexto define o escopo inicial do projeto, apresentando os sistemas, os processos, os materiais, as pessoas, os equipamentos, os investimentos, as responsabilidades, as interações e todo e qualquer elemento envolvido no negócio que possa vir a contribuir para seu funcionamento.

Dentro do contexto, é importante apresentarmos os requisitos e necessidades dos *stakeholders*, dos interessados ou intervenientes em nosso empreendimento.

Importante

Definir requisitos é realizar um levantamento prévio de cada elemento do nosso negócio e, de cada um deles, a especificação das características que devem possuir para atendimento das necessidades e/ou expectativas dos stakeholders, analisando e decidindo sobre seus impactos sobre outros processos, sistemas ou elementos.

Definir necessidades é a apresentação dos itens que já foram pensados, analisados e desejados para fazer parte da empresa, mas que ainda não foram realizados ou agregados e que futuramente permitirão a melhor funcionalidade dos sistemas, dos processos, das pessoas e de outros elementos do nosso negócio, partindo das considerações mínimas até mais importantes.

Existem muitas técnicas e ferramentas disponíveis que podemos utilizar para realizar uma análise do contexto em que seu negócio se insere. Passaremos a estudar algumas delas nas próximas seções.

3.2 Análise de mercado

Em um mercado global altamente competitivo, às vezes precisamos reconsiderar as estratégias de negócios para avaliarmos nossa posição e os prospectos de nossa empresa em relação ao mercado.

Não podemos ficar à mercê dos fatos, e sim estar à frente deles; devemos ter visão futura do negócio para abordá-lo de forma confiante. Precisamos estar preparados, sob qualquer imposição, para enfrentarmos situações favoráveis ou não, sabendo reconhecer as forças e os pontos fortes do oponente e nos prepararmos para elas, fortalecendo nossas vantagens e eliminando nossas fraquezas. Por isso, devemos ter em mente que a descrição do diagnóstico atual aliado à identificação e ao estudo da análise ambiental da empresa facilita a identificação das fraquezas e dos pontos fracos do nosso empreendimento, o que passaremos a estudar nas seções seguintes.

Análise ambiental e tamanho do mercado: SWOT e 7W3H

No que se refere a realizar a pesquisa sobre o mercado e apresentar uma análise sobre ele, é muito prático fazermos uso de ferramentas que nos permitam realizar um diagnóstico e um mapeamento dos principais pontos a serem observados, que podem ser resumidos em identificação, processamento e análise dos pontos fortes e fracos, bem como das oportunidades e das ameaças que o mercado possibilita e/ou apresenta. Esse estudo é apresentado na matriz SWOT.

> A análise SWOT é uma técnica de análise ambiental.

Na perspectiva de Kotler e Keller (2006, p. 50), "a avaliação global das forças, fraquezas, oportunidades e ameaças é denominada análise SWOT (dos termos em inglês Strengths, Weaknesses, Opportunities, Threats). Ela envolve o monitoramento dos ambientes externo e interno".

A análise SWOT é uma técnica de análise ambiental em que uma empresa está inserida. Essa ferramenta de análise foi creditada a Albert Humphrey, ao trabalhar em pesquisas da Universidade de Stanford, no século XX. O autor apresentou nas décadas de 1960 e 1970 a ideia de que a análise dos pontos fortes e fracos, as oportunidades de melhoria e a atenção às ameaças de outras empresas deveriam ser considerados por qualquer empreendimento pelo menos uma vez por ano, durante toda a vida de qualquer empresa, de modo a garantir a competitividade e sustentação das estratégias adotadas.

A matriz SWOT fornece suporte para futuras tomadas de decisões sobre como o empreendedor deve agir diante das circunstâncias e de que forma as tarefas podem ser realizadas para valorizar o potencial existente, evitando que as fraquezas e as ameaças se tornem reais. Essa matriz possui quadrantes (Figura 3.4) que devem constituir-se em informações a serem consideradas no desenvolvimento da análise dos ambientes interno e externo da organização.

Figura 3.4 – Matriz SWOT

	Na conquista do objetivo	
	Ajuda	Atrapalha
Interna (organização)	Forças	Fraquezas
Externa (ambiente)	Oportunidades	Ameaças

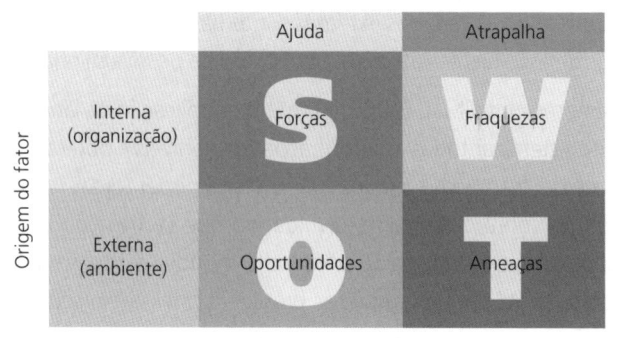

Origem do fator

Fonte: Adaptado de Iacia, 2010.

O que a matriz sugere consiste em:

- combinar as forças e oportunidades de melhoria;
- minimizar as fraquezas e ameaças;
- converter as fraquezas identificadas em forças;
- evitar as ameaças, convertendo-as em oportunidades.

Para maximizarmos o resultado da análise, Biagio e Batocchio (2005, p. 86) apresentam as seguintes recomendações ao construirmos a matriz SWOT:

- eliminar os itens classificados como pontos fracos nos quais a empresa enfrenta ameaças graves do mercado e tendências desfavoráveis no ambiente;
- capitalizar as oportunidades identificadas com os principais norteadores nos quais a empresa apresenta pontos fortes perante o mercado;
- corrigir os itens classificados como pontos fracos nos quais a empresa identificou oportunidades potenciais de negócios alinhadas aos princípios norteadores;
- monitorar os itens classificados como pontos fortes nas áreas nas quais a empresa enfrenta ameaças e tendências desfavoráveis no ambiente.

De acordo com Araújo (2008), a importância da análise SWOT no apoio à formulação de estratégias deriva "de sua capacidade de promover um confronto entre as variáveis externas e internas, facilitando a geração de alternativas de escolhas estratégicas, bem como de possíveis linhas de ação".

A empresa InteliMap (2009) afirma que aplicação da análise SWOT nos permite sistemizar todas as informações disponíveis e obter uma leitura transparente do "campo de batalha", de modo a poder tomar uma decisão balanceada no/sobre o mercado, divulgando que se trata de uma forma de análise de negócios, difundida em âmbito mundial e que, sem dúvida, é uma ferramenta útil para as empresas brasileiras analisarem seus negócios.

Importante
Depois de analisados os elementos da matriz SWOT, podemos "estabelecer metas específicas para o período planejado" (Kotler; Keller, 2006, p. 52), sendo suporte para elaborar o plano de ação através da análise 7W3H.

O plano de ação baseado na análise 7W3H tem por objetivo definir, com detalhes sucintos, os requisitos, as necessidades, as exigências e as expectativas do contexto do negócio, para que sejam realizadas tarefas e, por consequência, operações (ações) do projeto, visando sempre estabelecer procedimentos e funções que convirjam nas metas a serem satisfeitas (PMI, 2004).

Dessa forma, o plano deve ser redigido para execução em paralelo com alguns requisitos, entre eles, o monitoramento de riscos que possui como objetivo "aumentar a probabilidade e o impacto dos eventos positivos e diminuir a probabilidade e impacto dos eventos adversos ao projeto" (PMI, 2004), como também o gerenciamento dos recursos humanos, na seleção e organização das equipes; a seção de aquisições, incluindo os processos de comunicação e riscos.

Um exemplo do uso da análise 7W3H para um diagnóstico de uma empresa de desenvolvimento de *websites* pode ser visto na Quadro 3.3 a seguir:

Quadro 3.3 – Exemplo de aplicação da análise 7W3H

O quê?	Quando?	Por quê?	Onde?	Como?
Adaptação do *site* ao modelo geral da instituição.	No início do processo.	Requerido para padronização dos setores da instituição.	Na plataforma atual utilizada.	Com uso de *softwares* específicos.
Seções dinâmicas.	Na aprovação de *templates*.	Procurando maior atratividade e atenção do usuário.	Na página inicial do *site*.	Com uso de *softwares* específicos e conteúdo em *flash*.

Quem?	Quando?	Enquanto?	Como medir?	Com qual?
Setor interno da instituição – comunicação.	Uso de banda larga, equipamentos, programas, tempo.	Houver investimentos no setor de inovação e tecnologia.	Com a verificação entre os padrões estabelecidos e o realizado.	Plataforma atual e diagnostico elaborado.
Setor interno da instituição – comunicação.	Uso de banda larga, equipamentos, programas, tempo e profissionais.	Estudar e analisar novos processos de desenvolvimento com novos equipamentos.	Adaptabilidade dos usuários e acessibilidade.	Observação, questionários e entrevistas.

Estudo de caso

Análise SWOT

Neste estudo de caso, o intuito é trazermos informações que enriqueçam e facilitem a elaboração de planejamento estratégico, através da análise SWOT, buscando a utilização dos próprios diferenciais para alcances benéficos no crescimento e na formação de diferencial competitivo no mercado.

Para isso, o uso dessa ferramenta irá nos auxiliar na avaliação à qual estamos submetidos perante nossos concorrentes e parceiros. Utilizaremos a análise SWOT no processo de avaliação de uma organização do litoral do Estado do Paraná, município de Guaratuba, atuante no ramo de prestação de serviços de contabilidade a empresas da região, que busca o seu crescimento diante de um mercado escasso, frágil e repleto de concorrentes.

A empresa e a análise SWOT

A empresa em estudo, como já afirmamos anteriormente, localiza-se no município de Guaratuba, litoral do Paraná, e trabalha há mais de dez anos com prestação de serviços contábeis na região.

A organização já passou por diversas mudanças organizacionais; houve saídas e entradas de novos sócios ao longo desse período e, nos últimos cinco anos está sob a direção de uma ex-funcionária, que hoje é a proprietária individual do estabelecimento. A referida empresa possui um quadro funcional distribuído em sete funcionários que ficam em funções distribuídas por especialidades de atuação, descritas no Quadro 1 a seguir:

Quadro 1 – Colaboradores e especialidades da empresa contábil

Quantidade de colaboradores	Especialidade de atuação
1	Responsável de escrituração fiscal
1	Responsável de recursos humanos
1	Auxiliar de escrituração fiscal
1	Auxiliar de recursos humanos
1	Auxiliar de contabilidade
1	Auxiliar financeiro
1	Motoboy

A empresa funciona em imóvel próprio, porém financiado. Possui salas para atendimento a cada tipo de cliente de forma distinta e fechada, e cada setor possui o seu ambiente decorado de acordo com a função. Conta com um balanço financeiro estável, não tendo dívidas ativas no mercado e tampouco credores. O portfólio de clientes é estável, mas considerado pequeno para a região.

A estratégia da empresa é crescer 25% neste ano fiscal. Para isso, está realizando uma identificação e análise do mercado para verificar se a estratégia de investir no crescimento é realmente viável.

Pontos fortes:

- O honorário é um dos mais baixos da região, e as taxas extras são cobradas somente ao final do ano, quando o cliente tem maior fluxo de caixa.
- É um dos mais antigos escritórios contábeis do município.
- Está estrategicamente bem localizado, em uma área não muito central, mas que tem constante fluxo de empresários e trabalhadores. Também tem uma aparência chamativa, fortalecendo a imagem do escritório.
- Trabalha apenas com empresas de pequeno e médio porte, possuindo uma escala financeira horizontal de clientes. No caso de um cliente fechar as portas do estabelecimento, este não trará fortes impactos financeiros à empresa.
- Possui uma parcela forte dos empreendimentos em relação aos seus concorrentes. Atualmente, a empresa possui 8 concorrentes diretos (outros escritórios de contabilidade) no município. Conforme estatística da prefeitura municipal, há cerca de 500 empresas ao todo. A organização possui em média 160 empresas ativas (32% do mercado local).
- O fomento a promoções de incentivo a pagamento em dia e indicação a novos clientes (maioria dos clientes novos vem sob indicação).
- O fluxo de funcionários é pequeno e a maioria dos clientes já tem um contato mais aproximado com os funcionários.
- Disponibilidade do cliente de contatar o motoboy para entrega de documentos e solicitar serviços. O cliente não necessita se deslocar até o escritório, o escritório é que vai até o cliente.
- O cliente tem acesso a todos os ambientes da organização e pode se sentir à vontade para entrar em qualquer departamento.
- Possui divulgação forte em rádio local.
- Os equipamentos de suporte (computadores, impressoras, rede de internet, processadores, entre outros) são de alta qualidade, estando sempre em perfeitas condições de uso.

Pontos fracos:

- Embora seja um dos mais antigos escritórios de contabilidade da cidade, o nome fantasia, a localização e o proprietário mudaram e, com isso, muitos moradores da região perderam a identidade com a organização.
- O responsável pelo comércio dificilmente está presente no local nem tem horários de permanência. O cliente é frequentemente atendido apenas pelos funcionários.
- Nenhum dos funcionários tem formação específica em sua área de atuação, exceto a proprietária, que tem formação como técnica de contabilidade. Os colaboradores possuem apenas alguns cursos direcionados à área, porém não possuem conceitos de ambientes mais complexos e da contabilidade como um todo. Se algum colaborador de outro departamento falta ao expediente, dificilmente se consegue suprir a necessidade intelectual do mesmo.
- Devido ao fato de cada setor estar em um ambiente fechado, ocorrem muitas falhas na comunicação, principalmente no que se refere à preparação e às entregas de documentos a um único cliente. Em muitos casos, alguns setores estão preparando documentos diferentes para um único cliente e, no momento de repassá-los ao motoboy, cada um passa em um momento diferenciado, aumentando o tempo e gastos desnecessários com o referido funcionário.
- A prestação de serviço não possui nenhum diferencial em seu atendimento e muitas vezes se promete o que não se pode cumprir. Prazos dificilmente são cumpridos.
- Em termos hierárquicos, a "soberania" é imposta aos demais funcionários. Dificilmente estes têm efetiva participação no aprimoramento e nas ações a curto e médio prazo da organização. A dona da empresa está cursando faculdade de Administração e tenta aplicar os conhecimentos que adquire no estabelecimento. Porém, o processo é falho. São agendadas reuniões que logo

caem no esquecimento, não sendo realizadas e, quando são feitas e um tema é posto em discussão, as sugestões não são facilmente aceitas e, quando entram para o planejamento, estas não se realizam.
- A empresa possui um único fornecedor de materiais de expediente, não buscando consultar a viabilidade econômica de outros; tampouco valoriza o comércio local, acarretando gastos com transportadoras e problemas de suprimentos de materiais de urgência.
- A organização não possui controle de estoque nem uma pessoa responsável pelas compras. Os insumos acabam primeiro para depois se suprir a necessidade de repô-los.

Oportunidades:

- Há uma forte tendência de regularização da informalidade dos estabelecimentos da região.
- Há uma forte busca por consultores administrativos. Os clientes geralmente buscam o escritório, devido ao fato de já estarem cientes de suas articulações financeiras e buscam encontrar um grande parceiro. Especializar mão de obra para essa tendência é uma grande oportunidade, pois também há aquelas empresas que ainda fecham as portas no primeiro ano de funcionamento.
- No passado, havia uma filial em outro estado. Com o passar do tempo, esta foi fechada devido aos altos custos de funcionários e materiais para suprir as necessidades da rotina administrativa. Entretanto, regularmente surgem pedidos de clientes para a reabertura da filial, que pode ser pensada para atender o comércio daquela região e também contratar funcionários e insumos da mesma localidade, o que diminuiria os custos.
- O atendimento para posteriores indicações com referencial e qualidade de serviço pode ser aprimorado.

Ameaças:

- O escritório não está devidamente registrado nos órgãos governamentais, tampouco seus funcionários! As obrigações trabalhistas não estão sendo cumpridas.
- Um grande número de escritórios está se instalando na região.
- Alguns funcionários se sentem prejudicados com a saúde no trabalho. Constantemente ocorrem reclamações de dores causadas por movimentos repetitivos e por má postura da coluna, bem como de problemas de visão e estresse decorrentes do trabalho rotineiro.
- Há grande fluxo de capital, porém este não é bem distribuído. Não se pensa em regularizar o que está em pendência. É comum a empresa e a proprietária (com seus gastos individuais) possuírem um mesmo caixa, posto que não se tem um controle real das entradas e saídas do escritório nem de sua posição financeira diante do mercado.
- A empresa não possui nenhuma orientação empreendedora norteadora da empresa, como também a respeito de sua razão de existir, ou seja, a organização não possui declaração da visão e da missão.
- Não possuindo missão nem visão empresarial claras, a empresa busca seus objetivos por metas, que geralmente não são cumpridas.

O cruzamento entre os quatro quadrantes da análise SWOT (Quadro 2) evidencia uma linha na qual a empresa pode desenvolver melhor suas vantagens competitivas, estabelecendo mudanças nos ambientes de forma a aproveitar sempre as oportunidades e tornar as ameaças favoráveis à empresa.

Próximas decisões a serem tomadas: eliminar possíveis pontos fracos da empresa que foram identificados; capitalizar as oportunidades descobertas; corrigir os possíveis pontos fracos identificados; monitorar todas as áreas.

Quadro 2 – Quadro análise SWOT com a origem dos fatores

	Ajuda	Atrapalha
Interno	<ul><li>preço e condições de pagamento;</li><li>reputação da empresa;</li><li>localização;</li><li>escala de clientes: horizontal;</li><li>grande participação no mercado;</li><li>promoções;</li><li>quadro funcional comprometido.</li></ul>	<ul><li>perpetuação da marca;</li><li>falta de presença do responsável no estabelecimento;</li><li>força de trabalho não capacitada;</li><li>falha na comunicação;</li><li>sem diferencial de qualidade/hierarquia.</li></ul>
Externo	<ul><li>tendência de regularização da informalidade;</li><li>consultores administrativos;</li><li>abertura de filiais;</li><li>aprimorar qualidade do serviço.</li></ul>	<ul><li>legislação e obrigações vigentes;</li><li>concorrentes;</li><li>saúde no trabalho;</li><li>orientação empreendedora;</li><li>falta de planejamento estratégico.</li></ul>

Conclusão

Após ter realizado a análise SWOT de qualquer organização, definimos a direção básica de desenvolvimento para o negócio, fazendo uso de novas oportunidades, formulando os problemas básicos da empresa que necessitam de uma rápida solução para o melhor desenvolvimento do negócio.

A análise SWOT deve ser feita regularmente. Bons gestores sempre estão atentos a oportunidades e riscos que vão surgindo, tentando transformar o maior número de riscos em novas oportunidades de negócio.

Observamos as vantagens e os pontos fracos da organização de maneira mais transparente, bem como sua situação perante o mercado. Essa análise instiga a busca do melhor caminho para o desenvolvimento, evitando danos e fazendo uso dos recursos disponíveis de forma eficiente e eficaz, utilizando as oportunidades apresentadas pelo mercado.

> A análise SWOT deve ser feita regularmente.

Análise macroambiental

O plano de negócios é um documento estratégico que alia o seu negócio ao empreendedorismo e este ao diagnóstico e ao ciclo do planejamento a ser desenvolvido. Para sua formulação, é importante então sabermos identificar as principais variáveis que compõem o nosso macroambiente, que podem ser resumidos em:

- ambiente demográfico;
- ambiente econômico;
- ambiente tecnológico;
- ambiente político e legal, que trata dos aspectos políticos e legais;
- ambiente sociocultural, englobando os valores culturais e sociais;
- ambiente geográfico, que caracteriza os aspectos físicos.

Para Kotler e Keller (2006), o ambiente econômico deve ser delineado para que seja possível antecipar fatos e permitir previsões econômicas coerentes. Em nível macroeconômico, poderemos delinear ações se conseguirmos entender o ciclo de um negócio, caracterizado por quatro ações:

- **Prosperidade**: Diz respeito ao alto crescimento e à baixa taxa de desemprego e crescimento da renda real.
- **Recessão**: Relacionada ao crescimento do desemprego e ao declínio do poder de compra.
- **Depressão**: Responsável pela alta taxa de desemprego, havendo drástica diminuição do poder de compra dos consumidores.
- **Retomada**: Deslocamento do estágio de recessão para o estágio de prosperidade.

É importante entendermos um conceito que envolve o macroambiente econômico que irá interagir com seu plano de negócios, cuja ação não podemos controlar e no qual se destacam:

- **Inflação**: É uma ação econômica que é caracterizada pelo aumento geral dos preços. A inflação alta diminui o poder de compra dos consumidores, o que consequentemente reduz as vendas no mercado. Algumas estratégias podem ser adotadas para evitar a perda de lucros referente a elevadas taxas de inflação. Por exemplo: podemos optar por enxugar o número de produtos antes de aumentarmos os preços; podemos substituir os materiais ou ingredientes mais caros por produtos mais baratos; reduzir ou eliminar algumas características do produto para reduzir custos; eliminar ou reduzir serviços do produto, como instalação grátis, entregas gratuitas ou longas garantias ou até mesmo criar marcas mais econômicas ou marcas genéricas.
- **Mudanças nos hábitos de consumo**: Essa ação é percebida quando as famílias possuem aumento de poder aquisitivo em suas rendas. Por exemplo: quando a porcentagem gasta com alimentos declina e a porcentagem gasta com habitação e operações da casa permanece constante.

Em se tratando de variáveis macroambientais, devemos considerar em um plano de negócios os seguintes elementos:

- **Ambiente físico**: Variável que consiste na não conservação da natureza e de sua depredação, ocasionada pela não reciclagem dos produtos.
- **Ameaças e oportunidades**: Que estão associadas às seguintes tendências:
    - potencial de escassez de certas matérias-primas;
    - instável custo da energia;
    - crescente nível de poluição;
    - mudança no papel do governo na proteção ambiental.
- **Ambiente político e legal**: Caracterizado pelas leis que influenciam e restringem as ações das empresas. Leis que regulam as localizações das empresas, que impõem sanções e multas a indivíduos ou organizações que poluem o meio ambiente, leis que regulam a propaganda, que controlam os preços, que protegem os consumidores, entre outros.

- **Ambiente sociocultural**: Engloba as variáveis macroambientais relacionadas às crenças, os valores e às normas que norteiam os comportamentos dos indivíduos e das organizações.
- **Estilos de vida**: Que englobam os diversos tipos de comportamentos e consequências destes, entre os quais se destacam os seguintes tipos:
  - **Inovadores**: São os considerados líderes, prósperos e ambiciosos.
  - **Conservadores**: Tidos como tradicionais em suas ações e decisões.
  - **Tomadores ou burocratas**: São os que vivem marginalmente no mundo do trabalho o prazer esta fora do trabalho.
  - **Transformadores ou críticos**: Caracterizado pelos radicais, que gostam de mudar as coisas conforme seu ponto de vista.
  - **Pesquisadores**: Que vivem pesquisando novas ideias.

Todos esses fatores são importantes, pois devemos procurar fazer da nossa empresa uma organização bem-sucedida. Identificar esses elementos e alinhá-los ao reconhecimento das necessidades e tendências ainda não atendidas pelos concorrentes nos ajudará a tomar medidas para impulsionarmos nossos lucros futuros: preços, imagem, potencial competitivo, entre outros, analisados sob o ponto de vista macroambiental.

Análise externa

Quando temos o objetivo de realizar uma análise externa da nossa empresa, devemos ter em mente que devemos identificar, analisar e avaliar as relações existentes entre a nossa empresa no ambiente em que se encontra, podendo fazer uso da análise SWOT, apresentada na Seção 3.2.1 (*Análise ambiental e tamanho do mercado – SWOT e 7W3H*) ou por meio de *benchmarking* (comparação da sua empresa com outras, em nível local, regional e global) para discussão entre sócios e acionistas para tomada de decisão para a empresa.

capítulo 3

Preste atenção

O que justifica a realização da análise externa é a definição das estratégias de vantagem competitiva que iremos elaborar e apresentar para a nossa empresa, lançando produtos/serviços no mercado; outra justificativa consiste na identificação de ações e pressupostos elaborados pela competitividade de nossos concorrentes, buscando soluções para minimizar os seus efeitos sobre nossas estratégias.

Como resultado dessa iniciativa, poderemos ver que o ambiente externo é muito volúvel, mudando constantemente; as dimensões das ameaças e das fraquezas devem ser minimizadas pelas forças e oportunidades nas demais forças do ambiente, interligando os fatores externos aos internos da empresa, concretizando os esforços para combater falhas e perdas de oportunidades.

A busca de informações, seja ela de fontes diretas – ações diretas da empresa no ambiente –, seja de fonte indiretas – busca por *sites*, concorrentes etc. –, está relacionada ao comportamento dos fornecedores, aos intermediários, aos clientes, aos concorrentes, aos parceiros e aos acionistas, ao mercado, à conjuntura sociopolítica, aos bens substitutos ou novos entrantes, entre outros a fatores. Nessa busca, devemos observar, identificar e relacionar:

- focos de oportunidades, com divisão do mercado ou dos nichos de mercado para facilitar a obtenção de informações (local ou regional);
- diminuição das ameaças;
- sistematização das ações, por meio de coordenação de ações conjuntas para minimizar os efeitos das ameaças e das fraquezas da empresa;
- rapidez na identificação de fontes de informação;
- difusão das metas para equilibrar ações imediatas, progressivas e permanentes, em todos os níveis organizacionais (horizontalização das comunicações dentro da empresa);
- Superar dificuldades ao definir fronteiras de mercados ou nichos (local e regional);

O estudo do ambiente externo à sua empresa deve estabelecer informações quanto às ações futuras ligadas aos seguintes aspectos:

- tecnologias utilizadas por organizações concorrentes;
- ações do governo;
- ações e mudanças do sistema financeiro – ações, quantitativo financeiro, inflação, operações no mercado, crédito etc.;
- ação de sindicatos e influência de órgãos semelhantes;
- ações da comunidade – saúde, educação, índices de violência, entre outros.

É importante considerarmos os elementos interligados ao mercado, tais como:

- **Consumidores**: Quem são, onde estão, como estão, que fazem, quais suas preferências, quais seus hábitos e o que desejam.
- Estrutura do mercado: Tamanho, potencial, tendências, tipo de consumidores, oportunidades que oferece, entre outros.
- **Comportamento da indústria**: Modo de operacionalização comercial do ramo, tamanho, potencial de crescimento, produtos e serviços alternativos, entre outros.
- **Estudo da concorrência**: Potencial de faturamento, quem são, onde estão, como trabalham, volume de vendas, lucro, tendências de comportamento futuro, linha de atuação, ações no nicho de mercado, entre outros fatores.
- **Identificação e análise dos fornecedores**: Quem são, onde estão, como estão, que fazem, quais suas especificidades, como definem seus relacionamentos, como entregam, quando entregam, portfólio de alternativas, qualidade dos produtos e/ou serviços oferecidos, preço e condições de pagamento, prazos de atendimento e entrega, entre outros.

Uma consideração importante quanto à análise externa se refere à realização dos lucros, em relação à qual Porter (1991) chama a atenção para quatro elementos básicos a considerarmos na análise do ambiente externo da empresa:

- ações dos competidores no mercado;
- atenção aos produtos substitutos ao oferecido pela empresa;
- poder e ação dos compradores e fornecedores;
- entrada de novos competidores e saída dos atuais no mercado.

Análise interna

A análise interna da empresa tem por finalidade apresentar aos sócios e acionistas o estado atual da empresa, bem como seus pontos fortes, fracos, suas oportunidades de melhoria e ameaças que sofre internamente, podendo ser realizada da forma já descrita na Seção 3.2.1.

Os pontos a serem considerados envolvem a identificação, o estudo e a análise dos seguintes fatores da sua empresa:

- valores;
- cultura organizacional;
- fatores críticos de sucesso;
- sistemas (político, de qualidade, de compra, de venda etc.);
- processos;
- fluxos de informação;
- pessoas;
- equipamentos;
- materiais;
- relacionamento ou formas de comunicação;
- tratamento de riscos e acidentes, entre outros, dependendo da especificidade e ramo da empresa.

Já que o objetivo da análise interna da empresa é o de realizar uma pesquisa para obtenção de informações, focando seus produtos e serviços relacionados ao mercado, de forma a aumentar seu potencial competitivo (minimizar fraquezas, contemplar oportunidades de melhoria, prestigiar forças e bloquear ameaças), devemos considerar:

- as funções desempenhadas por cada setor/departamento (como *marketing*, finanças, desenvolvimento, produção, gestão de pessoas, relações públicas entre outros) no que se refere ao diagnóstico e relações que contribuirão nas tomadas de decisão de posicionamento; melhoria de eficiência e eficácia, melhoria de qualidade, de processos, de relacionamentos, na intenção de apresentar a situação atual e ações futuras para aumento da competitividade da empresa;
- os princípios adotados para a organização, como estrutura de organização, valores, cultura estabelecida, processos de comunicação, de produção, capacitação, desenvolvimento, relações com o cliente interno (e externo), políticas de qualidade, finanças, pesquisa e desenvolvimento, entre outros;
- aspectos funcionais de processos ligados à eficiência e à eficácia – produção, logística, relacionamento, entre outros;
- fatores críticos de sucesso;
- inventário de recursos (financeiros, materiais, pessoal, entre outros).

O importante da análise interna da empresa é a definição da sua cadeia de valor. Devemos ter sempre em mente que a definição da cadeia de valor implica a eficiência e a eficácia da competitividade, otimizando sistemas e processos e no desempenho das áreas empresariais, envolvendo fornecedores, acionistas e clientes.

Público-alvo

Para realizarmos uma pesquisa acerca do público-alvo da empresa, é necessário estudarmos a segmentação do mercado, os gostos, os tipos e as especificações das necessidades e desejos de clientes, bem como pesquisar suas preferências em relação aos produtos, aos serviços, à localização, entre outros fatores.

Para entendermos tudo isso, vamos analisar os motivos que levam pessoas a se identificarem com seus produtos/serviços, resumidos às necessidades de Maslow (2003), como demonstrado na Figura 3.1 do Capítulo 1.

Identifique e analise o público-alvo de uma organização quanto aos produtos e aos serviços que oferece, pois eles o diferenciarão dos ofertados pela concorrência, analisando sob a ótica de serem tangíveis ou intangíveis, em relação à oferta limitada ou ilimitada, sazonal ou não, por uma ótica de estímulos ou vantagens percebidas, que é própria de cada pessoa.

A pirâmide das necessidades de Maslow, que você pode verificar no Capítulo 1, nos permite analisar os fatores que levam o ser humano a procurar satisfazer seus desejos. Pode ser um estudo importante para a definição do público-alvo do nosso plano de negócios.

Síntese

Neste capítulo apresentamos a estrutura de um plano de negócios, descrevendo seus principais componentes: o primeiro sendo o sumário executivo, no qual devem ser explicitados os elementos que o compõem – enunciado do projeto; apresentação da empresa (organograma, estrutura organizacional e legal); informações dos integrantes da empresa (sócios, cargos, funções e perfil); visão da empresa (foco); planejamento; objetivos; missão; estratégias; produtos e tecnologia; capital e investimentos da empresa (projeção de vendas, rentabilidade e fonte de recursos) e análise contextual (requisitos e necessidades), com descrição de cada um deles, apresentando uma sugestão para construção de um plano de negócio completo.

Apresentamos o uso da análise 7W3H para um diagnóstico de uma empresa, apontando os seus elementos e o funcionamento dessa técnica. Apresentamos a análise SWOT e um exemplo de sua aplicação para realização do diagnóstico de uma empresa, seus fundamentos e construção, enfatizando nela as perguntas a serem realizadas para determinação de futuras informações.

Descrevemos os principais fundamentos a serem considerados para realização de análises macroambientais – a análise externa e a análise interna da organização –, assim como um estudo do público-alvo destinado a receber um plano de negócio.

Questão para reflexão

Você acha que as necessidades humanas, estudadas e apresentadas por Maslow na década de 1950, continuam atuais, em relação aos estudos realizados sobre as necessidades no âmbito do século XXI? Justifique sua resposta.

Questões para revisão

1. Descreva os principais componentes do sumário executivo, explicando um a um.

2. Quais são as perguntas a serem realizadas para o uso da análise 7W3H?

3. Como se realiza um diagnóstico utilizando a análise SWOT?

4. Explique os fatores a serem considerados para identificação, estudo e análise do ambiente interno de uma empresa.

5. Apresente um exemplo de aplicação da análise SWOT. Por exemplo: na realização de um diagnóstico interno do departamento da empresa onde você trabalha.

Para saber mais

DUFFY, M. **Gestão de projetos**: arregimente os recursos, estabeleça prazos, monitore o orçamento, gere relatórios. Rio de Janeiro: Campus, 2006.

Esta obra pode servir como embasamento para aprofundar conhecimentos contemplados neste capítulo e nos seguintes.

GIL, A. de L.; ARNOSTI, J. C. M. **Balanço intelectual**: a estratégia com projetos de mudança e o reconhecimento dos talentos humanos. São Paulo: Saraiva, 2007.

Neste livro os autores abordam a questão da estratégia com projetos de mudança e o reconhecimento dos talentos humanos na gestão integral das empresas, mostrando exemplos de uso do modelo SWOT, BSC, DEQ e BIM, como também da auditoria integral da empresa, mostrando exemplos de uso do modelo SWOT e AUDEQ, entre outros recursos de gestão empresarial.

capítulo

Planos de *marketing*

04

Conteúdos do capítulo:

- Como realizar a análise de mercado;
- Definição das estratégias do produto;
- Apresentação das estratégias do preço;
- Apresentação dos elementos que compõem as estratégias de praça;
- Definição das estratégias da promoção/divulgação – publicidade/propaganda – no que se refere ao composto promocional;
- Definição e características de nichos de mercado;
- Conceito e elementos que marcam o diferencial competitivo – produto e/ou serviço.

Após o estudo deste capítulo, você será capaz de:

- realizar a análise de mercado;
- definir as estratégias do produto;
- apresentar as estratégias de definição de preços;
- listar e discutir os elementos que compõem as estratégias de praça – localização e distribuição quanto a: segmentação de mercado, canais de comercialização e gerenciamento dos canais de distribuição;
- definir as estratégias da promoção/divulgação (quanto à publicidade no que se refere ao composto promocional);
- definir e apresentar exemplos de formação de nichos de mercado;
- apresentar os elementos que marcam o diferencial competitivo de um empreendimento no que se refere a produto e/ou serviço.

capítulo 4

Neste capítulo veremos a descrição dos elementos que irão compor o nosso plano de *marketing* ao desenvolvermos o plano de negócios. O capítulo conta com a apresentação de dois enfoques principais: a elaboração de um plano de *marketing* para uma empresa nova, que ainda não possui plano de *marketing* ainda, e outro para elaboração de um plano de *marketing* para uma empresa que já foi concebida, que já está funcionando e que possui um plano de *marketing*, que, no entanto, deve ser reestruturado de modo a reposicionar o empreendimento no mercado em que atua. Inicialmente, são apresentados os conceitos de *marketing* e os dois enfoques citados, sendo logo em seguida descritos os planos com seus elementos, pormenorizando (dentro das descrições básicas) seus respectivos elementos.

> **De acordo com Kotler (1996, p. 4), podemos entender o termo *marketing* como "o processo de planejamento e execução da concepção, preço, promoção e distribuição de ideias, bens e serviços, organizações e eventos, para criar trocas que venham a satisfazer objetivos individuais e organizacionais".**

O plano de *marketing* deve ser pensado e elaborado sempre levando-se em conta a maneira como o produto e/ou serviço de uma dada organização irá atingir o mercado, ou melhor, um segmento de mercado.

Esse plano pode ser elaborado basicamente de duas formas, dependendo do momento em que a empresa se encontra no mercado – a organização pode elaborar um plano que relate o que será feito pela empresa ou elaborar um plano que relate o que a empresa está fazendo no momento e, após uma análise da situação, propor uma alternativa do que será feito pela empresa.

Essas duas abordagens condizem com o planejamento que o empreendedor apresenta no plano de negócios, planejamento que é estratégico e que, de acordo com Kotler (1999, p. 43), "é o processo gerencial de desenvolver e manter uma direção estratégica que alinhe as metas e os recursos da organização com suas mutantes oportunidades de mercado".

Nesse pensamento, o empreendedor permanentemente está se perguntando em relação ao seu planejamento: "Quando devo planejar?"; "Onde?". A resposta deve ser clara: "Quando há um objetivo a ser alcançado!". E, em seguida, mais uma pergunta surge: "Como vou alcançar o que eu estou objetivando?". Como o caso que estamos analisando é o de um plano de *marketing* bem elaborado, a resposta deve ser clara: "Alcançar os objetivos do plano de *marketing*, delineando-se as formas de alcançá-lo!". Por isso, apresentamos a seguir duas formar distintas a serem planejadas, de acordo com Las Casas (2006):

1ª) Se um empreendedor deseja abrir sua empresa, então está procurando apresentar um plano de *marketing* que relate o que a sua empresa fará para os seus agentes financeiros, parceiros e acionistas. Para isso, o empreendedor apresenta respostas e planos de ação para os elementos apresentados na relação a seguir, que irão compor essa modalidade de plano:

1. ANÁLISE AMBIENTAL
   1.1 Mercado
   1.2 Concorrência
   1.3 Ameaças e oportunidades
   1.4 Pontos fortes e pontos fracos
2. OBJETIVOS
3. ESTRATÉGIAS DE MARKETING
   3.1 Público-alvo ou nicho de mercado
   3.2 Posicionamento
   3.3 Produto ou serviço
      3.3.1 Especificação técnica
         - **Descrição do produto (serviço)**
         - **Embalagem**
         - **Conservação**
         - **Etc.**
   3.4 Preço
   3.5 Distribuição
      3.5.1 Estoques
      3.5.2 Ponto de venda
      3.5.3 Abrangência

> 3.5.4 Administração de vendas
> 3.5.5 Treinamento
> 3.5.6 Características
> 3.5.7 Benefícios
> 3.6 Promoção → Publicidade & propaganda
> 3.6.1 Exposição
> 3.6.2 Material de ponto de venda
> 3.6.3 Táticas
>
> **4. PLANO DE AÇÃO (do item 1 ao 3)**
> 4.1 Atividades
> 4.2 Encarregado
> 4.3 Período
> 4.4 Orçamento
>
> **5. PROJEÇÃO DE VENDAS E LUCROS**
> 5.1 Período
> 5.2 Vendas unitárias (total)
> 5.3 Lucros
> 5.4 Observações

2ª) Digamos que o empreendedor já abriu seu negócio. Ele está gerindo sua empresa e quer incrementar suas vendas através de um plano de *marketing*, plano que irá relatar aos agentes da empresa o que ela "está fazendo!". Assim, com a intenção de explorar as atuais ações da sua empresa, o empreendedor pode seguir o roteiro, apresentado na relação a seguir, propondo respostas a cada um dos itens aqui demonstrados, que irão auxiliá-lo a direcionar (ou melhor, redirecionar) nosso negócio para uma nova abordagem, escolhida pela própria organização:

1. ANÁLISE AMBIENTAL
1.1 A empresa
1.2 Análise da situação
1.3 Missão da empresa
1.4 Objetivos
1.5 Estratégias
1.6. Diferencial de produtos (serviços)

2. PESQUISA DE MERCADO E SUPOSIÇÕES
2.1 Visão geral do mercado
2.2 Segmentos de mercado

3. ANÁLISE COMPETITIVA
3.1 Participação no mercado
3.2 Posição competitiva no mercado
3.3 Posicionamento
3.4 Preço
3.5 Promoção da concorrência
3.6 Propaganda da concorrência
3.7 Situação financeira da concorrência
3.8 Política de prestação de serviços

4. OPORTUNIDADES DE MERCADO

5. SEGMENTOS E OBJETIVOS

6. ESTRATÉGIAS DE *MARKETING*
6.1 Estratégia de vendas
6.2 Posicionamento do produto e da estratégia
6.3 Preço e valor
6.4 Estratégia de serviços
6.5 Promoção e propaganda
6.6 Organização de vendas e *marketing*
6.7 Previsão de vendas e lucros
6.8 Previsão de vendas por produto
6.9 Orçamento de *marketing* e comentários

Dependendo do modelo a ser apresentado como plano de *marketing*, o plano de negócios deve levar em consideração seus elementos, enfatizando-os da mesma forma, ou seja, considerar os Ps (Produto, Preço, Promoção e Praça) do *marketing* com o mesmo conteúdo teórico-prático a ser aplicado nos dois modelos. Então, o que devemos considerar, em ambos os modelos, são os elementos comuns:

- análise de mercado;
- estratégias do produto;
- estratégias do preço;
- estratégias da praça – local;
- estratégias da promoção/divulgação – publicidade/propaganda;
- nicho de mercado;
- entrega – venda e pós-venda.

Passemos então a analisar e discutir cada uma dessas considerações, abordando os principais elementos que devem contemplar o seu plano de negócios.

4.1 Análise de mercado

Como afirmamos anteriormente, devemos seguir o modelo SWOT (já apresentado na Seção 3.2.1 desta obra) com descrição clara e objetiva das forças, ou pontos fortes, das fraquezas, ou pontos fracos, das oportunidades de melhoria de acordo com o modelo e com os pontos fracos e mapeamento das ameaças ao negócio, principalmente levando em conta a situação da empresa (em fase inicial ou em fase de remodelação ou reengenharia de seus processos).

4.2 Estratégias do produto

Produto é algo que pode ser oferecido a um mercado para sua apreciação, sua aquisição, seu uso ou consumo, para satisfazer a um desejo ou a uma necessidade, incluindo bens físicos, serviços, pessoas, locais, organizações e ideias (Kotler, 1996).

Para Rocha (1995), produto é qualquer coisa que possa ser objeto de troca entre indivíduos e organizações.

É muito interessante definirmos o produto que iremos apresentar ao mercado em nosso plano de *marketing*, ainda mais quando o apresentamos de forma categorizada e com especificidades de suas características.

Para facilitarmos o entendimento dos acionistas em relação ao plano de *marketing*, devemos especificar as diferentes estratégias de abordagem do produto pensando. Será sobre esse assunto que trataremos na seção a seguir.

4.2.1 Classificação do produto

O produto pode ser classificado pela sua forma de compra e por suas especificidades apresentadas no plano de negócios, dependendo de suas diferentes categorias:

- produtos de consumo e industriais;
- produtos de consumo, ou seja, os bens e serviços destinados a consumidores;
- produtos de conveniência, aqueles comprados com frequência e com mínimo esforço;
- produtos de escolha, aqueles comprados depois de um gasto de tempo e esforço na comparação de várias alternativas;

- produtos especializados, categorizados como sendo os comprados com pouca frequência; são únicos em algum aspecto e, geralmente, caros; são produtos que os consumidores se mostram mais dispostos a investir seu esforço especial na compra.
- produtos não procurados, que os consumidores normalmente não procuram ou podem não conhecer;
- produtos industriais – os compradores organizacionais compram matéria-prima, peças, máquinas e equipamentos para fabricarem seus produtos, adquirindo suprimentos e serviços para tocar seu negócio; devemos atentar para a parte das instalações, pois bens industriais não portáteis, como fornalhas, geralmente são de grande porte e comprados, instalados e usados para produtos ou bens de serviços;
- equipamento acessório, ou seja, equipamentos e ferramentas fabris portáteis usados no processo de produção;
- peças e materiais componentes, que incluem os itens processados que são incluídos nos produtos acabados;
- matéria-prima, categorizada pelos itens não processados que são transformados em partes componentes ou produtos acabados;
- suprimentos, ou seja, bens industriais que são consumidos no processo de produção de outros produtos;
- serviços empresariais, englobando os serviços que dão suporte às atividades de uma organização;
- duráveis e não duráveis:
- bens duráveis, que envolvem os bens de consumo usados por um longo período de tempo;
- bens não duráveis, envolvendo os bens de consumo usados por um breve período de tempo.

Ao descrevermos a classificação dos nossos produtos no plano de *marketing*, devemos lembrar que essa classificação é generalista e que está de acordo com as especificações adotadas no mercado brasileiro até o presente momento.

Características do produto

Na caracterização das ações de *marketing* relativas aos produtos, devemos considerar:

- Os produtos funcionais, ou seja, os de uso diário:
    - aptidão ao uso ao qual se destina (vassoura, pasta de dente, alimentos enlatados);
    - distribuição poderosa;
    - superioridade intensamente divulgada (Alcance, Duracell);
    - forte presença publicitária (Bombril);
    - atividade promocional agressiva;
    - nível competitivo de preço.
- Produtos de compra por impulso:
    - grande visibilidade;
    - embalagem atraente e identificadora do produto;
    - forte presença publicitária (Elma Chips);
    - publicidade baseada em *slogans* (Coca-Cola, Nestlé).
- Produtos de consumo/conveniência:
    - imagem inconfundível do produto;
    - publicidade que transmite bem essa imagem (mundo, sonho);
    - distribuição e preços apropriados;
    - reputação do fabricante (nome/marca);
    - compra não baseada em características funcionais (cigarro);
    - promoções especiais para as marcas (Carlton Jazz Festival, Hollywood Vela, Rock).
- Bens de compra comparada:
    - compra comparativa e funcional (eletrodomésticos x reputação do fabricante);
    - assistência técnica;
    - preço competitivo (diferencial superior justificado) x fonte de preocupação, interesse (manuais e pós-venda).

- Bens de uso especial:
- obras de arte e joias raras.
- Serviços:
- pessoal de vendas e serviços;
- prestação regular e otimizada de serviços;
- imagem e visibilidade da empresa (marca, papéis, uniformes);
- localização (conveniência).

As características do produto devem ser levadas em consideração quando estivermos apresentando-os no nosso plano. Precisamos considerar essas características para a futura interpretação dos nichos de mercado nas quais iremos atuar.

Gerenciamento dos produtos

No plano de *marketing* de um empreendedor, este deve descrever rapidamente como irá realizar o gerenciamento dos produtos, considerando, principalmente, os seguintes aspectos:

- **Linhas de produtos**: Uma linha de produtos é um grupo de produtos relacionados entre si de alguma forma. Os profissionais de *marketing* usam uma estratégia chamada *extensão de linha* para acrescentar novos produtos a uma linha de produtos existente.
- **Composto de produtos**: Os profissionais de *marketing* precisam considerar as relações entre todos os produtos vendidos pela organização. Para administrar o composto de produtos, eles podem modificar, descontinuar ou acrescentar produtos e linhas de produtos.
- **Modificação de produtos**: Os profissionais de *marketing* podem modificar qualquer aspecto de um produto, incluindo suas características, embalagem ou serviços oferecidos ao cliente.

- **Descontinuidade de produtos**: A decisão de interromper a comercialização de um produto deve ser baseada em uma série de critérios, uma vez que essa atitude pode levar à insatisfação dos clientes e à demissão de funcionários.
- **Acréscimo de produtos**: Uma fonte importante de crescimento de vendas é acrescentar novos produtos a um composto de produtos. A organização pode fazer isso desenvolvendo produtos ou adquirindo o direito de comercializar produtos desenvolvidos por outros. Novos produtos podem ser extensões de linha ou podem ser um produto inteiramente novo.

O gerenciamento dos produtos pode ser apresentado pelas características apresentadas anteriormente, sem, contudo, ser um roteiro ou necessariamente uma ordem predefinida a ser seguida. A sugestão que apresentamos aqui visa a facilitar o entendimento do leitor do nosso plano de negócios, ao sabermos identificar o estilo de gerenciamento dos produtos contidos no plano de negócios.

Processos dos produtos

Devemos ter o entendimento e descrever como irá funcionar o processo de desenvolvimento de novos produtos, que considera basicamente:

- **Geração de ideias**: Fontes de ideias de novos produtos – clientes, equipes de venda, pesquisa e desenvolvimento, funcionários, fontes externas.
- **Técnicas para gerar ideias**: Análise de benefícios, perfil relativo da marca, propriedades exclusivas, associação livre, atividade de estereótipos, estudo do fracasso de outras pessoas.
- **Triagem de ideias**: A organização precisa avaliar as ideias que foram geradas e decidir sobre qual vale a pena levar adiante. Essa etapa inclui responder às seguintes questões:

- A ideia de produto ajudará a alcançar os objetivos do departamento de *marketing* e da organização?
- A ideia de produto fará uso dos pontos fortes da organização?
- **Análise comercial**: O profissional de *marketing* precisa decidir se a ideia faz sentido comercial.
- **Previsão das vendas**: Para ter uma ideia da possível demanda, o profissional de *marketing* poderia usar o "teste do conceito": fazer perguntas a clientes potenciais sobre fotos ou descrições de um novo produto.
- **Previsão de custos**: O profissional de *marketing* precisa estimar os custos de produção e de *marketing*.
- **Desenvolvimento do produto e do composto de *marketing***: Essa etapa envolve o projeto e o teste do produto.
- **Especificações do produto**: Para produtos tangíveis, as especificações podem incluir informações como materiais, tamanho, peso e requisitos de desempenho.
- **Protótipo**: A construção e o teste do produto são a maneira mais segura de observar se ele funciona como planejado.
- **Teste de mercado de novos produtos**: O profissional de *marketing* oferece o produto para venda em uma área limitada e mede a reação.
- **Locais para o teste de mercado**: As cidades do mercado de teste devem representar o mercado-alvo do produto. Elas são designadas *cidades de mercado de teste*.
- **Usos do teste de mercado**: Testes de mercado são sugeridos para produtos que custam menos para desenvolver do que para comercializar, para produtores que precisam de uma grande distribuição e de publicidade no país inteiro. O teste de mercado não é apropriado quando os concorrentes tiverem condições de fazer algumas modificações rápidas e lançar um produto concorrente superior.

- **Comercialização de novos produtos**: A empresa decide pôr o produto à venda e começa a produção, distribuição e promoção em grande escala.
- **Seleção de características de novos produtos**: Nível de qualidade – Os consumidores e compradores organizacionais geralmente levam em conta o nível de qualidade do produto ao tomar decisões de compra de produtos novos e existentes.
- **Oito critérios são usados para determinar a qualidade**:
  - desempenho;
  - recursos;
  - confiabilidade;
  - conformidade;
  - durabilidade;
  - serviços;
  - estética;
  - avaliação geral.
- **Características do produto**: Um fato ou especificação técnica sobre o produto. Os profissionais de *marketing* selecionam características de novos produtos, determinando o que os clientes querem que seus produtos ofereçam.
- *Design* **do produto**: Projetar de novos produtos para serem fáceis de usar e com apelo estético pode ser difícil, mas é um modo de diferenciar novos produtos. Um bom *design* de produto pode agregar valor e agradar aos clientes sem necessariamente custar mais.
- **Segurança do produto**: Os profissionais de *marketing* precisam desenvolver novos produtos que tenham um nível razoável de segurança. A segurança do produto é uma consideração ética e prática no desenvolvimento de um novo produto.
- **Embalagem e rótulo de novos produtos**: Os profissionais de *marketing* precisam tomar decisões quanto à embalagem de novos produtos e do rótulo que a identifica e descreve:

- **Embalagem**: Serve a muitas finalidades que agregam valor para os clientes. Ela deve ser funcional, conveniente, segura e informativa, além de distinguir o produto de seus concorrentes. Para os profissionais de *marketing*, a embalagem serve para alcançar certos mercados-alvo e responder a desejos, necessidades ou preocupações dos clientes, como as relacionadas ao meio ambiente.
- **Rótulo**: Apoia o trabalho de *marketing*, promovendo o produto ou acrescentando valor aos clientes por oferecer informações que os ajudarão na seleção e uso do produto.
- **Implicações globais**: Os profissionais de *marketing* precisam levar em conta as várias questões não englobadas nos itens anteriores.
- **Durabilidade**: A embalagem é suficientemente durável para suportar o transporte por longas distâncias ou por infraestruturas pouco confiáveis?
- **Língua**: Quando os mercados globais falam mais de uma língua, pode ser mais eficiente a utilização de várias línguas na embalagem ou rótulo.
- **Consistência**: A embalagem e o rótulo devem ser consistentes em relação aos desejos e aos gostos gostos locais.
- **Regulamentações ambientais**: Incentivam as empresas a usarem produtos e embalagens que não prejudiquem o meio ambiente.

Questão para reflexão
Por que existem produtos que fracassam?

Lançar um produto novo, mais ou menos ao mesmo tempo que os concorrentes lançam produtos novos semelhantes, resulta em perda da vantagem do primeiro movimento!

Bleeke e Ernst (1994) acreditam que as estratégias de semelhança se desenvolvem por causa de cinco erros comuns na formação da estratégia:

- os administradores se concentram em que segmento competir, e não em como competir;
- pouca ênfase é dada à originalidade e à adaptabilidade;
- pouca atenção é dada a quando competir;
- as empresas tendem a se concentrar nas empresas concorrentes, em lugar dos indivíduos concorrentes;
- as empresas usam indicadores de desempenho comum.

Devemos desenvolver estratégias que ajudem à identificação desses erros. Alguns consultores apresentam alguns conceitos que podem nos ajudar, principalmente no sentido de corrigirmos os seguintes erros:

- estar à frente do mercado;
- chegar atrasado;
- não analisar um número suficiente de ideias;
- não atirar as ideias com o necessário rigor;
- fazer propaganda irreal do produto;
- desenvolver produtos demais ao mesmo tempo;
- não investir no longo prazo;
- permitir que os gerentes tenham projetos de estimação;
- não considerar todos os interessados;
- programas de *marketing* mal concebidos.

Lembrete: O desenvolvimento de novos produtos está mais difícil do que nunca e, mesmo quando é bem-sucedido, são grandes os desafios de administração do produto!

4.3 Estratégias do preço

Agora que os produtos foram delineados em termos de especificação de suas características, estilos de gerenciamento e especificações de processos, devemos apresentar as características que delimitam as estratégias de preços dos nossos produtos e/ou serviços. Dessa forma, devemos considerar os elementos a seguir ao abordarmos a questão do preço em nosso plano de *marketing*.

4.3.1 Conceitos econômicos

Os conceitos econômicos estão por trás da formação de preços, na qual os principais pontos que devem ser analisados compreendem as curvas de demanda e a análise marginal dos seus preços. Consideremos então os seguintes pontos quanto à curva de demanda:

- **Curva de demanda**: Representação gráfica da quantidade de um produto demandado em vários níveis de preços.
- **Ciclo de vida**: A curva de demanda de um produto mudará com o passar do tempo.
- **Estimativa da demanda**: As estimativas são feitas utilizando a elasticidade-preço, fatores demográficos e psicológicos.
- **Fatores demográficos**: Quantos compradores existem, onde estão, seu nível de consumo e sua condição financeira.
- **Fatores psicológicos**: Precificação por prestígio, preços não arredondados e quanto os consumidores estão dispostos a pagar.
- **Elasticidade da demanda**: Sensibilidade da demanda a mudanças no preço.
- **Estimativa de receita**: As curvas de demanda determinam a receita total, a receita média e a receita marginal.

Quanto à análise marginal, que é uma técnica para descobrir os lucros máximos e medir o efeito econômico de se produzir e vender uma unidade a mais, devemos considerar o lucro, ou seja, a diferença positiva entre as receitas totais e os custos totais.

Estratégias de preço

A estratégia de preço ainda inclui os diversos tipos de abordagens para a formação de preços, principalmente os que se referem à precificação baseada no custo, considerando os seguintes pontos:

- **Precificação por *markup***: Método que adiciona um percentual ao custo do produto para chegar a um preço de venda.
- **Precificação pela taxa de retorno**: Envolve a determinação dos custos totais e a posterior adição de uma taxa de retorno desejada para determinar o preço de venda.
- **Análise de nivelamento**: Técnica de análise para determinar o volume de vendas necessário para cobrir todos os custos a um preço específico.

É importante notarmos que o preço dos produtos e/ou serviços do plano de *marketing* pode ser apresentado de acordo com o custo que apresentam. Essa consideração se faz necessária para melhor estabelecermos os critérios de custo/benefício ao consumidor, ao cliente ou aos interessados em participar do nosso empreendimento.

Efeitos do preço

Como estratégia de preço, devemos analisar as vantagens e as limitações da precificação com base no custo fácil de usar, dando ênfase em cobrir os custos. Essas estratégias geralmente não consideram os efeitos do preço na demanda. Os pontos que podemos analisar e definir podem se basear em:

- **Precificação com base na concorrência**: Os profissionais de *marketing* precisam conseguir igualar ou bater os preços dos concorrentes, bem como criar valor mais alto.
- **Precificação por licitação**: O comprador pede a todos os vendedores que apresentem um preço para o produto.
- **Vantagens e limitações da precificação com base na concorrência**: Os clientes escolhem o produto com valor mais alto (lembrando que esse tipo de abordagem não inclui informações de custo).
- **Precificação baseada no valor para o cliente**: Preço de referência, preço em relação ao qual compradores comparam o preço oferecido.
- **Precificação por demanda regressiva**: Fixar um preço começando pelo preço estimado que os consumidores estarão dispostos a pagar e somar margens de lucro para o varejo e o atacado.
- **Precificação pelo valor**: Estabelecer o preço de modo que a obtenção de valor para a empresa seja maior se comparada a dos concorrentes, sendo o valor de troca estabelecido em quocientes positivos.
- **Vantagens e limitações da precificação pelo valor**: Permite aos clientes receberem aquilo que desejam. Nesse ponto precisa-se levar em conta os custos.

Questão legal dos preços

É interessante levarmos em conta os elementos que abordam as questões legais e éticas na formação dos preços, como as regulamentações governamentais de preços e outros fatores, como os que seguem:

- **Conluio**: Ocorre quando empresas concorrentes acordam entre si um preço dos produtos, sendo esse ato considerado ilegal, mas que garante vantagens a ambos.
- **Preço enganoso**: Empresas estipulam preços enganosos aos clientes como forma de obter vantagem competitiva em relação ao preço.
- **Discriminação de preços em função do cliente**: Estipular preços aos produtos e/ou serviços a clientes diferentes, sem levar em consideração os custos dos produtos e/ou serviços a serem vendidos.
- **Preços predatórios**: Tática que fixa preços de produtos e/ou serviços abaixo dos fixados pelos concorrentes, de forma a simplesmente prejudicá-los.
- **Dumping**: Tática comumente utilizada para estabelecer preço para um produto e/ou serviço abaixo ou no mesmo nível de custo de produção e/ou entrega somente para conquistar mercado.

Ética do preço

Na formação dos preços em um plano de *marketing*, devemos considerar a ética, pois **preços que confundem os clientes fazem com que eles comprem componentes que não necessitam ou induzem os clientes à crença de que a qualidade do produto é melhor do que na verdade é**. Podemos citar a tática "isca e troca", cuja base é atrair os clientes com baixos preços em um produto e então desviá-los para produtos mais caros.

Mercadorias e preço

É importante considerarmos a precificação de mercadorias em uma estratégia de formulação de preços. Devemos também procurar definir os objetivos dos preços, uma vez que o preço permite à organização que se posicione em um segmento de mercado, podendo igualar ou superar as vendas dos concorrentes em função dele, fazendo com que esses concorrentes reestruturem suas estratégias.

Devemos considerar ainda os seguintes pontos quando da elaboração de um processo de precificação:

- **Estabelecer os objetivos dos preços**: A estratégia adotada para determinar os preços deve estar em consonância com o preço pesquisado e identificado como necessário aos clientes do segmento de mercado.
- **Avaliar respostas e restrições ao preço indicadas pelo consumidor**: Estudar e considerar a demanda em função do preço, levando em conta preços praticados pela concorrência e suas estratégias no mercado.
- **Analisar o potencial de lucro**: Cabe ao plano de *marketing* proposto levar em conta o lucro gerado pelos preços sugeridos aos consumidores. Os lucros potencializados garantirão a permanência potencial do produto/serviço no mercado.
- **Estipular o preço inicial**: O preço inicial dos produtos/serviços deve considerar o nicho de mercado e a estratégia adotada para garantir o posicionamento lucrativo deles.
- **Ajustar o preço quando necessário**: Se o custo de produção aumentou, níveis mais elevados de preços devem acompanhá-lo, de modo a garantir a margem potencial de lucro. Pode-se lançar mão de promoções temporárias para aumentar o nicho de mercado, atraindo novos consumidores.

Ao considerarmos esses fatores, os preços indicados no nosso plano de *marketing* podem ser caracterizados e ajustados de acordo com a demanda, custo de produção ou ações dos concorrentes ou, ainda, por outros fatores não apresentados aqui. Em todo caso, devemos estar atentos ao nosso mercado e às ações estratégicas de resposta ao nosso preço por parte dos concorrentes.

Fatores do preço

A precificação de novos produtos, de produtos já existentes, linhas de produtos, fatores psicológicos e de desconto, entre outros, pode também ser considerada no nosso plano de *marketing*, que engloba os seguintes pontos:

Quanto à precificação de novos produtos:

- **Precificação de penetração**: Preço inicialmente baixo com intenção de incentivar novos públicos-alvo a consumirem.
- **Desnatação**: Aumentar custos iniciais para reaver as depesas relacionadas ao desenvolvimento.

No que diz respeito à precificação de artigos já disponíveis no mercado:

- **Perecibilidade**: Os produtos podem ser classificados como perecíveis ou não perecíveis.
- **Distintividade**: As empresas podem formular procedimentos que possibilitem a diferenciação de seus produtos em relação aos da concorrência.
- **Estágio do ciclo de vida**: O planejamento dos preços pode obedecer ao ciclo de vida do produto.

Em relação ao processo de preços de linhas de produtos:

- **Alinhamento de preços**: Afixar valores diferenciados para artigos diferenciados pode representar uma limitação às opções dos clientes da organização.
- **Precificação uniforme**: Determinar um preço único para um linha de artigos.

No tocante ao ajuste de valores e descontos:

- **Descontos por quantidade**: Em certas ocasiões, é mais conveniente se vender um dado montante de um produto por um preço menor do que o da soma dos produtos individuais.
- **Desconto sazonal**: A diminuição de preços em épocas de baixa demanda consiste em uma interessante iniciativa para a uniformização o programa de produção.
- **Descontos comerciais**: Os descontos têm a função de compensar os revendedores pelas atribuições que estes exercem.
- **Descontos em dinheiro**: Pode ser considerado um estímulo para que o comprador pague rapidamente.
- **Compensações**: Descontos ofertados aos consumidores em troca de mercadorias e serviços.
- **Descontos promocionais**: Valores mais baixos dos produtos podem incitar os compradores a consumirem um volume maior de produtos.
- **Mercadorias-iscas**: Alguns produtos podem ter seus preços reduzidos ao preço de custo ou, ainda, até abaixo desse limite, para que outros produtos se tornem foco dos consumidores. A validez dessa iniciativa varia na legislação de cada país e, ainda, internamente nos países.
- **Outros métodos de desconto**: Uma empresa pode investir na promoção intitulada *Leve um, pague dois*, para passar para o consumidor uma política de desconto contínuo.

No caso da precificação quanto aos fatores psicológicos, devemos considerar:

- **Precificação pelo prestígio**: Associação de preço ao nível de qualidade.
- **Preços não arredondados**: A precificação estabelecida um pouco abaixo de valores redondos passa a impressão de um valor baixo.
- **Precificação por pacotes**: O acréscimo de valor pode ser obtido pelo oferecimento de vários produtos em um único pacote.

Quanto às diferenças geográficas no custo:

- **Precificação sem frete**: Válida somente no ponto de remessa.
- **Precificação uniforme na entrega**: Inclusão de taxas de transporte.
- **Precificação pelo FOB do ponto-base**: Cobrança de valor relacionado à soma do preço de venda a um valor de entrega em um dado ponto-base.

De acordo com Araújo (2010), há uma classificação internacionalmente reconhecida para tratamento geográfico internacional de termos ligados à precificação (siglas), tratamento que o autor chama de *nomenclatura usual de precificação*, apontando as mais usuais:

- **CIF (*Cost, Insurance and Freight* – Precificação de custo seguro e frete):** Prática de precificação comum em exportações; o preço cotado para o comprador inclui custo, seguro e frete.
- **C&F (*Cost and Freight* – Precificação de custo e frete):** Prática de precificação também usual em exportações; o preço cotado para o comprador inclui o custo e o frete, ficando o seguro por conta do comprador.
- **FIS (*Free In Store* – Precificação até o ponto de destino):** Método de precificação em que o produtor é responsável por todo o frete e custos de entrega; os bens solicitados são entregues livres de frete para o cliente.
- **FOB (*Free On Board* – Precificação livre a bordo):** Método de precificação em que o produtor absorve apenas os custos envolvidos até a entrega dos bens "livre a bordo", ou seja, até o ponto de despacho de um transportador local. Nesse momento a propriedade dos bens passa para o comprador, que é responsável pelo remanescente dos custos de frete e seguro.
- **FAS (*Free Alongside Ship* – Livre no porto):** Método de precificação em que o fabricante paga os custos de frete até o porto. Os custos associados com carregamento, transporte e seguro são absorvidos pelo comprador.

Estratégias de precificação para profissionais de *marketing* globalizado:

- **Ambiente político e legal**: Os valores dos produtos podem sofrer influência das taxas e leis locais.
- **Membros do canal**: Os membros de uma rede de distribuição taxarão para cima o valor do produto.
- **Diferenças de custo**: O aumento do custo do frete pode aumentar o preço acima do preço dos mercados domésticos.

Com todos esses elementos de formulação de preços em mente, podemos tratar de elaborar uma estratégia de preços aos nossos produtos e/ou serviços. Nas próximas seções, abordaremos os elementos a serem considerados na avaliação da estratégia de formulação de preços ao plano de *marketing*.

Avaliação estratégica do preço

A definição das estratégias quanto à avaliação e ao controle de preço, bem como quanto às respostas e às ações dos concorrentes, deve ser analisada e planificada pelo empreendedor. Algumas reflexos podem ser analisados para facilitar a avaliação da estratégia de preços adotada para o produto e/ou serviço. Por exemplo:

- **Reações a preços baixos**: Com surgimento de ataques dos concorrentes, culminando em guerra de preços.
- **Reações a preços altos**: Se a procura for alta, todos sobem seus preços e, dessa forma, todos saem beneficiados
- Devemos considerar as respostas dos consumidores quanto à:
- **Baixa demanda**: Reavaliar os preços adotados quando a procura não está no nível estipulado na estratégia de *marketing*.

- **Alta demanda**: A estratégia adotada determina um preço baixo para o produto, fazendo com que a procura seja maior. Tal iniciativa a curto e longo prazo faz com que a estratégia seja reformulada, buscando um ponto de equílibrio para regular os lucros.

As estratégias de preço também envolvem o controle do nível de preço, no qual podemos considerar:

- **Fazer uma mudança no preço**: A estratégia adotada para precificar o produto deve considerar a desconfiança do consumidor se o preço for muito baixo ou desproporcional à qualidade do produto. Alterar um preço de tempos em tempos também pode levar o consumidor a se irritar, baixando o nível de vendas por questões emocionais.
- **Evitar discriminação ilegal de preços**: Praticar preços diferentes para clientes diferentes, causando abertura de protestos.

4.4 Estratégias da praça: localização e distribuição

Outro elemento que compõe o plano de *marketing* é a **definição do local onde o produto e/ou serviço a ser oferecido pelo empreendimento se estabelecerá**, local chamado de *praça*. Considerações sobre localização e formas de distribuição dos produtos devem ser apresentados nessa seção, de modo que os interessados tenham a correta identificação das características regionais contempladas no nosso plano.

O estudo do micro e macroambiente define o rumo no que se refere às estratégias para definir a praça, ou seja, a localização, a distribuição. Por isso, é fundamental considerarmos os seguintes elementos elencados nas seções a seguir.

Segmentação de mercado

Focando as necessidades de reconhecer a natureza heterogênea de um mercado, fica muito mais fácil definirmos a segmentação se entendermos como esta pode ser apresentada ou separada, de acordo com o contexto e foco que viermos a abordar. Por exemplo:

- *Marketing* de massa: Utilizado quando o produto é igual para todos os compradores.
- *Marketing* de segmento: Utilizado para um grupo de compradores com desejos e necessidades similares.
- *Marketing* de nicho: Focado para pequenos grupos dentro de um segmento que buscam benefícios especiais.
- *Marketing* individual: Quando se pretende ofertar produto ou serviço customizado para cada cliente.

A base para segmentação envolve ainda as características do consumidor quanto à sua posição. Por exemplo:

- **Geográfica**: Quando o foco se dá em regiões, delimitadas por países, estados, regiões, cidades ou bairros demográficos – idade, sexo, renda, raça, ocupação, grau de instrução, classe social, ciclo de vida da família etc.
- **Psicográfica**: Quando o foco é o estilo de vida, a personalidade ou o comportamento do consumidor.
- **Benefícios percebidos**: Quando o foco de segmentação se refere à qualidade, ao serviço, à economia, às ocasiões – normais, especiais (festas de natal, páscoa etc.) – uso – frequência (clientes ocasionais ou *heavy users*) e forma de uso.

Os passos para segmentação podem ser analisados no Quadro 4.1 a seguir:

Quadro 4.1 – Passos para a segmentação

Passo	Ação
1.º	Identificar necessidades não satisfeitas.
2.º	Identificar agrupamentos homogêneos de consumidores com necessidades não satisfeitas.
3.º	Avaliar o potencial de compra de cada agrupamento homogêneo de consumidores.
4.º	Escolher os agrupamentos homogêneos que desejamos atingir.
5.º	Identificar o posicionamento de cada produto concorrente existente em cada agrupamento homogêneo de consumidores.
6.º	Desenvolver uma estratégia de posicionamento capaz de diferenciar significativamente o produto em seus respectivos segmentos de mercado.

Como vimos, são vários os elementos que podem (e devem) ser considerados para definição da estratégia de segmentação. Devemos decidir quais dos elementos iremos abordar e quais deixaremos de fora do nosso plano de *marketing*, ressaltando que os elementos aqui apresentados são uma sugestão para a construção desse plano.

Canais de comercialização

Nesta seção, apresentaremos os canais de comercialização dos bens de consumo que o empreendimento disponibilizará. Devemos levar em conta que os canais de comercialização podem ser diferenciados pela sua forma, que incluem:

- **Canal direto**: Do produtor para os consumidores.
- **Canal indireto**: Do produtor para varejista se destes para consumidores, ou do produtor para atacadistas, para varejistas e, por sua vez para consumidores, ou, ainda, do produtor para agentes, destes para atacadistas destes, para varejistas e destes para consumidores.

Devemos considerar os canais para bens organizacionais, que incluem:

- **Canal direto**: Do produtor para os compradores organizacionais.
- **Canal indireto**: Do produtor para distribuidores e destes para compradores organizacionais, ou do produtor para agentes e destes para compradores organizacionais; ou ainda agentes ligam para produtores e distribuidores organizacionais.

Assim como devemos levar em consideração os canais para serviços, estes podem incluir, por exemplo:

- **Canal direto**: Quando uma empresa presta serviços para consumidores finais.
- **Canal indireto**: Quando uma empresa presta serviços para outras empresas, como corretoras e estas para os consumidores.
- **Múltiplos canais de distribuição**: Quando uma empresa se utiliza de vários canais de distribuição (distribuição dual) para um único serviço.
- **Canais reversos**: Quando uma empresa utiliza um canal de distribuição com origem no consumidor final em direção ao produtor (a reciclagem do lixo pode ser um exemplo disso).

Gerenciamento dos canais de distribuição

Uma vez escolhido e caracterizado o canal de distribuição, este necessita de gerenciamento. Para elaboração do nosso plano de *marketing* relacionado ao canal de distribuição, devemos considerar a distância existente entre o produto e o cliente, ou seja, o mercado-alvo deve ser atendido pela rápida resposta dos canais de distribuição, tendo agilidade na disponibilidade do produto, na conveniência e no preço justo.

O mercado-alvo distante exige canais de distribuição longos para atendimento das necessidades dos seus clientes.

Devemos considerar também as relações existentes entre os autores que atuam no canal de distribuição. A cooperação deve ser total para assegurar a correta distribuição dos produtos.

O canal de distribuição pode contar com certos conflitos entre atacadistas, varejistas, consumidores, transportadoras ou outros membros envolvidos no processo de coleta-entrega de produtos. Por exemplo: temos dois tipos característicos de conflitos, caracterizados como vertical e horizontal:

- **Conflito vertical**: Ocorre quando há problemas de relacionamento existente entre membros do canal de distribuição de diferentes níveis, como no caso entre varejista e atacadista.
- **Conflito horizontal**: Ocorre quando há conflitos entre membros do mesmo nível (entre dois atacadistas).

Há uma terceira forma que se caracteriza quando os membros do canal de distribuição estabelecem uma relação de apoio e confiança no decorrer do tempo, a médio e longo prazo, caracterizado como a forma de cooperação.

Outra preocupação que podemos ter na produção do plano de *marketing* está relacionada a conflitos em níveis globais, no caso de comércio exterior, nos quais estão envolvidos canais aéreos, marítimos, portuários e alfandegários, com canais de distribuição que passam por diversas regiões e países, chegando a comprometer a entrega física. Nesse caso, devemos considerar as leis alfandegárias, a regulamentação da distribuição e as condições de transporte, caracterizando cada elemento no nosso plano de *marketing*.

Importante

Para melhor embasarmos nosso plano, devemos verificar as restrições impostas pelos fornecedores quando desejarmos trocar de fornecedor, situação conhecida como *contrato de exclusividade*. Pode ser o caso do nosso plano contemplar a necessidade de trabalhar com "contratos casados".

Os atacadistas geralmente possuem formas de negociação direta com varejistas em termos de distribuição, pois muitas vezes adquirem direitos legais de propriedade, podendo comprar seus produtos e depois revendê-los a terceiros com uso da sua marca, o que em muitos países se tornou prática comum.

> Para elaboração do nosso plano de *marketing* relacionado ao canal de distribuição, devemos considerar a distância existente entre o produto e o cliente.

Um atacadista não depende legalmente dos produtores, podendo comprar produtos e posteriormente vendê-los ao preço que sua estratégia julgar coerente. Devemos considerar então em nosso plano de *marketing* os diferentes tipos de atacadistas que negociam produtos, destacando-se o atacadista consignado (mantém estoque, fornece e distribui mercadorias); embarcador direto (possui propriedade do produto, sem distribuí-lo); volante (que mantém pequeno estoque, distribuindo-o a varejistas) e o corretor (que intermedeia produtos do produtor diretamente ao consumidor).

Quanto às estratégias de *marketing* que podemos levar em consideração no nosso plano de *marketing* para atacadistas, há a possibilidade de incluirmos os seguintes elementos:

- tipo do composto de produto que o atacadista oferece aos seus clientes;
- característica de segmentação adotada pelo atacadista para comprar e vender seus produtos: por região, por tipo de comprador ou por tipo de consumidor;
- número de funções de distribuições que o atacadista deverá executar;
- ação que o atacadista assumirá: oferecendo serviços ao canal de distribuição ou o de participante do mesmo ou
- tipo de serviço que oferece para os produtores e para os consumidores ligados ao canal de distribuição.

Da mesma forma que tratamos os atacadistas, podemos referenciar os varejistas, que possuem a característica essencial de trabalhar e adotar o *marketing* de massa, atingindo um público muito maior de consumidores ou de lojas.

Quanto às estratégias de produto, para defini-lo no canal de distribuição, levamos em conta:

- o tipo de produtos que se comercializam, dependendo da clientela e das linhas que estes compram;
- o tipo de serviço a ser oferecido aos clientes;
- o preço e a margem de lucro que poderão se aplicados, com formas de pagamento diferenciados;
- a forma de entrega (ou recepção) de produtos dos clientes, como localização de coleta/entrega;
- a forma como se relacionam com clientes e atacadistas.

Uma tendência é a inclusão da tecnologia nos meios de distribuição de produtos, como o uso da internet para abertura de pedidos, coleta de informações dos clientes e definição dos meios de pagamento e entrega dos produtos adquiridos por meio eletrônico, e o chamado *e-commerce*, que facilita o trabalho de compra-venda, bem como agiliza o processo de distribuição de produtos. Essa tendência, oriunda dos anos 1990, com o surgimento da rede integrada de computadores (internet), está dificultando a sobrevivência dos atacadistas no mercado que ainda adotam o sistema pré-intenet para trabalhar, perdendo o novo enfoque do mercado.

Independentemente de sermos atacadistas ou varejistas, precisamos considerar no nosso plano de *marketing* as opções e práticas de mercado utilizadas no ramo no qual pretendemos nos estabelecer. O diagnóstico (preconizado no Capítulo 2 desta obra) nos ajudará a ter um posicionamento e a tomar decisões acerca do modelo de distribuição de produtos/serviços que ofertaremos.

Estratégias da promoção/divulgação: publicidade (composto promocional)

De acordo com Feijó (2009), composto promocional é:

> o conjunto dos instrumentos de marketing voltados para informar o cliente atual ou potencial sobre as ofertas da empresa, motivá-lo a considerar essas ofertas como alternativas de compras e persuadi-lo a adquirir os produtos ou serviços da empresa como melhor alternativa para a realização de seus desejos ou o atendimento de suas necessidades.

Os objetivos do composto promocional são:

- criar consciência do produto e da marca;
- estimular demanda/reduzir flutuações;
- reter clientes leais;
- combater esforços promocionais da concorrência;
- encorajar a compra inicial;
- facilitar suporte aos revendedores.

Para facilitar a aplicação do composto promocional, a pesquisa de mercado, que é um esforço planejado e organizado para obter fatos e conhecimentos novos que facilitem o processo de decisão de mercado, auxilia na análise das oportunidades e das ameaças do mercado.

Ainda de acordo com Feijó (2009), as etapas de uma pesquisa de mercado incluem os seguintes passos:

- formulação e determinação do problema;
- determinação das necessidades e fontes de informação;
- elaboração do questionário;
- escolha da amostra a ser pesquisada;
- processo de coleta de dados;
- processamento e análise dos dados;
- redação do relatório conclusivo.

Para elaborarmos uma boa estratégia do composto promocional, é interessante entendermos o comportamento do consumidor. Conforme preconizado por Kotler (1999, p. 183), a "maior parte das compras é feita

> Independentemente de sermos atacadistas ou varejistas, precisamos considerar no nosso plano de *marketing* as opções e práticas de mercado utilizadas no ramo no qual pretendemos nos estabelecer.

pela emoção e não pela razão, daí a importância de se descobrir o que motiva o consumidor a preferir este ou aquele produto".

Ainda de acordo com Kotler (1999, p. 257-258), é necessário "entender o comportamento do consumidor do mercado-alvo é a tarefa essencial do administrador de *marketing*, pois o mercado de consumo e constituído de todos os indivíduos e domicílios que compram ou adquirem produtos e serviços para consumo pessoal".

O processo de comunicação é o elemento central para trabalhar com o composto promocional, destacando-se as relações com o cliente, as funções da comunicação e a relação destes com o mercado-alvo.

Para melhor entendermos o processo de comunicação, o Quadro 4.2 apresenta algumas definições que o ajudarão a compreender suas relações:

Quadro 4.2 – Elementos do processo de comunicação

Elemento	Definição
Fonte	É o emissor da mensagem.
Codificação	É o processo de converter uma mensagem em um grupo de símbolos que representam imagens ou conceitos.
Meio de comunicação	É o sistema que transporta a mensagem, como televisão, rádio, imprensa escrita, discurso ao vivo ou música.
Receptor	É a pessoa ou grupo para quem a mensagem se destina.
Decodificação	É o processo de converter o grupo de símbolos em imagens ou conceitos contidos em uma mensagem.
Ruído	São os sons físicos, mal-entendidos ou outras distrações que fazem com que um receptor não consiga decodificar a mensagem corretamente.
Feedback	É a resposta dos receptores a uma mensagem.

O processo de comunicação possui funções. Entre elas, destacamos o fato de **que as comunicações precisam influenciar os clientes de várias maneiras para que estes respondam, comprando os produtos ou marcas oferecidos**, bem como fazer com que as mensagens tenham a tendência de serem mais captadas quando forem distintivas e relevantes para o público.

Como a comunicação visa a gerar interesse nos produtos e nas marcas da organização, ela se concentra nos benefícios dos produtos, e não apenas em suas características. Por isso, um receptor pode desenvolver um desejo pelos produtos descritos.

Para definirmos a estratégia do composto promocional, podemos ter de usar incentivos, como cupons, para estimular o receptor à ação de comprar; além disso, precisamos descobrir quais palavras serão claras para realizar a efetiva comunicação aos membros do mercado-alvo; devemos entender como o mercado-alvo interpreta as imagens e sons utilizados na mensagem e deve estudar a mídia utilizada pelos membros do mercado-alvo. Para isso, o composto de comunicação combina quatro elementos diferentes para criar a estratégia geral de comunicações de *marketing*, quais sejam:

- **Propaganda**: Que envolve qualquer anúncio ou comunicação persuasiva veiculada nos meios de comunicação de massa, em tempo ou espaço, pago ou doado, por um indivíduo, empresa ou organização. Precisamos considerar qual mídia utilizar – televisão, rádio, imprensa escrita, *marketing* direto ou cartazes ao ar livre – e que mensagem devemos enviar. Além disso, podemos dizer que a propaganda:
  - é toda e qualquer forma paga de apresentação não pessoal de ideias, produtos ou serviços através de identificação do patrocinador;
  - é investimento em imagem de marca, que se processa a longo prazo;
  - são anúncios em televisão, rádio, jornal, *outdoor* e revistas.

Os tipos de propaganda que são praticados no mercado e que podemos utilizar como referência podem ser diferenciados, existindo alguns tipos de propaganda para divulgação do produto/serviço do empreendimento. Por exemplo: podemos trabalhar na propaganda focando o lado institucional, promovendo a imagem da nossa organização ou focando nosso produto, fazendo com que os integrantes do nicho de mercado visualizem na propaganda os nossos produtos, identificando aqueles que desejam comprar; ou, ainda, utilizar a propaganda que faça com os consumidores se lembrem do que estamos oferecendo (a chamada *propaganda de lembrança*) que é repetida constantemente nos canais de comunicação (como TV e rádios).

Outros tipos de propaganda podem ser utilizados e enfatizados em nosso plano de *marketing*, como a propaganda subliminar, que procura transmitir mensagens subliminares que conscientemente os consumidores não percebem de imediato, mas que ficam em suas memórias; ou então a propaganda cooperada, na qual duas ou mais empresas se unem para divulgar o produto em comum a nossos clientes.

Independentemente do tipo de propaganda que estivermos pensando em adotar, devemos nos lembrar de contemplá-la em nosso plano; assim, os futuros investidores terão noção dos custos/gastos com esse tipo de ação e veículo importante para atingirmos futuros consumidores.

Existem ainda outros conceitos que podemos utilizar de forma diferenciada para elencar e aprimorar sua cadeia do composto promocional. Por exemplo:

- **Merchandising**: Trata-se de uma técnica de exposição de produtos/serviços no ponto de venda sem necessitar da presença do vendedor ou do promotor de vendas; envolve ações que geram impacto junto ao consumidor, no local certo, no tempo certo, com ajuda de tecnologias e cenários envolventes (TV, *outdoors* eletrônicos, vídeos etc.) que anunciam o preço, a forma, o tamanho, a cor e outras características do produto/serviço a fim de encantarmos e chamarmos a atenção do potencial cliente para sua compra.
- **Relações públicas**: É um processo de informação, de conhecimento e de educação com fim social, utilizando-se de técnicas para conseguir a boa vontade e a cooperação de pessoas com as quais a nossa organização trata ou das quais depende.
- ***Marketing* direto**: Estratégia de divulgação e propaganda que utiliza a venda direta ao consumidor – uso de correio eletrônico, cartas personalizadas, telefonemas e pacotes de mensagens via internet aos correios eletrônicos de clientes ou amigos destes.

- **Telemarketing**: Estratégia de divulgação dos produtos/serviços por meio de ligações telefônicas (fixo ou celular), nas quais o cliente em potencial é abordado e convidado a ouvir as características das ofertas – preços, vantagens, ofertas, promoções imediatas e outras séries de informações destinadas a configurar a angariação do recebedor da ligação (agente passivo). Ela é dita passiva se receber as ligações e dita ativa quando efetua as ligações.

  Perguntas básicas que podem nos ajudar a definir nossa propaganda:
- Quais os objetivos da propaganda? (missão)
  - Quanto se pode investir? (dinheiro)
  - Que mensagem deveria ser enviada? (comunicação)
  - Que mídia deveria ser usada? (publicidade)
  - Qual deveria ser o resultado esperado? (objetivos)
- **Venda pessoal**: Envolve interação pessoal com o cliente. Permite o *feedback* imediato e possibilita ao profissional de *marketing* ajustar as comunicações para satisfazer as necessidades da situação. Normalmente, ela custa mais caro por contato com clientes do que outros tipos de comunicações de *marketing*. As habilidades de vendas diferem entre os vendedores, tornando inconsistente a cobertura do mercado.
- **Promoção de vendas**: É uma estratégia utilizada pelas empresas para divulgação imediata dos seus produtos, envolvendo a distribuição de *folders*, panfletos, uso da mídia (televisão e/ou rádio), painéis, *displays* e outras tecnologias como forma de atingir em curto espaço de tempo uma grande quantidade de potenciais consumidores. Trata-se de uma forma utilizada para alavancar vendas, cujos produtos/serviços podem ter preços reduzidos, chamados de *promoções*, e podem incluir bônus, entrega grátis, brindes e prêmios como forma de chamar a atenção dos clientes.
- **Publicidade**: Estratégia utilizada por empresas que não pagam sobre a divulgação das informações dos seus produtos/serviços, muito comum nos intervalos noticiados por rádios e televisão. O controle do que é dito foge do domínio completo dos empresários ou membros da empresa; por isso, o receptor das informações fica à mercê dos canais de comunicação de onde são gerados.

Na definição das estratégias do composto promocional, devemos considerar a importância das marcas, na qual os maiores ganhos de venda ou aumento de consumidores podem ser percebidos pela associação da marca a uma imagem que proporcione benefícios à empresa; ou a busca de fidelidade do cliente à nossa marca, caracterizando a lealdade a ela; ou, então, pela busca da associação da marca em relação a um referencial de marcas famosas, percebidas por muitos clientes, resultando em benefício claro para a empresa.

Alguns tipos de marcas que podemos contemplar no plano de *marketing* envolve a marca de propriedade do seu produtor, ou seja, a marca do fabricante (são exemplos as marcas de tênis, os agasalhos e os artigos esportivos de diversas naturezas); ou a marca de uso próprio da empresa que revende nossos produtos; ou, por fim, a marca de produtos genéricos.

Cabe-nos agora fazer a seguinte pergunta: "E quanto aos critérios de seleção de uma marca?".

Importante

Em nosso empreendimento, consideremos que a marca deve deixar claros os benefícios dos produtos. A marca deve ser de fácil memorização e identificação; deve ser identificada com o produto e legalizada nos órgãos governamentais e de proteção ao consumidor, passando a imagem de segurança, confiabilidade e qualidade

Para desenvolvermos nossa marca ou deixá-la clara no mercado, devemos iniciar apresentando o conjunto de ideias aos membros da organização, prosseguindo pela triagem das ideias pelos executivos e consumidores.

Futuramente, a nossa organização pode optar pela proteção legal para suas marcas, registrando-as no governo ou em órgãos especializados. O registro da marca faz dela uma marca registrada ou marca de serviço, ou seja, dá a seu proprietário o direito exclusivo de uso. A maneira básica de fazermos isso é usarmos o símbolo (após a marca). Quando a marca ainda estiver sendo registrada, a organização pode usar o símbolo TM para mostrar que a marca é propriedade exclusiva da organização.

É importante procurar uma forma de desenvolver e gerenciar o valor da marca. O valor de uma marca para uma organização inclui, entre outras qualificações, três grandes ativos:

- a lealdade do cliente pela marca;
- a consciência do nome da marca;
- a qualidade percebida e associações da marca.

Devido a esse grande valor que as marcas podem ter, devemos nos empenhar em desenvolver e proteger o valor da marca por meio do seu registro e por esforços estratégicos para melhorar a imagem da marca.

4.6 Nichos de mercado

Nesta seção trataremos da questão da segmentação e do dimensionamento (os quais mencionamos na Seção 4.4.1): é interessante que tenhamos o entendimento da definição de nicho de mercado e o que ele representa. Definimos Nicho de mercado como sendo uma parte, um segmento, uma porção de todo o mercado, que é composto por um número de consumidores que reúnem características comuns e necessidades parecidas. As características e as necessidades são geralmente de fácil identificação.

Por esse motivo, essa porção, esse segmento de mercado é, muitas vezes, pequeno e, por isso, é desprezado pela grande maioria das organizações, o que dá às empresas pequenas a oportunidade de entrarem no mercado, oferecendo produtos e serviços que satisfaçam às necessidades ou que atendam aos requisitos dessa porção, desse segmento, permitindo que se adaptem e se organizem de forma a conseguirem alcançar uma posição defensável e de liderança.

Mattar e Auad (1997) pesquisaram a respeito da definição de nicho de mercado e, para a área de *marketing*, o resultado é surpreendente, pois constantemente surgem os seguintes conceitos:

- segmentação de mercado;
- oportunidade de mercado advinda de segmentos com necessidades/desejos específicos, não explorados/não atendidos/ignorados pelos líderes de mercado e que possam ser atendidos de forma eficiente, eficaz e efetiva pela empresa, através de suas potencialidades e diferenciais competitivos;
- nicho como um segmento de mercado;
- nicho como um produto;
- estratégia típica para empresas não líderes (ou pequenas e médias);
- focalização/concentração;
- especialização;
- posicionamento;
- utilizado para evitar confronto e (ou) para se defender dos líderes;
- ênfase na lucratividade (em vez de vendas e participação).

No referido artigo, Mattar e Auad (1997, p. 3) apresentam o conceito elaborado por eles e que vai ao encontro do que estamos apresentando:

> Nicho de mercado é um segmento ou uma área específica de mercado onde há uma oportunidade que passou a ser explorada de forma dominante e muito lucrativa por uma empresa, em função de dispor de vantagens competitivas originadas de uma estratégia de *marketing*, que faz uso de suas potencialidades e cujas bases estão voltadas à especialização e a um contínuo enfoque na diferenciação, de modo que o posicionamento de seu produto detenha uma imagem singular, criando um relacionamento forte com seus clientes, difícil de ser quebrado pela concorrência.

Os autores concluem afirmando que as características de nicho de mercado que estão associadas à conceituação proposta por eles compreendem os seguintes fatores:

- área ou segmento de mercado;
- apresentação de necessidades específicas;
- oferecimento de oportunidades de mercado;
- dependência da correta atuação da empresa;
- exigência da utilização das potencialidades da empresa;
- produto com imagem singular;
- estabelecimento de forte relacionamento com o cliente-consumidor, que se transforma em uma barreira para a entrada de concorrentes;
- dominância da empresa na área ou segmento de mercado;
- conquista de grande lucratividade por parte da empresa.

Kotler e Keller (2006, p. 238) nos dão outra definição de nicho: "é um grupo definido mais estritamente que procura por um *mix* de benefícios distintos", focando o cliente como um ator que possui necessidades diferenciadas, que concorda em pagar por um preço diferente para a empresa que oferecer o que ele deseja para satisfazer sua necessidade. Os autores ainda afirmam que **um nicho não costuma atrair concorrentes, gerando lucros por meio da oferta e entrega de produtos e/ou serviços especializados**, o que permite um rápido crescimento, se comparado com mercados grandes, que envolvem muitos concorrentes.

Para melhor explorarmos o conceito, o nicho de mercado pode ser entendido como uma segmentação de mercado para determinado produto ou serviço, na qual compradores possuem uma combinação especial de características. Por exemplo: clientes gostam de determinada linha de *software*, possuem estatura alta (são pessoas maiores que 1,90 m, que gostam de luxo, entre outras características que exigem de nós, supridores dessas necessidades e desses desejos, alta especialização, pois se trata de um mercado geralmente mais protegido da concorrência e que deve ser grande o suficiente para que tenhamos lucros!).

> O nicho de mercado pode ser entendido como uma segmentação de mercado para determinado produto ou serviço, na qual compradores possuem uma combinação especial de características.

Deve ficar claro para o empreendimento que o dimensionamento é o tamanho do segmento, da porção de mercado que está abraçando e tendo como seu portfólio de clientes. Pode ser grande ou pequeno, dependendo da indústria em que está inserido. Por exemplo: se trabalhamos na indústria automobilística e queremos nos inserir nesse mercado, devemos inicialmente descobrir nosso nicho de mercado, ou seja, qual parte de todo o mercado automobilístico queremos ter como cliente.

Devemos então descobrir quais são as características e as necessidades de cada um dos segmentos (parte, porção) desse mercado e então combinar os atributos encontrados com o que estamos propondo ou oferecendo. Descobriremos então que podemos ter clientes em potencial, que nosso produto ou serviço reúne características que podem satisfazer os requisitos e as necessidades daquele grupo, identificado agora como sendo nosso nicho de mercado.

Por isso, definir o nicho de mercado como sendo grande ou pequeno é relativo à indústria! Se usarmos o exemplo da indústria de cosméticos para homens, restringimos mais o domínio, tendo um grupo (ou dimensão) menor.

Preste atenção

Na área administrativa, especificamente do marketing, muitos conceitos diferentes aparecem para definir nicho de mercado, mas isso não deve ser motivo de preocupação, pois existe uma intersecção de ideias que constantemente aparece nas literaturas especificadas, definindo *nicho de mercado* como um mercado especial, no qual clientes reúnem características comuns e compartilham necessidades que podem ser atendidas pelo seu produto ou seu serviço, ou seja, que podem ser exploradas pela sua empresa.

Para identificarmos o nicho de mercado correto, é necessário termos em mão subsídios que levem o corpo diretivo da empresa a adotar comportamentos para direcionar a empresa para o publico alvo correto. Os subsídios são as informações referentes às necessidades e aos requisitos do público-alvo, que é obtido através de pesquisas de mercado, ou melhor, pesquisas no mercado.

O primeiro passo para obtermos boas informações que venham a definir o segmento de mercado é a definição clara das perguntas a serem elaboradas e aplicadas em um questionário que depois será empregado pela equipe de pesquisa com os potenciais clientes.

Perguntas devem ser diretas, objetivas, sem "enrolações" ou subterfúgios que levem o entrevistador à dúvida, devendo transmitir segurança e oportunidade de expressão.

O questionário deve conter aproximadamente três perguntas, não devendo ser enfadonho. O questionário precisa envolver o entrevistado, deixando-o à vontade para responder. A identificação do entrevistado deve ser opcional.

Na tabulação das respostas, devemos levar em conta a indústria (a área) de atuação da empresa e, por isso, considerar relatórios, gráficos de diferentes formatos de apresentação ou representações diversas para mostrarmos os resultados calculados e tabulados, de forma que qualquer pessoa possa ter condições de lê-los e interpretá-los, facilitando futuras tomadas de decisão.

> Perguntas devem ser diretas, objetivas, sem "enrolações" ou subterfúgios que levem o entrevistador à dúvida, devendo transmitir segurança e oportunidade de expressão.

4.7 Diferencial competitivo: produto e/ou serviço

Ao apresentarmos o elemento *competitividade* na formulação do nosso plano de negócios, é importante sabermos quais os principais conceitos relacionados a ele.

Para Kupfer (1992), as condições estruturais do mercado (no sentido de direcionamento) e a inovação (transformação) levam à competitividade. É importate frisar que não podemos prescindir de fundamentos microeconômicos, devido ao tempo e à incerteza quanto ao futuro.

O autor também defende a ideia de que a competitividade é uma função da adequação das empresas individuais, que determinam o padrão da concorrência vigente no mercado, como demonstrado na Figura 4.1 a seguir:

Figura 4.1 – Relação entre a competitividade e o padrão da concorrência

> Competitividade = f (adequação das empresas individuais)
>
> ↓
>
> Padrão da concorrência no mercado!

A esse respeito, Haguenauer (1989) apresenta dois grupos de conceitos:

- **Competitividade como desempenho**: Posta pelo *market share* (participação no mercado), medida por índices.
- **Competitividade como eficiência**: Quando uma empresa se esforça para competir (pela maximização dos seus rendimentos, ou seja, procurando maximizar sua eficiência e eficácia em produtos, preço, tecnologia, entre outros).

Angeloni e Mussi (2008, p. 11) afirmam que "O mercado sanciona (ou não) as estratégias, processos produtivos, ações, esforços de *marketing* etc. que as organizações realizam".

Para Barbosa (1999, p. 27), competitividade se relaciona ao desempenho competitivo que as empresas apresentam, ou seja, relaciona-se à capacidade de uma empresa de se adaptar a mudanças, de reconhecer e compreender suas necessidades e seus requisitos. O autor conclui que é necessário o empreendedor avaliar o desempenho no passado e suas perspectivas em relação ao futuro, além de possuir capacidade de visualizar o padrão de concorrência futura e, se conseguir, aplicar massivamente na inovação.

Cabe-nos então a seguinte questão: "Inovação sobre o quê?". A resposta é bem direta: inovação das concepções que possuímos em relação às suas variações de estoque, preço, demanda, tecnologia disponível, estratégias rivais, geografia, entre outros elementos.

Ao se questionarem se o desempenho competitivo afeta as estratégias de uma empresa, Ferraz, Kupfer e Haguenauer (1995) sintetizam a resposta, afirmando que as estratégias adotadas pelas empresas têm influência clara no desempenho, apresentando uma perspectiva dinâmica, de acordo com o demonstrado na Figura 4.2 a seguir:

Figura 4.2 – Perspectivas dinâmicas da concorrência

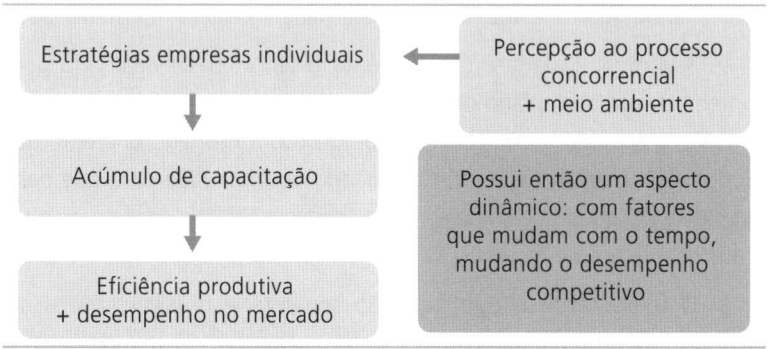

- Estratégias empresas individuais ← Percepção ao processo concorrencial + meio ambiente
- ↓
- Acúmulo de capacitação
- ↓
- Eficiência produtiva + desempenho no mercado

Possui então um aspecto dinâmico: com fatores que mudam com o tempo, mudando o desempenho competitivo

Fonte: Adaptado de Ferraz; Kupfer; Haguenauer, 1995.

Preste atenção

Em seu enfoque microeconômico, a competitividade é centrada sobre a atuação da empresa, ou seja, quanto à sua aptidão para a produção e a venda de seus produtos em relação à concorrência.

Já em seu enfoque macroeconômico, a competitividade é centrada na capacidade das economias nacionais de apresentarem resultados em nível internacional.

Para o consumidor, a competitividade se refere ao produto ou serviço percebido como qualidade superior ao dos concorrentes. No que diz respeito ao desempenho e à eficiência, os consumidores consideram o talento de gerentes, a reputação da produção e do bem, o conhecimento tecnológico e o atendimento de suas necessidades e/ou requisitos, sobrepujando competidores.

Muitas vezes o consumidor entende competitividade considerando a avaliação do desempenho das empresas, através dos seus indicadores e índices de produtividade, seja informalmente (por conversas, ações do dia a dia), seja pelos números apresentados nas bolsas de valores, veículos de comunicação, entre outros.

O consumidor percebe o retorno que a empresa possui no mercado que atua e, de outro lado, a empresa procura estabelecer sua demanda na indústria (seguindo o modelo de organização industrial), por meio de maior desempenho e melhor eficiência de suas ações, evitando ameaças e aproveitando oportunidades de forma a eliminar incertezas e instabilidades.

A competitividade é um elemento essencial a ser analisado para contemplar um bom plano de negócios. No mercado, a competitividade impulsiona a busca e a necessidade de descobrirmos algo diferente nos produtos e nos serviços, algo novo, dando oportunidade para que paradigmas sejam quebrados, apresentando concepções que convergem para o que chamamos de *inovação*.

O interessante é que inovação somente é possível através de pessoas, e não de máquinas! Por isso, Haguenauer (1989) já defendia a teoria na qual as pessoas precisam ter a capacidade de perceber a dinâmica industrial e as ideologias diversas que impactam na avaliação da indústria em que a organização está inserida, bem como das políticas formuladas para cada setor.

Nesse contexto, surge uma questão: "Quando o mercado é cativo de produtos, serviços e concorrentes, o que ocorre?".

Ocorre a transformação nos empreendedores, o nível estratégico rapidamente realiza a reformulação de sua estratégia, ou seja, pensa, identifica, analisa e reformula elementos básicos, definindo ações que reposicionem a empresa no novo contexto, tais como:

- busca de novas metas de produtividade;
- busca da redução de custos na produção ou na execução dos serviços;
- aplicação de novos mecanismos de inovação tecnológica;
- sustentação das suas transações;
- incentivo do cumprimento de contratos;
- garantia do direito de propriedade.

No que se refere à leitura do mercado, a competitividade dá um sentido à estrutura do mercado. Por isso, devemos considerar seus principais compostos:

- a identificação das características do mercado, como o número de empresas concorrentes (sendo bens homogêneos ou não);
- a análise do modelo ECD – estrutura, comportamento, desempenho – , que enfatiza a relação existente entre o grau de concentração de mercado, as barreiras de entrada e os produtos substitutos;
- análise da concorrência em um espaço ECD dinâmico.

Por apresentar essa característica dinâmica, o mercado é, então, um espaço da concorrência, no qual a natureza da competição e os preços em um mercado estabelecem a relação entre compradores e vendedores e referencia a maneira como as empresas integram suas indústrias (Bain, 1956).

Esse dinamismo do/no mercado rege "regras" das estratégias empresariais. O que deve ficar claro é que as estratégias empresariais também têm capacidade de influenciar a estrutura de mercado, uma vez que, segundo Possas (1999), a estrutura de mercado é definida por variáveis, que precisamos considerar na formulação de um plano de negócio:

- oferta × demanda;
- barreiras de entrada;
- distribuição geográfica;
- tendência de crescimento;
- capacidade instalada x produção;
- análise do padrão mudanças tecnológicas.

Analisando variáveis, quantitativa e qualitativamente, teremos precisão e clareza quando da ação de tomar decisões (sobre cada uma isoladamente ou em conjunto).

Quando consideramos a competitividade da empresa, após analisarmos as variáveis e antes de tomarmos qualquer decisão, devemos fazer perguntas certas e procurar por respostas que incrementem nosso potencial competitivo, tais como:

- "A competitividade está proporcionando a eficiência técnica e produtiva?"
- "Conduz ao processo de seleção natural por parte do mercado?"
- "É preciso repensar e reavaliar estratégias?"
- "Devo agir no tempo (agora) e no espaço (neste)?"
- "Qual o comportamento da concorrência quando eu tomar essa decisão?"
- "Devo elevar o relacionamento mercado-empresa em busca de vantagens?"
- "Que outras alianças estratégicas são possíveis? Utilizar-se da cooperação é uma opção viável?"

Claro que a concorrência irá reagir por meio de estratégias de competição dos seus agentes (principalmente clientes e fornecedores). Por isso, a busca de vantagens (competitivas) é obrigatória. Devemos sempre pensar nisso ao formularmos nosso plano de negócio!

A competitividade pode ser encarada como uma ferramenta estratégica de concorrência. Porter (2005) já dizia que a competitividade proporciona a busca por menor custo, a diferenciação, permitindo o uso do *benchmarking* e favorecendo alianças cooperativas.

Se nossa empresa é inovadora, um produto e/ou serviço diferenciado é apresentado, então estamos prestes a determos um monopólio temporário, no qual obteremos a maximização de nossos lucros, a maximização de nossas receitas e a maximização do nosso *market share*. No entanto, precisamos sempre ter em mente que isso é temporário, pois, assim como nós, nossos concorrentes também procuram tais maximizações e irão se manifestar de diferentes formas: no preço, na oferta de produtos e/ou serviços diferenciados ou no investimento em inovação, entre outras ações que deveremos prever no nosso plano de negócio.

A competitividade, quando manifestada via concorrência pelo preço ou pela diferenciação de produtos, apresenta características que devem ser observadas. Sob essa ótica, Stigler (1968, p. 53) afirma que, "em determinadas indústrias, os preços de empresas ofertantes de bens e substitutos próximos tendem a ser similares, dentro de um intervalo".

Essa afirmação é correta e pode ser estudada, analisada, além de apresentar respostas para tomadas de decisão por meio dos conceitos que compõem a teoria dos jogos, amplamente estudada e discutida nas faculdades de Administração, Economia, Contabilidade e outros cursos relacionados principalmente às Ciências Sociais e Aplicadas.

> **Quanto ao custo dos produtos/serviços praticados e que devem ser considerados para alavancar a competitividade em relação a concorrentes, este pode ser reduzido se optarmos por uma economia de escala ou por uma economia de escopo, bem como se tivermos um forte poder de financiamento, trabalharmos com o registro de patentes de nossos produtos e/ou serviços, entre outras ações que nos permitam a redução de custos.**

Mas essa não é a ótica daqueles que têm percepções entre produtos diferenciados. Todos os concorrentes acabam por perceber a dinâmica industrial e, nesse sentido, apresentam produtos e/ou serviços com diferentes cores, tamanhos, desempenhos, marcas, propagandas, ou aqueles que agregam sabores, acessos, simpatia, cortesia, estacionamento, parcelamento, honestidade, sinceridade, humor etc.

E, quando falamos em diferenciação, devemos ter em mente que os produtos e/ou serviços que apresentarmos devem conter especificações técnicas, de desempenho, de durabilidade, de *design*. As especificações devem também procurar enfatizar a marca, entre outros elementos que ajudam a fixar esses elementos na mente dos consumidores.

Os determinantes da competitividade podem ser divididos, de acordo com Angeloni e Mussi (2008, p. 13-14), em dois fatores:

- **Fatores empresariais**: São aqueles sobre os quais a companhia detém poder de decisão, que determinam a atividade da empresa e sua cultura organizacional. Nesse caso, a competição se dá no decorrer do tempo, portanto, a competição se dá sobre estratégias de momentos anteriores, sobre as quais devemos levar em consideração:

- o potencial das pessoas, predominantemente as que consigam manter o envolvimento e compromisso de outras, de todos os níveis, para atingir objetivos;
- os fatores de produção (máquinas, poder de investimento, energia etc.);
- as ações de inovação de produtos e/ou serviços.

Fatores estruturais: São aqueles sobre os quais a capacidade de intervenção da empresa está limitada pela sua estrutura (tamanho, dinamismo, grau de sofisticação do mercado, articulações) e pelo grau de intervenção no mercado. Quanto maiores forem a estrutura e a intervenção no mercado, melhor para a empresa.

Em fatores estruturais, o mercado deve ser analisado de acordo com a sua distribuição geográfica, pelo dinamismo dos sistemas de comércio, pelo nível de renda dos consumidores, pelo grau de sofisticação do consumidor e pelo grau tecnológico que envolve o produto ou serviço, a resistência aos produtos e a facilidade ou dificuldade de acessos a outros mercados.

Angeloni e Mussi (2008) afirmam que os fatores estruturais devem ainda considerar seis elementos para análise do grau de competitividade de nossa empresa:

Modelo que apresenta a configuração da indústria: Devemos considerar o ciclo de produtos e processos, intensidade de pesquisa e desenvolvimento aplicado à área e as novas tecnologias empregadas para o setor.

Escalas de tamanho das empresas concorrentes: É importante analisarmos o grau de verticalização, diversificação setorial, relacionamento da empresa com fornecedores, usuários, concorrentes, empregados, capital, trabalho etc.

Regime de incentivos e a regulação da concorrência: Precisamos observar o grau de rivalidade, exposição ao mercado internacional, barreiras tarifárias, estrutura de incentivos, custo de capital e prazos de financiamentos.

- **Tendências internacionais**: Devemos acompanhar o dinamismo do mercado, a exigência dos consumidores, a cadeia produtiva e o relacionamento com fornecedores estrangeiros.
- **Articulação entre empresas**: É fundamental estarmos atentos à troca de informações tecnológicas (produtos e métodos de gestão), bem como à interação ao ambiente externo à empresa.
- **Características comportamentais da empresa**: Devemos nos ater ao ciclo de vida dos produtos e recursos tecnológicos da nossa empresa e dos concorrentes, ao acirramento da concorrência, à eficiência produtiva dos setores, que, conforme apresentado por Coutinho e Ferraz (1994), levam o governo a dar incentivos e condições de livre concorrência!

Além dos fatores empresariais e estruturais, já citados anteriormente, temos os fatores sistêmicos, que são aqueles sobre os quais a companhia tem pouca ou nenhuma possibilidade de intervir. De acordo com Ferraz, Kupfer e Haguenauer (1995), **os fatores sistêmicos envolvem características da globalização quanto aos aspectos socioeconômicos, políticos, institucionais de um país** e que impactam e afetam a decisão competitiva da empresa, que enumeram alguns fatores que chamam de *fatores sistêmicos da globalização* que afetam empresas. São eles:

- determinantes macroeconômicos;
- determinantes político-institucionais;
- determinantes legais-regulatórios;
- determinantes infraestruturais;
- determinantes sociais;
- determinantes internacionais.

Para melhor entendermos esses fatores, Ferraz, Kupfer e Haguenauer (1995) apresentam os principais elementos a serem observados em cada um dos determinantes. Por exemplo:

- **Determinantes macroeconômicos**: Objetivam o crescimento da economia doméstica, o controle da inflação e do desemprego, da taxa de câmbio e de políticas de regularização macroeconômica. Os principais determinantes macroeconômicos são:
  - o regime cambial;
  - as políticas de regulação macroeconômica;
  - os fatores que se referem à natureza e às características do sistema de crédito.
- **Determinantes político-institucionais**: Conjunto de instituições, políticas e práticas por meio das quais o Estado se relaciona com a indústria (North, 1982), constituído por regras, crenças e valores. Os principais determinantes político-institucionais são:
  - políticas de comércio exterior;
  - política tributária;
  - política científica e tecnológica;
  - política de compra do Estado;
  - aparato judiciário às decisões judiciais.
- **Determinantes legais-regulatórios**: Decorrem de políticas públicas em que a função do Estado é eminentemente reguladora, a fim de promover e estimular certas estratégias empresariais. Os principais determinantes legais-regulatórios são:
  - promover a defesa da concorrência e do consumidor; do meio ambiente; da propriedade intelectual; do capital estrangeiro;
  - estagnar o desenvolvimento tecnológico em função de uma reserva de mercado (como ocorreu ao Brasil nos anos 1980).
- **Determinantes infraestruturais**: São as condições de infraestrutura para o desenvolvimento da atividade industrial. Os principais determinantes infraestruturais são:
  - oferta de energia e transporte;
  - políticas de investimento permanente no setor;
  - políticas de sustentação de compromissos nacionais e internacionais (portos, rodovias, terminais de carga etc. assumidos pelas empresas e pelos fornecedores).

- **Determinantes sociais**: São as que envolvem condições sociais vigentes da sociedade, que afetam o desenvolvimento da atividade industrial. Os principais determinantes sociais são:
    - o grau de educação do povo;
    - a qualificação da mão de obra;
    - a distribuição de renda, que determina a amplitude do mercado.
- **Determinantes internacionais**: Referem-se aos impactos das tendências da economia mundial e ao modo de interseção internacional das economias domésticas. Os principais determinantes internacionais são:
    - comércio internacional;
    - acordos entre blocos;
    - movimentos internacionais.

4.8 Entrega: venda e pós-venda

Em se tratando da abordagem de uma empresa voltada para o *marketing*, toda ênfase é colocada nas necessidades dos consumidores e clientes.

Em nosso plano de *marketing*, deve ficar claro que a nossa empresa precisa inicialmente identificar o que o cliente deseja e o que ele quer e só então planejar a maneira de produzir e distribuir, com lucro, um produto que seja capaz de satisfazer essas expectativas.

A nossa mentalidade administrativa deve estar voltada externamente para o mercado.

Deve existir contínua preocupação com o relacionamento entre a empresa e os agentes externos, tais como clientes, concorrentes, fornecedores, governo e outros interessados.

A transação de vendas não se encerra nem com a entrega do produto, nem com a cobrança dos direitos da empresa que o fornece. Desse ponto em diante, a pós-venda assume papel fundamental nas relações empresa-cliente. Devemos descrever no nosso plano de *marketing* o conjunto de elementos que irão fazer com que a as pessoas que farão parte dessa administração reconheçam que todas as atividades de influenciar clientes devem ser colocadas sob um controle integrado de *marketing*.

Precisamos atentar para os detalhes dos bens de compra comparada, ou seja, aquelas compras comparativas e funcionais realizadas pelos clientes em relação ao que sua empresa oferece. Um exemplo muito simples pode ser ilustrado no caso dos produtos eletrodomésticos que são comparados com a reputação do fabricante que os produziu, bem como a assistência técnica oferecida por este.

É importante percebermos que preço competitivo, como diferencial superior justificado, é comparado como uma fonte de preocupação e de interesse por parte de clientes. Por isso, a determinação do preço deve estar acompanhada de manuais explicativos do produto/serviço e uma forte relação de pós-venda dos mesmos.

Em uma abordagem voltada ao cliente, a pós-venda se baseia na formação de relações de longo prazo através do acompanhamento, processo no qual devemos nos certificar de que os clientes estão satisfeitos com as compras, sendo muito importante para a manutenção de boas relações com eles.

Síntese

Neste capítulo apresentamos os conceitos de *marketing* e as duas formas básicas como ele pode ser elaborado, dependendo do momento em que nossa empresa se situa no mercado: empresa nova ou empresa a ser redirecionada.

Apresentamos também os quatro principais compostos do *marketing*: preço, produto, praça e promoção – publicidade, sendo descritas as estratégias adotadas para a utilização de cada uma em nosso plano de *marketing* e suas relações para culminar em um bom plano de negócio.

Ao estudarmos o nicho de mercado, apresentamos seus conceitos, os elementos e a estrutura de mercado que o compõem, abordando o estudo da competitividade, no qual foram descritos os fatores que podem ajudar nossa empresa a ser mais eficiente e mais eficaz, culminando com a apresentação dos determinantes que corroboram para a efetividade da organização, envolvendo acionistas, clientes, fornecedores, sócios e outros interessados, respeitando os fatores empresariais, estruturais e sistemáticos para sua conclusão.

Ao concluirmos o capítulo, descrevemos a importância dos processos que envolvem a pós-venda (entrega) do produto ou serviço, destacando a importância da descrição sucinta deste processo em seu plano de negócios.

Questão para reflexão

O plano de *marketing* é essencial tanto para a empresa que está iniciando sua atuação quanto para aquela que já está estabelecida e precisa reposicionar o empreendimento no mercado em que atua. Quais as formas de elaboração de um plano de *marketing* para cada caso apresentadas por Las Casas (2006)?

Questões para revisão

1. O que é *marketing*?

2. Quais as estratégias de preço, produto e promoção que devem ser contempladas no plano de *marketing*? Apresente suas justificativas.

3. O que é nicho de mercado? O que é segmentação de mercado? Qual a utilidade desse tipo de estudo?

4. Descreva os fatores empresariais, estruturais e sistemáticos para aumentar a efetividade competitiva de uma organização.

5. Explique os determinantes que podem ajudar ou atrapalhar os fatores de competitividade.

Para saber mais

KOTLER, P. **Administração de *marketing***: a edição do novo milênio. São Paulo: Prentice Hall, 2000.

> Recomendamos a leitura dessa grande obra de Philip Kotler, considerado como um dos grandes pensadores do *marketing* do século XX, definindo muitos dos termos apresentados neste capítulo.

capítulo

Plano operacional

05

Conteúdos do capítulo:

- Apresentação do escopo e do ambiente do projeto contingencial;
- Estudo do ciclo de vida do produto;
- Conceito de *forecast*;
- Estudo da capacidade instalada – atual e prevista, tecnologia envolvida, pesquisa e desenvolvimento;
- Especificação de um cronograma: definição da atividade, sequenciamento de atividades, estimativa de recursos da atividade e de sua duração, desenvolvimento do cronograma e controle do cronograma;
- Estudo dos tributos sobre produtos e serviços;
- Compreensão dos elementos envolvidos no plano operacional.

Após o estudo deste capítulo, você será capaz de:

- definir e apresentar o escopo e o ambiente do projeto contingencial;
- definir e exemplificar o ciclo de vida do produto que está envolvido no seu empreendimento;
- conceituar *forecast*;
- entender a necessidade do estudo da capacidade instalada – atual e prevista – e relacioná-lo com a tecnologia envolvida, pesquisa e desenvolvimento do empreendimento;
- elaborar um cronograma, especificando a definição das atividades envolvidas, o correto sequenciamento de atividades, os recursos envolvidos na atividade, a estimativa de duração de cada atividade e os mecanismos de controle do cronograma;
- identificar todos os tributos que incidirão sobre produtos e serviços do empreendimento;
- entender os elementos envolvidos no plano operacional e em um empreendimento, no que se refere a produto e/ou serviço.

capítulo 5

Neste capítulo, estudaremos o plano operacional, focando na contingência estrutural definida nos capítulos anteriores, nos quais foram enfatizados os elementos do planejamento estratégico que levam à operacionalização de tarefas. Iniciaremos verificando o plano que operacionaliza o ambiente e os seus elementos, passando pela definição dos processos organizacionais e finalizando com a identificação dos riscos, tendo sempre a ideia clara de representar o plano de negócios com visão de proveito.

5.1 Projeto contingencial: escopo e ambiente

Ao elaborarmos nosso plano operacional, devemos rever todos os elementos que compõem nossa empresa, revisar a visão que estabelecemos para a organização em termos de políticas, procedimentos, diretrizes e informações extras, como antecedentes históricos, visão de concorrentes quanto ao plano operacional, modelos gerenciais e estilos organizacionais, entre outros.

Essa revisão poderá nos ajudar a compreender melhor o estado atual em que se encontra nossa empresa, em termos de macro e microambiente, já contextualizados no início do nosso plano de negócios.

Uma vez identificados e analisados os elementos que compõem o macro e o microambiente, precisamos iniciar a elaboração do plano operacional, com a declaração do seu escopo.

A declaração do escopo é a descrição das operações necessárias à execução dos negócios, à justificativa, aos requisitos e aos limites atuais do nosso projeto, no qual devem ser fornecidas informações importantes sobre restrições, premissas e requisitos necessários à correta implementação e à favorável execução dos processos operacionais.

> Ao elaborarmos nosso plano operacional, devemos rever todos os elementos que compõem nossa empresa

Assim como a estrutura analítica do projeto (EAP) fornece a relação entre todos os componentes do projeto e as entregas do projeto

(PMI, 2004, p. 163), o plano de gerenciamento do nosso projeto – plano operacional – fornece o plano geral para a execução, o monitoramento e o controle deste, incluindo planos auxiliares que fornecem diretrizes e orientação para o planejamento e controle gerencial do projeto.

Por isso, vamos considerar os seguintes elementos a serem descritos no plano operacional, com orientações para a sua apresentação:

- ciclo de vida do produto;
- serviços;
- tecnologia envolvida;
- capacidade instalada – atual e prevista (*forecast*);
- pesquisa e desenvolvimento;
- cronograma;
- tributos sobre produtos e serviços;
- matéria-prima envolvida;
- processos e operações;
- fluxograma operacional;
- identificação dos processos críticos – gargalo;
- instalações;
- equipamentos – materiais;
- recursos humanos;
- logística;
- gerenciamento de custos e financiamentos;
- estimativa de custos;
- orçamento;
- controle de custos;
- comunicações;
- riscos.

É importante considerarmos a natureza integradora desses grupos como processos, sendo mais complexa que o ciclo PDCA (*plan*, *do*, *control* e *check*) – idealizado por Walter Shewhart, na década de 1920, e amplamente divulgado por seu discípulo William Edwards Deming, que efetivamente aplicou o ciclo PDCA a partir da década de 1950, principalmente no Japão pós-guerra. Com uma abordagem que engloba o gerenciamento de projetos (que é finito) com o gerenciamento de processos (que enfoca a melhoria contínua), ambos se complementam, fazendo com que um plano operacional contemple a natureza dinâmica de um negócio.

Para relembrarmos, o ciclo PDCA (Figura 5.1) é uma técnica que tem por premissa tornar claros e íntegros os processos para a correta gestão destes.

Figura 5.1 – Ciclo PDCA

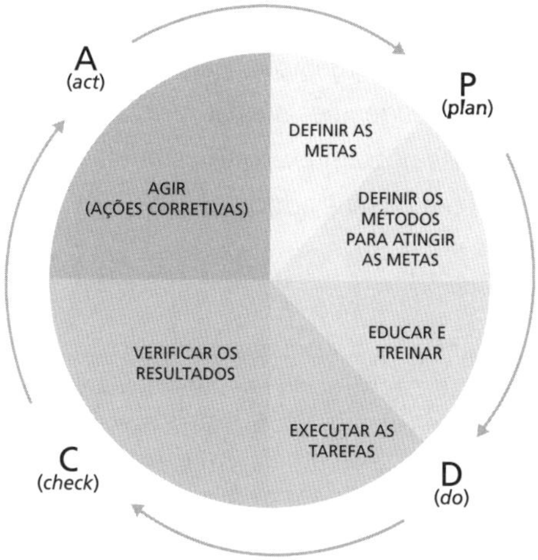

Fonte: Deming, 1990.

O ciclo PDCA se aplica na gestão de processos e deve ser utilizado nas empresas para dar sustentabilidade à execução dos negócios. De acordo com Deming (1990), é composto por quatro etapas integradas:

- *Plan* **(planejamento)**: Compreende o estabelecimento da visão, da missão e processos (metodologias) para atingir o objetivo (metas).
- *Do* **(execução)**: Proceder à execução de cada tarefa que envolve as atividades.
- *Check* ou *control* **(verificação)**: Acompanhar (monitorar) e avaliar sistematicamente as saídas (resultados) de cada processo, comparando com as especificações e os requisitos planejados, consolidando as informações em relatórios para atingir os objetivos.

> *Act* **(ação)**: Agir de forma proativa, seguindo o plano de correção de erros (falhas) descrito nos relatórios, de forma a permitir o replanejamento dos processos, com a filosofia de melhorar sempre que possível, buscando a melhoria contínua da qualidade, eficiência e eficácia, evitando falhas.

O ciclo começa com o planejamento da empresa, definindo as metas a serem alcançadas para cumprimento da missão (em conjunto e consonância aos objetivos organizacionais). Para que o planejamento ocorra sem problemas, sugerimos treinar e educar os colaboradores da empresa para que estes possam executar as tarefas designadas por cada processo de acordo com o planejado.

Importante

Uma vez executadas as tarefas, devemos verificar os resultados para checarmos se estão de acordo com o estabelecido nas metas planejadas. Se não estiverem, haverá a necessidade de reexecução dos processos, acarretando perda de tempo, material, orçamento e energia, sem contar custos extras. Nesse caso, devemos identificar erros, analisá-los e realizar uma proposta de melhoria do processo, de forma que o erro identificado não mais ocorra. Caso a verificação do processo aponte para resultados de acordo com as metas, registramos a concordância e nos focamos no próximo ciclo de execução dos processos.

Deve ficar claro que necessitamos elencar os elementos vistos nesta seção com os elementos que pensamos em nosso planejamento, vistos nos capítulos anteriores, bem como enfatizar a operacionalização dos nossos serviços e produtos, o que passaremos a ver nas seções seguintes.

Ciclo de vida do produto

Em se tratando de produtos, devemos ter uma preocupação essencial em entendermos o ciclo de vida deles e considerar esse dado em nosso plano operacional.

Se estivermos tratando de serviços, precisamos considerar os processos que serão executados para que sejam entregues ao interessado de forma completa e de acordo com o planejado.

O ciclo de vida de um produto (Figura 5.2 adiante) segue fases bem distintas, nas quais teremos de levar em conta os seguintes detalhes:

- **Desenvolvimento do produto (Fase 1)**: Características – descrever os materiais e o método necessários para desenvolvimento da pesquisa do produto ou serviço, realizar uma análise e desenhar os projetos para a concepção do nosso novo produto ou serviço. Ações de *marketing* – incrementar as atividades de relações públicas, atualizar e utilizar nosso planejamento de *marketing* com integração interna e externa da empresa.
- **Introdução do produto (Fase 2)**: Características – é a ação de lançamento do produto ou serviço no mercado, com uso intensivo de propaganda de informação e indução. É uma fase característica de lenta elevação vendas e com lucros reduzidos. Ações de *marketing* – comunicar ao mercado nosso produto e/ou serviço com o propósito de induzir a experimentação; acompanhar o grau de satisfação e análise da concorrência, procurando corrigir falhas.
- **Crescimento do produto (Fase 3)**: Características – leva em conta a acentuada elevação nas vendas, redução de investimento em comunicação, com propaganda de convencimento e aquisição, mais voltado à economia de escala. É a fase em que aumentam as ações da concorrência. Ações de *marketing* – aumentar canais de distribuição, administrar o preço, melhorar a qualidade com processos advindos da política de qualidade e procurar novos consumidores.
- **Maturidade do produto (Fase 4)**: Características – é característica básica o nivelamento do consumo, a propaganda com intuito de lembrar os clientes; pequena queda percebida nos lucros. Ações de *marketing* – sustentar a fase com inovações tecnológicas ao produto e/ou ao serviço, renovar a marca, se preciso, relançando o produto e as embalagens.

• **Declínio do produto (Fase 5)**: Características – marca a acentuada queda de consumo, pouco lucro, com tendência de abandono. Ações de *marketing* – diminuir os canais de distribuição (manter só os mais fortes), reduzir as despesas e os investimentos, iniciar a analisar a saída do mercado.

Figura 5.2 – Exemplo do ciclo de vida do produto no comparativo vendas × lucros

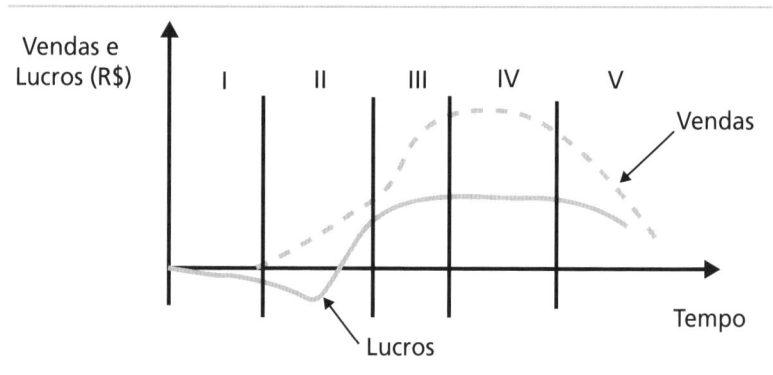

Fonte: Kotler, 1999, p. 224.

Serviços

À medida que se desenvolvem as economias nacionais, os serviços tendem a desempenhar um papel mais amplo.

Mudanças nos negócios têm resultado em uma demanda maior pelos serviços. As empresas estão contratando mais empreiteiros e outros especialistas para lidar com projetos especiais e períodos de pico.

Vamos apresentar alguns elementos que devemos considerar para descrevermos os serviços que iremos apresentar em nosso plano operacional. Para entendermos a natureza de serviços (e do mercado), é importante entendermos inicialmente as características destes:

- **Relação com o cliente**: Na grande maioria dos casos, devemos manter uma relação pessoal constante com nossos clientes.
- **Perecibilidade**: Se um serviço não for utilizado quando oferecido, ele não pode mais ser usado.
- **Intangibilidade**: Como os compradores potenciais não conseguem ver, tocar, cheirar ou experimentar o serviço antes de comprá-lo, eles encontram mais dificuldade para avaliá-lo e para julgar seus benefícios
- **Inseparabilidade**: Os serviços são produzidos e comercializados simultaneamente. Os compradores de um serviço não avaliam apenas o que foi produzido, mas também como foi produzido.
- **Grande envolvimento do cliente**: Muitas vezes os clientes são consideravelmente envolvidos na produção de muitos tipos de serviços.
- **Uniformidade**: A qualidade dos serviços pode variar mais do que a qualidade das mercadorias.

Baseando-nos nessas características, podemos ter diferentes classificações para os serviços e, dependendo do negócio em questão, é importante sabermos como categorizar o nosso. Os serviços podem se basear em dois públicos-alvo:

- **Baseado em equipamentos**: Devemos cuidar para que o equipamento tenha qualidade suficiente para atender às necessidades dos clientes.
- **Baseados em pessoas**: O nível de constância da qualidade depende quase totalmente do treinamento e da motivação das pessoas que fornecem os serviços.

O mercado para serviços geralmente engloba os seguintes ambientes:

- **Ambiente econômico**: Nossa empresa pode ser afetada pelo enorme crescimento do setor de serviços.
- **Ambiente político e legal**: Precisamos estar atentos às leis e às regulamentações que afetam nossos setores e profissões.
- **Ambiente social**: Engloba o conjunto de valores, costumes e estilos de vida dos consumidores, dita os tipos de serviços que os clientes e as organizações desejam e necessitam. Esse ambiente influencia o modo como os compradores desejam que os serviços sejam prestados.
- **Ambiente natural**: Devemos considerar o impacto de nossos serviços sobre os recursos naturais.
- **Ambiente tecnológico**: Os avanços tecnológicos são uma fonte de oportunidade para novos tipos de empresas e para prestar serviços com mais eficiência.
- **Ambiente competitivo**: Precisamos ficar atentos às muitas fontes diferentes de concorrência, identificando os bens e serviços que podem ajudar os compradores a satisfazerem os mesmos desejos e necessidades.

Entendendo o ambiente de mercado em que nossa empresa se insere, podemos compor nossos serviços para esse mercado. Por isso, devemos levar em conta que nosso plano operacional deve atender os componentes expostos a seguir, nos quais deveremos focar esforços para:

- **Desenvolver serviços**: Para prestarmos serviços de qualidade, nossa empresa deve apresentar e/ou adaptar os produtos às necessidades de clientes específicos.
- **Obter qualidade do atendimento pela ótica do cliente**: A equipe de nossa organização deve perguntar a nossos clientes como a empresa irá se sair (ou está se saindo) no tocante à qualidade do atendimento.

> É interessante montarmos uma equipe para debater, questionar, montar um plano de políticas de qualidade, de modo a fixarmos padrões de qualidade e fomentarmos a participação dos funcionários. Essas são maneiras pelas quais as organizações podem aumentar a qualidade do atendimento.
> - **Desenvolver um plano de aprimoramento contínuo**: Nossos serviços precisam constantemente inovar e melhorar; devemos ouvir nossos funcionários, gerentes e parceiros, pois são eles que percebem a evolução de serviços e podem nos ajudar a definirmos um plano de acordo com nossas contingências.

Podemos inserir em nosso plano operacional a forma de disseminarmos nossos serviços, que enfatize a descoberta de maneiras para prestarmos serviços eficientes aos clientes. Podemos adotar a forma consolidadora, ou seja, fazer com que os intermediários realizem compras grandes com desconto e que depois venham a revender em quantidades menores a usuários ou outros membros do canal. Podemos também optar pela abertura de franquias, um método comum para distribuir serviços a um amplo mercado consumidor, pois ele se baseia em um contrato no qual um licenciador concede o direito de operar um negócio em seu nome; em troca, o concessionário paga uma quantia especificada. Geralmente, engloba a padronização dos serviços de acordo com seu plano operacional e configura em uma extensão da sua empresa, em termos de marca, qualidade e metas de operacionalização.

Podemos planejar o lançamento de uma promoção para desenvolvermos os serviços prestados por nossa equipe, garantindo que o público-alvo compreenda e goste daquilo que está sendo vendido. Podemos também incluir no plano operacional a forma como os vendedores podem explicar os custos e os benefícios do serviço, fazendo com que eles entendam que possuem e que são a representação tangível de

> Se nossa empresa tem por característica oferecer serviços não comerciais, trata-se de uma organização sem fins lucrativos, distinguindo-se de uma empresa que tenha fins lucrativos por sua situação fiscal.

características dos serviços da empresa, com profissionalismo e atenção às necessidades do cliente.

Se nossa empresa tem por característica oferecer serviços não comerciais, trata-se de uma organização sem fins lucrativos, distinguindo-se de uma empresa que tenha fins lucrativos por sua situação fiscal.

É importante então entendermos que os fornecedores dos fundos de uma organização muitas vezes não coincidem com os usuários de seus serviços. Não visar a lucros pode complicar a tarefa de identificar um parâmetro eficaz para medir o sucesso e os objetivos que envolvemos na geração de receita. Portanto, cabe a nós decidir, juntamente com os envolvidos no plano, a definição da função de geração de receitas quanto aos serviços prestados, podendo ser: doação, afiliação, apadrinhamento de causas, apoio interinstitucional, entre outros.

Em caso de órgãos governamentais, os serviços públicos são prestados por órgãos de governo de nível federal, estadual e local. Esse tipo de serviço é adotado quando os órgãos de governo desejam promover consciência do que eles têm a oferecer, utilizando-se da propaganda e de outros veículos de comunicação. Em alguns casos, um órgão de governo pode considerar eficaz se comunicar por meio da venda pessoal ou por intermédio de grupos políticos, que se utiliza de outros aspectos para geração e entrega de serviços: parceria, partidarismo, abrangência, influência do eleitorado, entre outras, que variam de região para região. Se esse for o caso, podemos considerar o ambiente envolvido e as transições políticas emergentes.

Forecast

Forecast é um termo utilizado para descrever a prospecção futura de uma produção, de um desempenho, de uma evolução tecnológica ou de outro fator que possa ser indicado futuramente (entrega de produção, serviços e outros).

Amara e Salanik, citados por Coelho (2003), apresentam uma definição progressiva para o termo *forecast*, relacionada ao grau de precisão que o estudo sobre esse termo apresenta, podendo ser descrito como:

- uma indicação sobre o futuro;
- uma indicação probabilística sobre o futuro;
- uma indicação probabilística, razoavelmente definida sobre o futuro;
- uma indicação probabilística, razoavelmente definida sobre o futuro, baseada em uma avaliação de possibilidades alternativas.

Salles-Filho, Bonacelli e Mello (2001) afirmam que **o *forecast* se constitui em uma "conotação próxima de predição"**, observando o uso de modelos para definir as relações de cenários futuros, tanto de cunho técnico, que é mais determinístico, como de cunho político-social, que influenciam tomadas de decisão.

Genericamente, *forecast* é ainda um termo tratado como um processo de estimativas sobre situações futuras desconhecidas, podendo envolver séries de dados temporais, financeiros, de produção, entre outros.

Esse recurso é muito utilizado para trabalharmos com situações que exigem graus de certeza (ou incerteza) sobre riscos. Por exemplo: sobre planejamento da demanda de clientes, no qual a empresa poderá estimar o quantitativo a ser produzido nas próximas semanas, meses ou anos de acordo com a situação na qual se encontra e que, provavelmente, permanecerá no futuro.

Para a realização da aplicação do *forecast*, Murphy (1988) alerta que muitos cálculos matemáticos e estatísticos são utilizados para estimar dados atuais e projeções futuras. Os principais são descritos no Quadro 5.1 a seguir:

Quadro 5.1 – Técnicas estatísticas aplicadas para *forecast*

Método	Referência comumente utilizada (inglês)	Fórmula utilizada
Erro médio absoluto	Mean absolute error (MAE)	$MAE = \dfrac{\sum_{t=1}^{N} |E_t|}{N}$
Percentual do erro médio absoluto	Mean absolute percentage error (Mape)	$MAPE = \dfrac{\sum_{t=1}^{N} |\frac{E_t}{Y_t}|}{N}$
Erro médio quadrado	Mean squared error (MSE)	$MSE = \dfrac{\sum_{t=1}^{N} |E_t^2|}{N}$
Raiz quadrada do erro médio	Root mean squared error (RMSE)	$RMSE = \sqrt{\dfrac{\sum_{t=1}^{N} E_t^2}{N}}$
Perícia *forecast*	Forecast skill (SS)	$SS = 1 - \dfrac{MSE_{forecast}}{MSE_{ref}}$
Percentual do desvio médio absoluto	Percent mean absolute deviation (PMAD)	$PMAD = \dfrac{\sum_{t=1}^{N} |E_t|}{\sum_{t=1}^{N} |Y_t|}$

Fonte: Adaptado de Murphy, 1988.

Devemos considerar o estudo e a aplicação de *forecast* em nosso plano operacional, dando suporte para futuras decisões e ações diante dos acionistas e parceiros, principalmente quanto à prospecção de posicionamento futuro de nossos produtos e/ou serviços.

Capacidade instalada: atual e prevista (*forecast*)

Stevenson (2001, p. 156) afirma que "capacidade se refere a um limite superior ou teto de carga que uma unidade operacional pode suportar, podendo ser uma fábrica, um departamento, uma máquina, uma loja ou um funcionário".

De acordo com Moreira (1996, p. 149), "chamamos de capacidade a quantidade máxima de produtos e serviços que podem ser produzidos em uma unidade produtiva, em um dado intervalo de tempo".

Uma unidade produtiva pode ser a empresa como um todo, ou seus setores, departamentos ou unidades isoladas, como lojas, postos de trabalho ou uma simples máquina. Por intervalo ou unidade de tempo entendemos o período de início e fim da produção, no qual podemos ter como referência o mês, a semana, o dia ou a hora, dependendo da forma com que queremos tratar a produção.

Da unidade produtiva e da unidade de tempo resulta o índice de capacidade instalada. Por exemplo: 3 colaboradores, trabalhando 8 horas por dia, instalam 60 metros quadrados de carpete por hora. Nesse caso, a produtividade será medida pelo índice m^2/dia, ou seja:

$$3 \text{ colaboradores} \times 8 \text{ horas/dia} \times 60 \text{ m}^2\text{/hora}$$
$$=$$
$$1.440 \text{ m}^2 \text{ de carpete/dia}$$

Então, nessa parte do nosso plano operacional, devemos apresentar um desenho (esboço) da nossa empresa juntamente com o potencial produtivo das máquinas, bem como com a lotação das pessoas e com todos os elementos de produção envolvidos nos processos produtivos.

Nesse desenho, chamado de *planta de produção*, deveremos descrever cada equipamento que possuímos (e as que iremos adquirir) e o potencial de produção que cada uma oferece.

Devemos proceder da mesma forma em cada setor/departamento da nossa empresa, de modo que, ao final, tenhamos a soma de toda a capacidade de produção da nossa empresa. Com essas informações, poderemos planejar a capacidade produtiva de cada setor e apresentar claramente, em números, a capacidade máxima de nossos equipamentos aos acionistas, fornecendo dados e informações para atendimento mínimo e máximo de produção por dia, mês e ano.

> Uma unidade produtiva pode ser a empresa como um todo, ou seus setores, departamentos ou unidades isoladas, como lojas e postos de trabalho, ou uma simples máquina.

Geralmente, a diversidade de produtos/serviços reduz a capacidade de produção. Nesse caso, devemos levar em conta então que produção padronizada é bem diferente de produção personalizada ou, ainda, de encomendada, tipo de produção que possui parâmetros diferentes para realização desses cálculos.

Preste atenção

Precisar o tamanho da nossa unidade produtiva é importante, porque devem ser apresentados os espaços destinados à produção atual e aqueles reservados para futuras expansões. Devemos definir e apresentar as dimensões das nossas instalações, do seu arranjo físico e dos locais de trabalho, de estoque, de circulação e de segurança para equipamentos e pessoal. É importante considerarmos os fatores ambientais (iluminação, ventilação, umidade, entre outros) nesse ponto, destacando as características positivas e negativas de cada setor e fator, determinando as escalas para facilitar o futuro cálculo dos custos fixos e variáveis de cada um.

Claro que os processos produtivos variam desde os manuais até os totalmente automatizados, mas isso não deve nos impedir de executar os cálculos de capacidade instalada de cada parte ou total da nossa empresa, expressos em condições ótimas de produção, de modo que possam ser avaliados por nossos acionistas e interessados.

É fundamental levarmos em consideração o "capital humano". A competência resumida nas habilidades e atitudes dos funcionários e operadores, aliada aos recursos técnicos, pode interferir na capacidade produtiva. Ações como treinamento e programas de educação continuada podem aumentar a motivação e a satisfação no ambiente de trabalho, o que não significa que isso irá aumentar ou diminuir o índice produtivo; no entanto, tais ações têm maior probabilidade de conduzir a resultados mais satisfatórios, posto que a organização dos fatores operacionais pode ajudar a definir um modelo produtivo mais eficiente e eficaz.

Devemos considerar a forma de conduzir as operações, o fluxo das informações e/ou dos materiais, procurando eliminar os gargalos ou tempos de espera ou fatores que impedem o fluxo produtivo. Inspeções, manutenção preventiva e corretiva, adoção de programas e políticas de qualidade podem ajudar a resolver esses tipos de problemas.

capítulo 5

É preciso que levemos em conta que a capacidade produtiva pode ser influenciada por decisões externas, como novos pedidos, novos clientes, mudança de comportamento e exigências de clientes, legislação ou ações governamentais.

> É fundamental levarmos em consideração o "capital humano". A competência resumida nas habilidades e atitudes dos funcionários e operadores, aliada aos recursos técnicos, pode interferir na capacidade produtiva.

Como já realizamos um estudo de mercado, analisamos os fatores macro e microambientais, já possuímos uma ideia da demanda a curto, médio e longo prazo. Devemos ter sempre em mente que as previsões de demanda influenciam diretamente no planejamento das instalações produtivas e, consequentemente, no planejamento das necessidades de mão de obra, equipamentos, insumos, entre outros fatores que interferem na produção (Moreira, 1996).

Daí decorrem três razões para trabalharmos com decisões sobre a capacidade (Moreira, 1996, p. 153):

> 1.ª) elas têm impacto potencial sobre a habilidade da empresa em atender à demanda futura, ou seja, a capacidade planejada fornece à empresa o limite de atendimento possível.
>
> 2.ª) a relação entre capacidade e custos operacionais. [...] Operar muito tempo com uma capacidade excessivamente acima ou abaixo das necessidades do mercado irá aumentar inutilmente os custos operacionais, o que poderia eventualmente ter sido evitado através de uma análise mais criteriosa das necessidades de capacidade das instalações e de um plano racional de expansão.
>
> 3.ª) o alto custo inicial que se segue às decisões sobre a capacidade [...] interligando-se às demais, com uma reforçando a outra.

Moreira (1996) ainda enfatiza e chama a nossa atenção, pois as decisões sobre capacidade são essencialmente estratégicas, refletindo no envolvimento de verbas, recursos, dificuldades de mudança e impacto sobre os custos de operação.

Quanto às medidas de capacidade, existem duas formas de aferi-las: por meio da produção e dos insumos. Em ambos os casos, devemos utilizar as mesmas medidas, tornando padrão sua utilização, podendo ser expressos por meio de gráficos. Por exemplo:

- **Quantidade**: Em toneladas × preço – em dólares.
- **Tempo**: Em dias × distância – em milhas.
- **Produtos**: Em números × tempo – mês (ex.: quantidade de vendas de veículos nos primeiros meses do ano – Gráfico 5.1).

Gráfico 5.1 – Exemplo de gráfico demonstrando capacidade de entrega de veículos

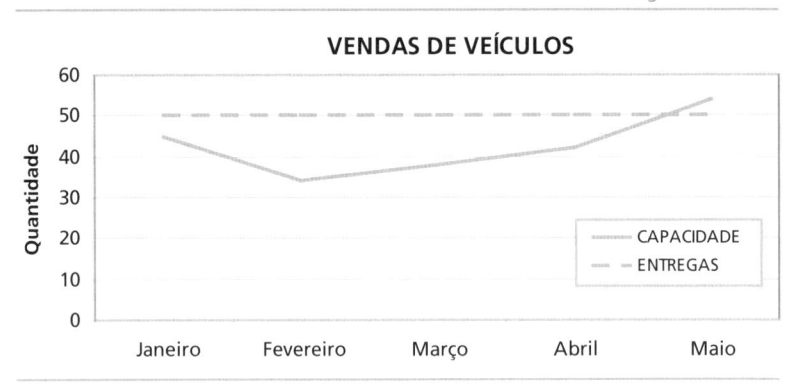

VENDAS DE VEÍCULOS

Mês	Janeiro	Fevereiro	Março	Abril	Maio
Capacidade	45	35	38	42	55
Entregas	50	50	50	50	50

Outro cuidado a ser tomado diz respeito ao plano operacional de expansão da capacidade. Um bom *layout* facilita e influencia a capacidade, embora possamos pensar em registrar no nosso plano a utilização de equipamentos ociosos, ou mesmo substituí-los por modelos mais modernos, aumentando a capacidade produtiva da empresa. Podemos também utilizar técnicas de programação e controle das operações de produção para aumentarmos a capacidade de produção ou ainda aproveitar melhor os espaços, como reduzir estoques ou despachar materiais sem uso.

Para Stevenson (2001, p. 158), as recomendações mais importantes do bom planejamento da capacidade instalada que podemos considerar em nosso plano são:

- decisões acerca da capacidade de produção, como no caso do evento da gripe H1N1, que impactou nas vendas de álcool-gel e, consequentemente, as empresas que o fabricavam viram seus estoques sumirem e a entrada de grandes quantidades de pedidos de clientes entrarem da noite para o dia; o produto se tornou tão popular que não conseguiram atender à demanda, perdendo o benefício de fortalecer suas marcas;
- decisões acerca dos custos operacionais; no caso, somente as compras de novos equipamentos não resolveria a carga de produção de álcool-gel da noite para o dia;
- decisões acerca dos prazos, que influenciam na produção, pois esta define a urgência do produto e se ela é temporal, sazonal, periódico ou permanente;
- definição da medida da capacidade, efetuando cálculos de capacidade do projeto e de capacidade efetiva da sua empresa;
- decisões acerca das instalações;
- decisões relacionadas aos produtos e/ou serviços;
- fatores relacionados aos processos;
- fatores relacionados às pessoas que trabalham e/ou interagem com a empresa;
- fatores operacionais;
- fatores externos;
- decisões acerca dos requisitos de capacidade efetiva: instalações, produto; serviço; processos; fatores humanos; fatores operacionais e fatores externos.

Esses elementos que podemos desenvolver e apresentar em nosso plano podem envolver alternativas. Por exemplo:

- projeção de sistemas mais flexíveis;
- consideração do quadro do ambiente global ao abordar alterações de capacidade;
- preparação de trabalhos com aumentos inesperados de capacidade (pedidos em "blocos");
- tentativa de redução dos requisitos de capacidade;
- busca de um ponto ou nível ótimo de capacidade (mediante aplicação de métodos de pesquisa operacional, por exemplo);
- redução de custos de capacidade, entre outros.

Em todo caso, podemos considerar registrar no nosso plano como faremos a avaliação econômica das alternativas de capacidade (com ponto de equilíbrio, cálculo de custos fixos, cálculo de custos variáveis, entre outros), como iremos planejar e especificar equipamentos e mão de obra em termos de capacidade, entre outras medidas de planejamento e de métricas para compormos nosso plano operacional.

Em todo caso, devemos ter em mente que todos os cuidados devem ser tomados para que os produtos/serviços sejam expressos em números que respeitem certos princípios de qualidade, obedecendo às técnicas, metodologias e políticas de qualidade da empresa, visando adotar os produtos com garantias suficientes para torná-los bem aceitos pelos clientes, tanto internos como externos (Rocha, 1995, p. 216).

Tecnologia envolvida

A mudança tecnológica não influencia apenas a demanda por serviços, mas também a sua própria oferta. Por isso, muitas organizações que tradicionalmente oferecem apenas produtos tangíveis estão descobrindo que é razoável e lucrativo acrescentar informações à composição de seus produtos.

É interessante que o empreendedor volte ao tempo e perceba que, na Era Industrial, a produção e o consumo de produtos eram massivos; lojas vendiam grandes quantidades e os anúncios eram frequentemente direcionados. Com o advento da computação e com o surgimento da Era da Informação, os negócios passaram a ser efetuados por meios digitais, a presença de pessoas não se faz mais necessária, a produção e a entrega é precisa, os graus de definição de produtos, serviços e preços são mais consistentes (Kotler; Keller, 2006).

O uso da internet, intranet e extranet auxilia na divulgação de produtos e serviços. Por exemplo: o avanço tecnológico nas comunicações, na expedição, nos transportes, no recebimento, na carga, na descarga, no controle de rotas, notas fiscais eletrônicas e na prestação de contas com segurança digital criptografada acabam por facilitar a gestão logística e a customização dos esforços envolvidos nesse ramo.

Por esses motivos, o fato de considerarmos os elementos tecnológicos em nosso plano operacional é de interesse dos investidores e das parcerias que desejamos concretizar.

Importante

É de fundamental importância identificar os principais componentes de *hardware* e de *software* que auxiliarão na construção de uma plataforma tecnológica para dar suporte à nossa empresa. A premissa básica é que a tecnologia escolhida para nossa organização seja orientada.

Tudo isso se justifica pelo fato de que os clientes querem e desejam encontrar produtos e serviços com facilidade. Essa facilidade é entregue ao cliente se nossa base tecnológica (leiamos informações) estiver focada e direcionada nesse contexto, o que irá facilitar o estabelecimento do tipo de equipamento e estrutura que deveremos adquirir. O tipo de tecnologia varia muito de empresa para empresa, pois o que define a sua base é o tipo do negócio. Por exemplo, uma empresa que deseja trabalhar com comércio exterior deverá planejar, em termos de requisitos mínimos, uma estrutura com:

- computadores e configurações;
- sistemas de cabeamento ou estrutura de comunicação entre computadores;

- sistemas de comunicação interna e externa à empresa;
- sistemas operacionais e aplicativos a instalar nos equipamentos;
- modos de gestão e de tratamento de dados e informações – com especificação clara das políticas de captura, análise, tratamento, armazenamento, acesso, disseminação e exclusão;
- pessoal com competência para trabalhar com o parque de *hardware* e *software*;
- local apropriado e seguro para tratamento das informações;
- políticas de segurança – específicos aos dados, ao local e à região.

No contexto das empresas, hoje e nos dias que virão, gradualmente a informação e o conhecimento se tornam os principais geradores de valor e riquezas, com igual ou maior importância que os meios tradicionais de produção, isto é, recursos naturais, capital e equipamentos (Stewart, 1998).

Essa transformação é impulsionada pelo uso de tecnologias de informação (TI), sobre o qual Nora e Minc (1980, p. 3) afirmam que, "na medida em que transforma o tratamento, a conservação e a difusão da informação, o principal bem da sociedade emergente, a TI modificará todo o sistema nervoso das organizações e da sociedade inteira".

Podemos perceber então que investir em equipamentos computacionais e pessoal ligado à área reforça a relação entre uso da TI e o desempenho da empresa (McKenn; Smith, 1993), indicando que benefícios podem ser alcançados, que melhorias podem ser implantadas e indicando qual o diferencial adotado para melhor competirmos.

A recomendação é a de investir em tecnologia, com aquisição de equipamentos e habilitação do pessoal para trabalhar, transformando o investimento em ativos para a mpresa.

Pesquisa e desenvolvimento

Em se tratando do plano operacional, pesquisa e desenvolvimento, ou simplesmente P&D, refere-se à descrição de estudos relacionados à empresa a longo prazo, relacionados à tecnologia de produtos e/ou serviços.

Um forte investimento pode ser aplicado nessa área da empresa, pois pode ajudar com métodos, cálculos estatísticos e apoio computacional para orientação competitiva, ajudando a evitar falhas em projetos de alto risco.

Empresas do mercado farmacêutico, bélico e de produtos tecnológicos investem muito na pesquisa e no desenvolvimento dos seus projetos, dos quais mais de 50% não dão certo ou não fornecem o retorno financeiro esperado, ajudando, contudo, no desenvolvimento de outros projetos que podem refletir em retornos mais expressivos.

> Com o advento da computação e com o surgimento da Era da Informação, os negócios passaram a ser efetuados por meios digitais, a presença de pessoas não se faz mais necessária, a produção e a entrega são precisas, os graus de definição de produtos, serviços e preços são mais consistentes (Kotler; Keller, 2006).

> **Existem oportunidades nas quais o governo oferece subsídios tributários para empresas que investem em P&D, a fim de contribuir para o desenvolvimento do país, como é o caso da Agência Nacional de Energia Elétrica (Aneel), pelo Programa de Pesquisa e Desenvolvimento do Setor de Energia Elétrica, por exemplo.**

Como se trata de um tema transversal, isto é, aplicável a muitas áreas e ramos, a implantação da P&D depende de cada empresa, podendo ter potencialidades na melhoria de processos, produtos, serviços ou qualidade de vida, contribuindo para o bem-estar da empresa no mercado e diante dos concorrentes.

Existem muitas organizações não governamentais (ONGs) e outras entidades que auxiliam empresas na definição de projetos. Uma delas é a Agência Nacional de Pesquisa e Desenvolvimento das Empresas Inovadoras (Anpei), bastando o empreendedor se associar para receber apoio, capacitação, treinamento e orientações sobre o desenvolvimento de projetos.

Em nosso plano, devemos definir as estratégias, recursos financeiros, materiais, pessoal, prazos e riscos relacionados às pesquisas e à base tecnológica que iremos utilizar, culminando na descrição dos novos produtos e métodos, passando aos investidores e acionistas a inovação pretendida pela empresa a longo prazo.

Cronograma

Para realizarmos um projeto e terminá-lo no prazo, são necessários o gerenciamento do tempo do projeto e as ferramentas que possibilitem a visualização de cada etapa desse processo de gerenciamento. No decorrer deste capítulo, serão abordadas e destacadas as principais atividades do gerenciamento de tempo do projeto, nas quais podemos perceber a interação entre os processos e suas principais ocorrências, cujos processos passam, de acordo com Square (2004), por seis etapas bem definidas:

- definição da atividade;
- sequenciamento de atividades;
- estimativa de recursos da atividade;
- estimativa de duração da atividade;
- desenvolvimento do cronograma;
- controle do cronograma.

Um plano de gerenciamento do cronograma pode ser **formal** ou **informal**, **detalhado** ou **genérico**, dependendo das necessidades do projeto. Vamos detalhar cada uma das etapas apresentadas anteriormente pela visão de Square (2004).

Definição da atividade

A definição da atividade consiste nas especificações do cronograma, necessitando da realização de cada atividade para alcançarmos a produção das entregas do projeto. Essa definição envolve identificarmos e documentarmos o trabalho planejado a ser realizado. É um processo que reconhece as entregas no nível mais baixo da estrutura analítica do projeto (EAP), chamadas de *pacotes de trabalho*. Estes, por sua vez, são planejados (decompostos) em componentes menores, chamados de *atividades do cronograma*. O planejamento e a definição das atividades do cronograma, levando em consideração seus objetivos, estão implícitos nesse processo, no qual as principais observações que devemos considerar no nosso plano operacional quanto ao tempo são determinadas por entradas, ferramentas e técnicas e saídas que, de acordo com Square (2004) e com o *Guia PMBOK* (PMI, 2004), apresentam-se em:

- **Entradas**: Entre os fatores ambientais da empresa, devemos considerar a disponibilidade de sistemas de informações do gerenciamento de projetos e ferramentas de software para elaboração de cronogramas, como o dotProject ou MSProject. É importante considerarmos os ativos de processos organizacionais, que devem englobar e conter as políticas, os procedimentos e as diretrizes existentes, formais ou informais, relacionados ao planejamento das atividades, que são considerados no desenvolvimento das definições das atividades. Para explicitarmos as restrições e premissas documentadas do projeto, podemos utilizar a declaração do escopo do projeto, que pode ser composta de marcos importantes: datas de término do projeto e/ou das atividades, assim como as horas a serem trabalhadas (por dia, por semana ou por mês) e o período (ex.: mês do ano) que se dará esse projeto. Nesse contexto, devemos ter em mãos o plano de gerenciamento do projeto, que disponibiliza orientação sobre o planejamento e o desenvolvimento das atividades do cronograma e o plano de gerenciamento do escopo do projeto.
- **Ferramentas e técnicas**: Podemos nos utilizar da técnica de decomposição, que envolve a subdivisão dos pacotes do trabalho do projeto em componentes menores e mais facilmente gerenciáveis, chamados de *atividades do cronograma*. Essa técnica pode ser frequentemente utilizada como modelo para um novo projeto, ou como uma lista de atividades de um projeto anterior.

Outra técnica que podemos utilizar é a de realizar o planejamento de forma progressiva, partindo para execução dos trabalhos imediatos – planejado no primeiro nível da EAP (Estrutura Analítica do Projeto) – enquanto que trabalhos permanentes, os de longo prazo, são planejados em nível mais alto da EAP.

Saídas: Como saídas desse processo, teremos uma lista de atividades, que, segundo o *Guia PMBOK* (PMI, 2004), é "uma lista abrangente que inclui as atividades do cronograma planejadas para serem realizadas no projeto", incluindo o identificador da atividade e uma descrição do escopo do trabalho para cada atividade do cronograma. Também terá a descrição dos atributos de cada atividade (atributo de uma atividade é uma qualidade que a descreve, como código, descrição, número, antecessor, sucessor, recurso humano, recurso material, duração etc.), identificadas na especificação de requisitos da atividade. Outro elemento que é produzido nesse processo é a lista de marcos do cronograma, que identifica cada marco dos processos, indicando se o marco é obrigatório ou opcional.

Uma vez definidas as atividades em nosso plano operacional, com especificação clara das entradas, das ferramentas e das técnicas de uso, bem como das saídas, passamos a indicar a ordem em que essas atividades são executadas. Isso facilita muito o entendimento e a compreensão dos leitores interessados no nosso plano de negócios, o que estudaremos na seção seguinte.

Sequenciamento de atividades

Devemos realizar o sequenciamento de atividades, processo que envolve a identificação e a documentação dos relacionamentos lógicos entre as atividades do cronograma. Podemos considerar as entradas, as ferramentas e as saídas para que esse sequenciamento seja compreendido pelos acionistas e envolvido no nosso plano operacional, claramente definido por Square (2004) em tópicos, que podem ser confirmados no *Guia PMBOK* (PMI, 2004) em:

- **Entradas**: Como a declaração do projeto contém a descrição do escopo do produto e/ou serviço, devemos incluir todas as características que frequentemente podem afetar o sequenciamento das atividades.
- **Ferramentas e técnicas**: Para a realização desse processo, podemos nos utilizar do método do diagrama de precedência (MDP – Figura 5.3). Trata-se de um método de construção de um diagrama de rede do cronograma do projeto, incluindo quatro tipos de dependência ou de relações de precedências:
- término para o início;
- término para término;
- início para início;
- início para término.

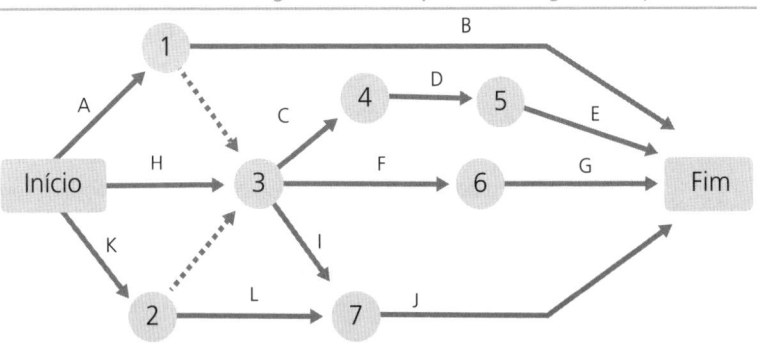

Figura 5.3 – Exemplo de um diagrama de precedência

Fonte: PMI, 2004, p. 132.

> **Saídas**: Ao final da elaboração de todos os diagramas de precedência de atividades, teremos em mãos os diagramas de rede do cronograma do projeto, que são as representações esquemáticas das atividades do cronograma do projeto e dos relacionamentos lógicos entre elas, também chamados de *dependências*. Isso facilitará o gerenciamento da execução das atividades dentro de cada intervalo de tempo entre os setores/departamentos da nossa empresa.

Definidas as atividades e o seu sequenciamento, é importante estimarmos as verbas necessárias para a execução de cada uma, o que nos dá a exata noção de gastos (custos) dos processos, o que passaremos a estudar na próxima seção.

Estimativa de recursos da atividade

De acordo com Square (2004) e com o *Guia PMBOK* (PMI, 2004), no que diz respeito ao gerenciamento de recursos para as atividades mapeadas, podemos trabalhar com a estimativa destas obedecendo o cronograma definido, alocando o quantitativo de recursos (financeiros, material, humanos etc.) em cada um, ajudando na realização do plano operacional. Dessa forma, podemos considerar os processos com suas entradas, ferramentas e saídas em:

> **Entradas**: Considerar os ativos de cada processo, que podem ser pessoas, material, aquisição ou aluguel de materiais, bem como alocação de outros suprimentos para a correta execução dos processos organizacionais definidos no planejamento das operações.
> **Ferramentas e técnicas**: Podemos adotar a análise de alternativas como técnica para consolidar as diversas atividades do cronograma. Elas incluem o uso de vários níveis de capacidade ou habilidades de recursos, tipos ou tamanhos diferentes de máquinas, ferramentas diferentes e decisões de fazer ou comprar relativas ao recurso.

- **Saídas**: O registro de todo e qualquer tipo de recurso identificado no uso dos processos, envolvendo a quantidade, descrição do tipo e qualidade para a correta execução dos mesmos. A partir desse ponto, podemos adotar um calendário de recurso composto do projeto, que documentará os dias trabalhados e os dias não trabalhados, determinando as datas nas quais um recurso específico, uma pessoa ou material, pode estar ativo ou ocioso. Isso contribuirá para futuras tomadas de decisão quanto a mudanças em nosso cronograma em termos de estimativas de custo das atividades.

Estimativa de duração da atividade

A duração da atividade é um processo que usa as informações que definimos no escopo de cada atividade do nosso cronograma. Revisar o nosso diagrama de precedência se faz necessário nesse momento, sob pena de estimarmos durações erradas ou desatualizadas, devendo então apontar os tipos, as quantidades e a qualidade de recursos no calendário e, se possível, a disponibilidade destes. Consideremos então nosssas entradas, ferramentas e saídas para a operacionalização dessa etapa do cronograma amplamente difundidas pelo *Guia PMBOK* (PMI, 2004) em:

- **Entradas**: Devemos considerar que as organizações envolvidas no projeto podem manter bancos de dados de estimativas de duração e de outros dados históricos de referência. Elas também podem manter registros dos resultados de projetos anteriores com detalhes suficientes para auxiliar no desenvolvimento de estimativas de duração. Devemos levar em consideração que essa estimativa afeta a duração das atividades do nosso planejamento, pois recursos agregados a cada uma delas, com indicativo de quantidade e disponibilidade, poderão e irão afetar a duração do processo como um todo.

Para controlarmos esse processo, podemos utilizar um calendário de recurso composto, desenvolvido como parte do processo *estimativa de recursos da atividade*, que incluirá a disponibilidade, as capacidades e as habilidades dos recursos humanos. Podemos considerar também o tipo, a quantidade, a disponibilidade e a capacidade, quando aplicáveis, dos recursos de equipamentos e de materiais que poderiam influenciar de forma significativa a duração das atividades do cronograma.

- **Ferramentas e técnicas**: Nesse processo, poderemos utilizar a metodologia de estimativa análoga da duração, que significa usar a duração real de uma atividade anterior semelhante do cronograma como base para a estimativa da duração de uma futura atividade do cronograma. Nesse caso, podemos fazer uso da estimativa paramétrica[1]. Como alternativa, o *Guia PMBOK* (PMI, 2004) enfatiza que podemos fazer uso da análise de reservas, que é uma possibilidade que as equipes têm de optar por incorporar um tempo adicional, chamado de *reservas para contingências*, como reservas de tempo ao cronograma total do projeto, como reconhecimento do risco do cronograma.

- **Saídas**: A saída se apresenta como um relatório (ou diagrama) com a duração das atividades, com quantitativos dos períodos de trabalho e respectivos recursos necessários para cada atividade, do início ao fim de cada processo presente no cronograma.

Figura 5.4 – Exemplo de diagramas de rede do cronograma do projeto, de gráficos de barras e de gráficos de marcos

Cronograma de marcos

Identificador da atividade	Descrição da atividade	Unicodes de calendário
1.1.Mi	Fornecer novo produto: Entrega Z - ínicio	0
1.1.1.M1	Componente 1 - terminado	0
1.1.2.M1	Componente 2 - terminado	0
1.1.MF	Fornecer novo produto: Entrega Z - fim	0

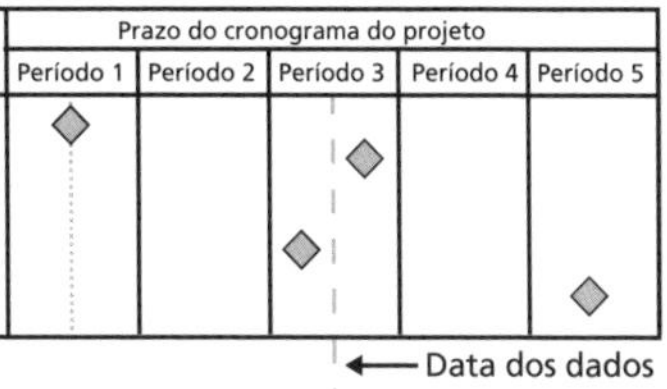
Prazo do cronograma do projeto
Período 1
Período 2
Período 3
Período 4
Período 5
Data dos dados

Cronograma sumarizado

Identificador da atividade	Descrição da atividade	Unicodes de calendário
1.1	Fornecer novo produto: Entrega Z	120
1.1.1	Pacote de trabalho 1 - Desenvolver componente 1	67
1.1.2	Pacote de trabalho 2 - Desenvolver componente 2	53
1.1.3	Pacote de trabalho 3 - Integrar componentes	53

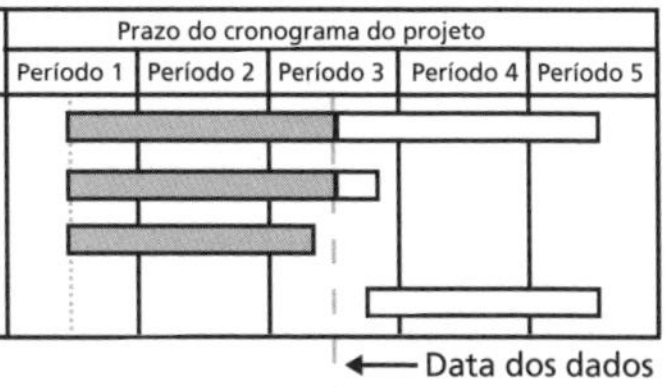
Prazo do cronograma do projeto
Período 1
Período 2
Período 3
Período 4
Período 5
Data dos dados

Cronograma detalhado com os relacionamentos lógicos

Identificador da atividade	Descrição da atividade	Unicodes de calendário
1.1.Mi	Fornecer novo produto: Entrega Z - ínicio	0
1.1.1	Pacote de trabalho 1 - Desenvolver componente 1	67
1.1.1.P	Projetar componente 1	20
1.1.1.C	Construir componente 1	33
1.1.1.T	Testar componente 1	14
1.1.1.M1	Componente 1 - terminado	0
1.1.2	Pacote de trabalho 2 - Desenvolver componente 2	53
1.1.2.P	Projetar componente 2	14
1.1.2.C	Construir componente 2	28
1.1.2.T	Testar componente 2	11
1.1.2.M1	Componente 2 - terminado	0
1.1.3	Pacote de trabalho 3 - Integrar componentes	53
1.1.3.G	Integrar componentes 1 e 2	14
1.1.3.T	Testar produto integrado Z	32
1.1.3.P	Entregar produto Z	7
1.1.MF	Fornecer novo produto: Entrega Z - fim	0

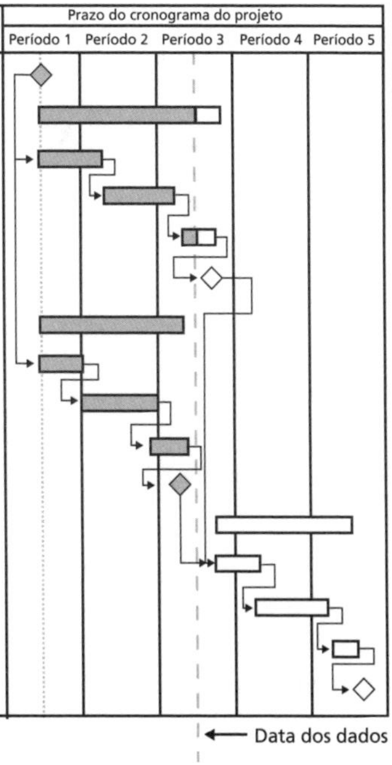
Prazo do cronograma do projeto
Período 1
Período 2
Período 3
Período 4
Período 5
Data dos dados

Cronograma do projeto - exemplos gráficos

Fonte: PMI, 2004, p. 150.

Desenvolvimento do cronograma

Como planejar e operacionalizar um cronograma envolve processos interativos, o desenvolvimento do cronograma do projeto deve determinar as datas de início e término planejadas das atividades do projeto. Para esse processo, consideremos as seguintes entradas, ferramentas e saídas, de acordo com o *Guia PMBOK* (PMI, 2004) e Square (2004):

- **Entradas**: Utilizar o plano de gerenciamento do projeto, que contém o plano de gerenciamento do cronograma, o plano de gerenciamento de custos, o plano de gerenciamento do escopo do projeto e o plano de gerenciamento de riscos.
- **Ferramentas e técnicas**: Usar, por exemplo, o método do caminho crítico, que permite analisar o cronograma calculando em cada data de início e fim de cada atividade os seus recursos, sem se preocupar com limites dos mesmos, analisando a ida e a volta pelo caminho respeitando o tempo definido no cronograma.
- **Saídas**: Square (2004) afirma que a saída e o cronograma do projeto, que inclui pelo menos uma data de início planejada e uma data de término planejada para cada atividade do cronograma, que podem ser apresentados de formas gráficas através de:
    - diagramas de rede do cronograma do projeto;
    - gráficos de barras;
    - gráficos de marcos.

Um exemplo desses gráficos é ilustrado na Figura 5.4.

Controle do cronograma

O controle das mudanças do cronograma do projeto está relacionado com o andamento do cronograma, com a relação das mudanças e com o indicativo das ações gerenciais para controlar os fatores e determinantes de

---

1 Estimativa com base na duração de uma atividade (multiplicando o valor da produtividade pela quantidade de trabalho a ser realizado).

cada alteração deste. Para contemplarmos esses processos, vamos considerar os seguintes processos:

- Utilizar os relatórios de desempenho de cada atividade, que fornecem informações sobre o desempenho de prazos, como as datas planejadas que foram cumpridas e as que não foram.
- Utilizar as técnicas de medição de desempenho, que produzem a variação de prazos e o índice de desempenho de prazos, sendo usados para avaliar a extensão das variações no cronograma do projeto que realmente ocorrem.
- Finalmente teremos como saída os dados do modelo de cronograma. Uma atualização no cronograma do projeto passa a ser qualquer modificação nas informações sobre o modelo do cronograma do projeto que é usada prara gerenciar o projeto. Por isso, como saída teremos o plano de gerenciamento do projeto do cronograma do "plano de gerenciamento do projeto", que vai passar a atualizar para refletir as mudanças aprovadas resultantes do processo controle do cronograma e também para refletir como o cronograma do projeto será gerenciado.

Tributos sobre produtos e serviços

Em se tratando do delineamento do plano operacional da empresa, precisamos analisar e contemplar todos os tributos (impostos, taxas e outras cargas tributárias) que podem incidir sobre nossa empresa. Em todo caso, nossa organização pode (e deve) contar com uma assessoria contábil, que nos auxiliará na consideração dos seguintes elementos que compõem a discriminação dos tributos à nossa empresa:

- **Imposto de Renda de pessoa jurídica**: Recolhimento da alíquota de 15% sobre o lucro apurado no final de cada período contábil (período-base). De acordo com a consultoria International Finance Corporation (IFC, 2009):

> o lucro tributável corresponde ao lucro líquido contábil da sociedade, ajustado pelas adições, exclusões e deduções estipuladas na legislação. Na prática, a determinação do lucro tributável resulta da dedução dos custos e despesas aos ganhos brutos da empresa. Nem todos os custos e despesas são dedutíveis, atenta a sua natureza ou a quantia envolvida.

Devemos estar atentos para o fato de que pode haver limites à compensação de prejuízos fiscais. O IFC (2009) alerta para os seguintes elementos a serem analisados sobre os tributos que incidem nos produtos e serviços do nosso projeto (são números/cifras praticados no Brasil até dezembro de 2009):

- **Imposto de Renda na fonte**: Incide no ganho de capital e provento pago, creditado, entregue, empregado ou remetido, por fonte situada no país, à pessoa física ou jurídica residente no exterior: 15% genérico, 25% para rendimentos de trabalho e serviços, 25% para quem reside em locais favorecidos, 15% a *royalties*/transferência de tecnologia e 10% de Cide.
- **Contribuições sociais**: Contribuição Social sobre o Lucro Líquido (CSL) – 9% até o limite de 15%; PIS/Pasep à alíquota de 0,65% ou 1,65%; Cofins à alíquota de 3% ou 7,6% (há ainda, dependendo do ramo no qual a empresa opera, haver incidência do PIS/Pasep-Importação e da Cofins-Importação); Contribuição para a Segurança Social (CINSS) à alíquota média de 20%, que incide sobre a folha de pagamento e salários da empresa.

- **Cide**: Alíquota de até 10% de contribuição de intervenção no domínio econômico que, de acordo com o IFC (2009), "incide às remessas ao exterior vinculadas ao pagamento de direitos autorais, royalties de marcas e patentes, serviços técnicos, assistência técnica, assistência administrativa e assemelhada".
- **Imposto sobre vendas**: O Imposto sobre Produtos Industrializados (IPI), tributo federal cuja alíquota varia por depender do produto industrializado, e o Imposto sobre Circulação de Mercadorias e Serviços (ICMS), que é estadual e varia de estado para estado da federação brasileira.
- **Imposto Sobre Serviços (ISS)**: Varia de 2% a 5%, pois a base de cálculo é o preço do serviço, variando ainda se o serviço for prestado ou iniciado no exterior.
- **Imposto sobre Operações Financeiras (IOF)**: Varia de acordo com a operação – crédito, câmbio, seguros, seguradoras, valores imobiliários, *factoring*, ouro, ativo financeiro, vendas mercantis e outras atividades de serviços;
- **Investimentos incentivados**: São os pacotes de financiamento subsidiado, créditos e outras ofertas do governo, resultando em incentivos fiscais até isenção de impostos.
- **Zona Franca de Manaus**: Onde há incentivos fiscais (imposto de importação, IPI, IR, ICMS, entre outros), objetivando o desenvolvimento local, regional e do país. O projeto da empresa deve ser apresentado à Superintendência da Zona Franca de Manaus (Suframa), bem como o projeto industrial definitivo e o projeto arquitetônico.

O ICF (2009) disponibiliza e atualiza constantemente em seu *site* os principais tributos brasileiros, como demonstrado no Quadro 5.2 a seguir:

Tabela 5.2 – Principais tributos brasileiros e suas alíquotas

Tributo	Base de cálculo e/ou fato Imponível	Alíquota
IRPJ	Lucro real, presumido ou arbitrado	15%.
Adicional de IRPJ	Lucro real, presumido ou arbitrado.	10% sobre a parcela que exceder R$ 240.000,00 por ano.
IR na fonte – remessas ao exterior	Rendimentos e ganhos de capitais auferidos por não residentes remetidos por fontes pagadoras situadas no Brasil.	15% ou 25%, de acordo com a natureza do rendimento.
IPI	Preço de venda na saída do estabelecimento industrial ou na importação.	Variável, de acordo com a classificação do produto.
IOF	Operações de crédito, câmbio, seguros e sobre títulos e valores mobiliários.	Variável, de acordo com a natureza da operação – 0% a 5,38%.
CSL	Lucro líquido ajustado.	9% ou 15%.
PIS (dedutível)	Faturamento (receita bruta da empresa).	1,65% sob o regime não cumulativo e 0,65% para o regime cumulativo.
Cofins (dedutível)	Faturamento (receita bruta da empresa).	7,6% sob o regime não cumulativo e 3% para o regime cumulativo e 4% para instituições financeiras.
Cide – Remessas ao Exterior	Pagamento de *royalties* e remuneração por transferência de tecnologia do exterior e prestação de serviços técnicos.	10%.
Cide – combustíveis	Comercialização e importação de combustíveis.	Variável, dependendo da natureza do combustível.
ICMS	Valor da operação.	7% a 33%.
ISS	Preço dos serviços.	2% a 5%.
II	Valor aduaneiro do produto (CIF).	0% a 35%.
IE	Saída do território brasileiro de produto nacional ou nacionalizado, indicados por ato da Camex.	Em regra 30%, sendo possível a determinação de outras alíquotas, até o limite de 150%. Atualmente, todavia, grande parte dos produtos goza de alíquota zero.

Fonte: SMEToolkit, 2009.

Matéria-prima envolvida

Em termos de definição das características da matéria-prima (envolvida em cada processo produtivo da nossa empresa), é interessante que conste em nosso plano operacional a forma como esse elemento deve ser tratado e quais os cuidados a serem tomados, devendo-se observar as características que devem ser consideradas de acordo com o tipo de produto ou serviço que envolve.

> **Inicialmente, podemos alertar para o fato de que matéria-prima é todo objeto ou serviço recebido por um processo (entrada), de forma a contribuir para a transformação em um produto ou serviço acabado para aquele processo, com valor agregado (saída).**

Termos o foco na qualidade é, portanto, o ponto central desse elemento, qualidade que pode ser medida pela satisfação do consumidor da matéria-prima. A iniciativa de procedermos à inspeção inicial dos insumos adquiridos, estendendo esse processo por todas as áreas da empresa e pessoas envolvidas, pode contribuir para as especificações corretas do que desejamos (Rocha, 1995).

É importante entendermos que inspeção é um processo construído pela consciência de que todos devem buscar o aperfeiçoamento de processos e produtos, ocorrendo em todas as fases dos processos, com cada pessoa assumindo plenamente o que faz (Ishikawa, 1993).

Podemos fazer uso de um controle de qualidade (CQ), apresentado por Ishikawa (1993), que é de grande utilidade para definirmos a política de qualidade quanto ao controle de insumos (matéria-prima). Para isso, de acordo com Rocha (1995), devemos considerar as seguintes atribuições:

- efetuar um plano de inspeções de recebimento de insumos (comprados, adquiridos, doados etc.), com relacionamento das inconformidades em relatório específico (que devemos anexar ao plano operacional);

- rotineiramente efetuar inspeções no fluxo de produção, quanto a máquinas, pessoas e insumos para executar com qualidade as operações de produção;
- inspecionar o produto/serviço acabado, verificando se está nos padrões (metas) estipulados, anotando as inconformidades para futura melhoria dos processos;
- verificar o estado de funcionamento e conservação de equipamentos, anotando as inconformidades para futura melhoria dos processos;
- difundir a mentalidade de melhoria contínua entre os membros da empresa;
- escolher e implantar métodos estatísticos de acompanhamento e controle da qualidade de todo o material e equipamentos;
- conferir índices de perdas, desperdício e má distribuição de insumos nas áreas da empresa;
- rejeitar produtos defeituosos, tanto no recebimento quanto na expedição, anotando as inconformidades para futura melhoria dos processos.

Outras medidas podem garantir a qualidade da matéria-prima à nossa empresa, como desenvolvimento e apresentação de um plano de treinamento aos executores das tarefas, bem como planos de melhoria contínua de processos e de melhoria sistemática de qualidade; distribuição de responsabilidades quanto ao controle da qualidade; desenvolvimento e distribuição de dados e gráficos de qualidade e outros aspectos que interferem na manutenção da matéria-prima envolvida nos processos da nossa empresa.

Processos e operações

De acordo com Rados et al. (2000, p. 5), **um processo é "uma série de tarefas logicamente inter-relacionadas que, quando executadas, produzem resultados esperados"**. A Figura 5.5 a seguir apresenta o esquema geral de um processo – as entradas correspondem aos insumos, o quadrado representa o processo em si, que executa a transformação dos elementos de entrada e que devem agregar valor ao mesmo de forma a fornecer uma saída aos clientes (internos e/ou externos).

Figura 5.5 – Esquema geral de um processo

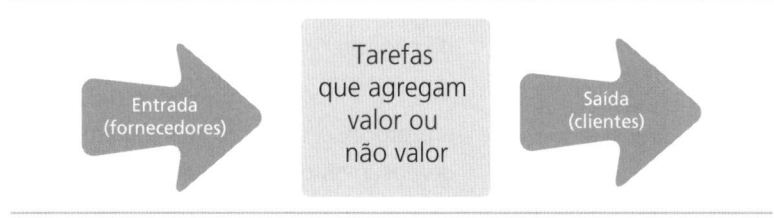

Entrada (fornecedores) → Tarefas que agregam valor ou não valor → Saída (clientes)

Fonte: Rados et al., 2000, p. 6.

Na Figura 5.6 a seguir, podemos perceber que os fornecedores podem ser entidades internas ou externas à empresa, compostas por pessoas ou empresas que suprem, através de informações, documentos e outros insumos, o processo. Processos são ações planejadas e executadas, para a geração de um produto ou serviço. O produto gerado pelo processo de transformação é o bem físico ou um serviço, com determinadas características que satisfazem as necessidades do cliente (interno e/o externo), pois essa é a razão de ser de toda e qualquer atividade executada pelo processo.

Figura 5.6 – Visão estendida de um processo

Variações aleatórias

Entradas		Saída
Terra		Bens
Mão de obra	Processo de transformação	Serviços
Matéria-prima		Terra modificada
Capital		Capital modificado
Tecnologia	**Controle** Real x Desejado	Tecnologia
Métodos		Métodos modificados

Fonte: Rados et al., 2000, p. 17.

> O produto gerado pelo processo de transformação é o bem físico ou um serviço, com determinadas características que satisfazem as necessidades do cliente (interno e/o externo), pois essa é a razão de ser de toda e qualquer atividade executada pelo processo.

Um processo é uma organização de pessoas, equipamentos, esforços, informações e procedimentos (ações) agregados em atividades de trabalho logicamente inter-relacionadas para atingir os objetivos do negócio.

É importante termos em mente que um processo deve ser definido em forma de documento, descrito em termos de necessidades e medidas estabelecidas. Ele é repetitivo, ou seja, possui atividades cíclicas, devendo ser entendido e seguido consistentemente. Deve também ser previsível, ou seja, estável em toda a sua operacionalização, além de ser aplicável a todos os níveis da organização.

Os processos possuem características básicas que dão suporte à implantação do gerenciamento. Rados et al. (2000, p. 10) listam cinco elementos:

- **Fluxo de valor**: Transformação de entradas e saídas, com a utilização de recursos da empresa aos processos e a esperada agregação de valor, ilustrado na Figura 5.7 a seguir.
- **Eficácia**: Grau com que as expectativas do cliente são atendidas. Ser eficaz é fazer o que o cliente quer.
- **Eficiência**: Grau de aproveitamento dos recursos para gerar uma saída. Ser eficiente é fazer da melhor forma para a empresa o que o cliente quer (otimizando o processo).
- **Tempo de ciclo**: Tempo necessário para transformar uma entrada em uma saída. É desejável que o tempo de ciclo seja o menor possível.
- **Custo**: Recursos despendidos no processo.

capítulo 5

Figura 5.7 – Fluxo de valor

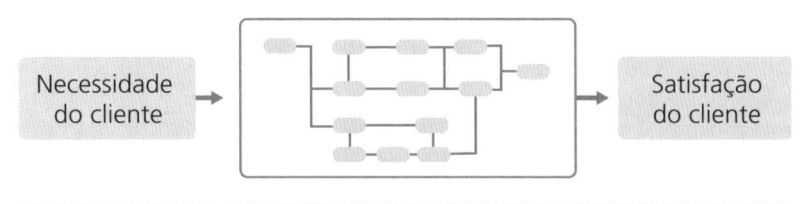

[Necessidade do cliente] → [...] → [Satisfação do cliente]

Fonte: Rados et al., 2000, p. 44.

Uma vez entendida a definição de processos, nosso plano operacional deve agregar o pensamento sistêmico ao gerenciamento de processos.

A base para o gerenciamento do processo é defina pelo entendimento do processo por parte do gestor, sendo então necessária a divulgação a todos os envolvidos no processo de que uma melhoria pode ser aplicada neste, informando qual a melhoria, bem como indicar a ferramenta e o método que será aplicado para apoiar essa melhoria. Uma vez aplicado o método de melhoria, o gestor deve executar um monitoramento sobre o processo a fim de verificar se o método surtiu efeito, ou seja, se incrementou a eficiência e a eficácia do processo, divulgando a todos os envolvidos os resultados encontrados. A esse conjunto de atividades damos o nome de *gerenciamento de processo para melhoria contínua*, procurando atender às expectativas dos clientes internos e externos ao processo.

Com isso, devemos ter uma clara definição dos processos em nosso plano operacional, de forma a permitir a identificação e a análise de cada um para futura aplicação de melhorias, se possível.

Assim, os interessados no nosso negócio terão a certeza de que estamos preocupados em apresentar a visão ampla e horizontal do nosso empreendimento com o gerenciamento dos processos organizacionais, a fim de proporcionarmos o atendimento das necessidades dos clientes, com processos claramente definidos em termos de atividades (ações) a serem executadas dentro de um padrão de qualidade definida pela equipe de qualidade, atendendo às políticas de qualidade da empresa.

> A base para o gerenciamento do processo é definada pelo entendimento do processo por parte do gestor

> O sistema de processos pode conter informações a respeito da empresa e de seus processos, além de documentos e procedimentos da empresa.

Isso é altamente recomendável no nível dos processos e seu respectivo gerenciamento, pois com essa atitude iremos demonstrar o conhecimento global dos processos, ou seja, iremos descrever a melhor utilização dos recursos em termos de otimização e priorização, a melhoria nas comunicações entre os setores produtivos e o maior envolvimento dos funcionários, em todos os níveis.

Ao implantarmos a descrição de processos e a metodologia de gerenciamento de processos, estaremos explicitando nossa preocupação na busca incessante de melhorias: buscar motivação e criatividade no trabalho dos processos.

Aliado ao gerenciamento de processos, podemos adicionar ao nosso plano operacional a especificação de um sistema de gestão da qualidade, que pode ser elaborado com base nos princípios de gestão da qualidade, no intuito de garantirmos a satisfação dos clientes e as necessidades de acionistas, através do desenvolvimento, monitoramento e análise crítica de processos.

O resultado pode ser o desenvolvimento de um manual do sistema de processos da nossa empresa, tornando-se uma ferramenta para guiar o estabelecimento, a implementação e a manutenção do sistema de qualidade, bem como a melhoria contínua de sua eficácia dentro dos requisitos contidos nas normas ISO, por exemplo. A versão em formato eletrônico é uma evolução em relação à versão em papel, pois aumenta a funcionalidade e a interatividade na representação dos processos da organização, bem como os descreve objetivamente, facilitando sua compreensão.

O sistema de processos pode conter informações a respeito da empresa e de seus processos, além de documentos e procedimentos da empresa. O desdobramento do sistema da qualidade pode ocorrer por meio dessas informações que podem, inclusive, ser disponibilizados aos colaboradores.

Em se tratando de melhoria contínua, o sistema deve ser planejado de forma a permitir uma análise contínua pela direção, bem como deve estar envolvido com os processos, com o objetivo de melhorá-los e responder adequadamente aos requisitos de clientes e acionistas. Na análise realizada, devemos deixar claro que iremos analisar alguns pontos, tais como:

- atenção aos requisitos dos clientes, com *feedback* imediato;
- divulgação das auditorias realizadas nos processos;
- eficiência e eficácia demonstradas no monitoramento dos processos;
- plano de ações para manutenções corretivas e preventivas nos processos com devida documentação (que podem ser descritas em procedimentos operacionais padrão);
- identificar, analisar, melhorar e monitorar ações de melhoria aos processos, envolvendo os níveis tático e estratégico nesse processo;
- aplicar recursos na equipe de monitoramento da qualidade dos processos – qualificando-os com novas tecnologias, novos processos de monitoramento etc.;
- outros pontos que julgarmos necessários.

Essas análises permitirão a definição de ações para a melhoria da eficácia do sistema de processos, bem como para a melhoria do produto em relação aos requisitos do cliente e à necessidade de recursos para tal.

A orientação dos processos deve, dessa forma, basear-se nos requisitos do cliente e dos acionistas, tendo por finalidade a melhoria contínua de nossos processos, visando à qualidade para o atendimento das necessidades do cliente e dos acionistas.

Fluxograma operacional

Um fluxograma é um diagrama que representa um processo por meio gráfico, apresentando o fluxo de atividades e informações. Para que isso seja possível, é necessário realizar um mapeamento das atividades de cada processo que envolve os sistemas da sua empresa.

Preste atenção

Mapear processos, ou melhor, mapear atividades, é tarefa primordial para termos uma leitura da empresa, dos sistemas de trabalho e, consequentemente, dos processos, dos subprocessos, das atividades, das tarefas e das ações, em ordem hierárquica de visão, que, dependendo do nível de abstração que desejamos, obtém uma "fotografia" da empresa e dos seus setores/departamentos.

Mapeamos processos de forma a obtermos a visão do caminho que os dados, as informações e os recursos envolvidos percorrem no sistema, permitindo tomadas de decisão quando se pensa em reformulação, alteração ou melhoria de ações nos mesmos.

Segundo Oliveira (2002, p. 256), **a ferramenta mais recomendada para realizarmos o mapeamento de processos é o fluxograma**, que demonstra "a representação gráfica que apresenta a sequência de um trabalho de forma analítica, caracterizando as operações, os responsáveis e as unidades organizacionais envolvidos no processo", enfatizando os diferentes tipos de representação gráfica que podemos utilizar: fluxograma vertical, fluxograma parcial ou descritivo e fluxograma global ou de coluna, todos devendo apresentar objetividade, coerência, precisão e simplicidade.

Oliveira (2002, p. 257-259) ainda apresenta as vantagens do uso do fluxograma para mapear processos:

> Apresentação real do funcionamento de todos os componentes de um método administrativo. Esse aspecto proporciona e facilita a análise da eficiência do sistema.
>
> Possibilidade da apresentação de uma filosofia de administração, atuando, principalmente, como fator psicológico.
>
> Possibilidade de visualização integrada de um método administrativo, o que facilita o exame de vários componente do sistema e de suas possíveis repercussões, tanto positivo quanto negativo. Normalmente, os outros métodos apresentam um mecanismo de leitura mais lento e menos claro, o que pode dificultar nossa análise.
>
> Propiciar o levantamento e a análise de qualquer método administrativo, desde o mais simples ao mais complexo, desde o mais específico ao de maior abrangência.
>
> Propiciar o uso de convenções de simbologias, o que possibilita uma leitura mais simples e lógica do processo, tanto por parte dos especialistas em métodos administrativos, quanto por seus usuários.

Possibilidade de identificação mais fácil e rápida dos pontos fortes e fracos do método administrativo considerado.

Propiciar a atualização e manutenção do método administrativo de maneira mais adequada, pela melhor clareza das alterações introduzidas, incluindo suas causas e efeitos.

No Quadro 5.3 vemos o fluxograma parcial (ou descritivo), que é recomendado, segundo Oliveira (2002, p. 257-261), para rotinas que envolvem poucas unidades organizacionais.

Quadro 5.3 – Simbologia do fluxograma

Símbolo	Significado	Símbolo	Significado
	Terminal		Operação
	Executante ou responsável		Documento
	Arquivo		Decisão
	Conferência		Conector de página
	Conector de rotina		Sentido de circulação / Documentos Informações orais
			Material

Fonte: Oliveira, 2002, p. 267.

É interessante utilizarmos esse instrumento para mapearmos nossos processos e permitirmos a visualização destes por parte dos acionistas e interessados no nosso plano de negócio. A simbologia do fluxograma, demonstrada no quadro anteriormente visto, pode e deve ser adaptada e utilizada para o mapeamento das atividades dos setores de nossa empresa.

Um exemplo de aplicação do fluxograma pode ser visto na Figura 5.8 a seguir, no qual foram mapeadas as atividades de um setor para uma empresa que trabalha na indústria de mineração quanto ao processo de britagem:

Figura 5.8 – Exemplo de fluxograma do processo de britagem (controle da granulometria)

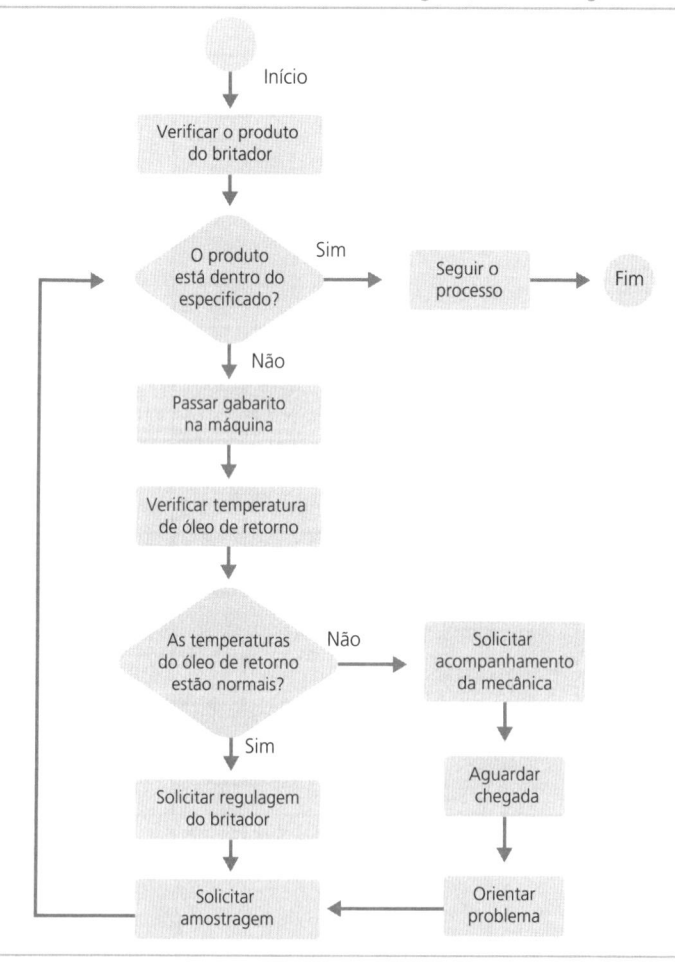

```
Início
  ↓
Verificar o produto do britador
  ↓
O produto está dentro do especificado? ──Sim──> Seguir o processo ──> Fim
  ↓ Não
Passar gabarito na máquina
  ↓
Verificar temperatura de óleo de retorno
  ↓
As temperaturas do óleo de retorno estão normais? ──Não──> Solicitar acompanhamento da mecânica
  ↓ Sim                                                        ↓
Solicitar regulagem do britador                            Aguardar chegada
  ↓                                                            ↓
Solicitar amostragem <────────────────────────────────── Orientar problema
  ↑
  └── (retorna para "O produto está dentro do especificado?")
```

Plano operacional

5.1.12 Identificação dos processos críticos: gargalo

A identificação dos processos críticos, também referenciados como gargalos, pode ser feita com o uso dos fluxogramas, com o qual devemos identificar o processo, analisar e destacar sua importância.

Processos críticos são aqueles essenciais para a execução de uma atividade e, segundo Costa et al. (2009),

> devem ser mapeados e analisados pelos seus donos e a melhoria contínua deve ser agente motivador para levar a empresa a buscar qualidade e produtividade. Entre estes processos críticos não se pode esquecer dos processos empresariais que, atualmente, são até mais importantes para a competitividade do que os processos de produção.

Nessa etapa, devemos observar a execução das atividades, descrever e registrar cada uma delas no formulário que apresenta o procedimento operacional padrão (POP) existente na empresa. Os documentos pertinentes a cada procedimento devem ser identificados e anexados ao formulário.

Importante

O mapeamento das atividades desenvolvidas e seu respectivo fluxograma devem ser revisados pelo responsável pela execução da atividade e aprovados pelo coordenador geral do setor relacionado, envolvendo responsabilidades, pois cada processo crítico deve possuir um responsável pela gestão dos subprocessos que o envolvem, incluindo pessoas, material, recursos, orçamento, tempo, entre outros elementos que compõem o processo.

Os procedimentos registrados são então analisados com relação ao fluxo informacional e de documentos, permitindo-nos identificar os processos críticos e a sugestão de melhorias para a realização da atividade e repasse de informações aos envolvidos no processo. Essas observações devem ser feitas levando-se em conta a necessidade informacional para a execução das atividades, de forma a evitar que se "trave" o sistema de produção/execução, reduzindo custos monetários, encurtando o tempo ou melhorando a forma de aplicar recursos.

Podemos ver um exemplo na identificação dos processos críticos na reação em cadeia do aprimoramento da qualidade (Figura 5.9), no qual inicialmente são identificados os processos gerais.

Figura 5.9 – Processos gerais na reação em cadeia do aprimoramento da qualidade

Aprimoramento da qualidade → Menores taxas de retrabalho e de refugo → Redução de erros e atrasos → Melhor utilização do tempo de máquina e dos insumos → Aumento da produtividade → Preços mais competitivos → Incremento nas vendas → Maior participação no mercado → Expansão dos negócios → Geração de empregos

Em seguida, os processos críticos são analisados e identificados (Figura 5.10), devendo receber atenção para melhoria da qualidade:

Figura 5.10 – Processos gerais na reação em cadeia do aprimoramento da qualidade II

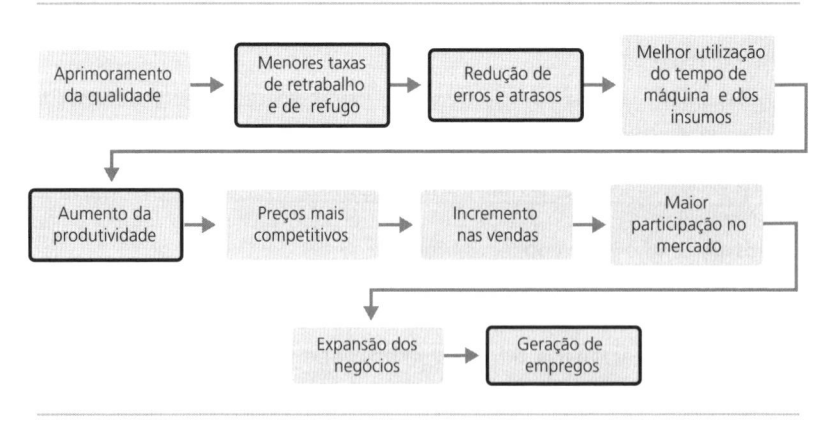

Aprimoramento da qualidade → **Menores taxas de retrabalho e de refugo** → **Redução de erros e atrasos** → Melhor utilização do tempo de máquina e dos insumos → **Aumento da produtividade** → Preços mais competitivos → Incremento nas vendas → Maior participação no mercado → Expansão dos negócios → **Geração de empregos**

Instalações e arranjo físico quanto a equipamentos e materiais

Arranjos físicos devem ser planejados! Isso significa que devemos decidir sobre a distribuição da localização dos centros de trabalho da nossa empresa – equipamentos, mão de obra e circulação – de modo a tornarmos mais fácil e produtiva a circulação da produção.

A distribuição da localização física (arranjos físicos) de máquinas, postos de trabalho, equipamentos, homens, áreas de circulação, unidades de apoio e outros equipamentos e materiais que ocupam espaço na empresa deve ser feita segundo um critério de produção, segurança e funcionalidade dos processos produtivos, de forma a tornar eficiente e eficaz o ambiente de trabalho, sendo este o conceito de *layout* apresentado por Rocha (1995).

> **Podemos considerar em nosso plano operacional que o fluxo da produção (equipamentos e materiais) e de pessoas afeta a capacidade produtiva. A racionalização adequada dessa distribuição, com processos bem definidos, contribui para o aumento da produtividade da empresa.**

Outra consideração importante diz respeito ao planejamento de futuras alterações nas instalações. Geralmente, mudanças de arranjo físico importam em custos e gastos de dinheiro, tempo, esforço, energia e paciência por dificuldades técnicas e de espaço, podendo causar interrupções indesejáveis no ciclo de produção da nossa empresa.

As necessidades de planejarmos futuras alterações no arranjo físico levam em consideração fatores como taxas de acidente, ineficiência nas operações, mudanças no produto ou no serviço, aumento ou diminuição do volume de produção, mudança de clientes ou fornecedores, entre outros que ocasionam mudanças de arranjos e sistemas de movimentação.

Segundo Stevenson (2001), os arranjos físicos podem ter modelos diferenciados de acordo com seu foco:

- *layout* por produto, que envolve um sistema de produção contínua;
- *layout* por processo, que envolve ao sistema de produção por fluxos, lotes ou encomendas;
- *layout* de posição fixa, que corresponde ao sistema de produção por projetos.
- modelo carga/distância, que considera o envolvimento de vários setores/departamentos, necessidades de carga envolvida e número de deslocamentos (viagens) necessários para a produção; devemos estudar esse modelo para planejarmos os critérios desse arranjo físico.
- modelo simulado por computador, que apresenta as diversas possibilidades e alternativas para melhor gerenciar o fluxo de materiais e pessoas, seguindo critérios preestabelecidos como parâmetros de entrada (existem sistemas computacionais que podem lhe auxiliar nesse sentido).

Contudo, devemos estudar e considerar as características dos arranjos físicos clássicos:

- **Arranjo físico posicional** (Figura 5.11): Citado por Oliverio (1985, p. 174), por Groover (1987, p. 28) e por Black (1991, p. 53).

Figura 5.11 – Arranjo físico posicional

Fonte: Adaptado de Groover, 1987, p. 29.

capítulo 5

- **Arranjo físico funcional** (Figura 5.12): Descrito por Oliverio (1985, p. 174), Black (1991, p. 56) e Tompkins et al. (1996, p. 288).

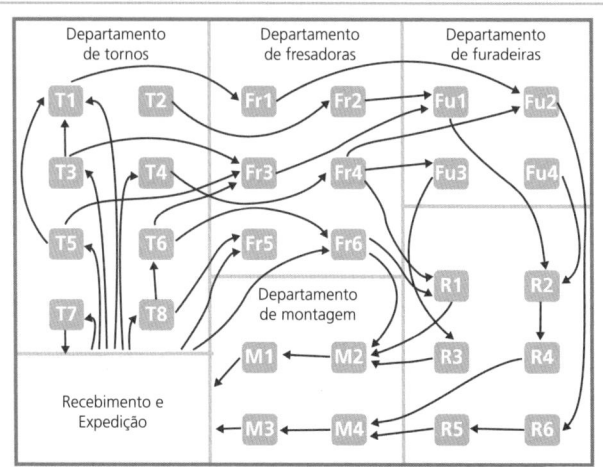

Figura 5.12 – Arranjo físico funcional

Fonte: Adaptado de Black, 1991, p. 55.

- **Arranjo físico em linha** (Figura 5.13): Descrito por Black (1991, p. 58), Oliverio (1985, p. 175) e Groover (1987, p. 28).

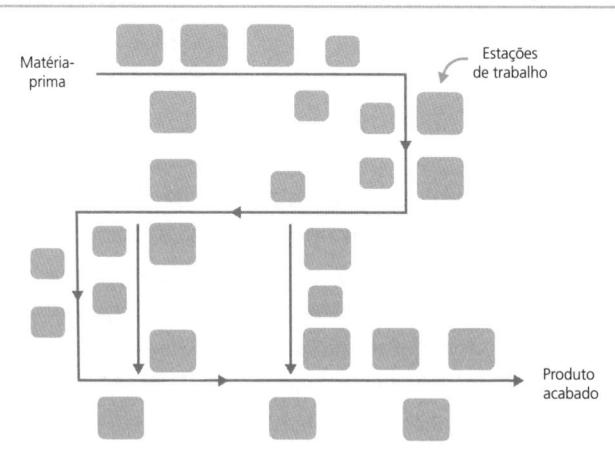

Figura 5.13– Arranjo físico em linha

Fonte: Adaptado de Groover, 1987, p. 29.

Arranjo físico celular (Figura 5.14): Descrito por Mitrofanov na década de 1960 e apresentado por Groover e Zimmers (1984, p. 275) e Black (1991, p. 64).

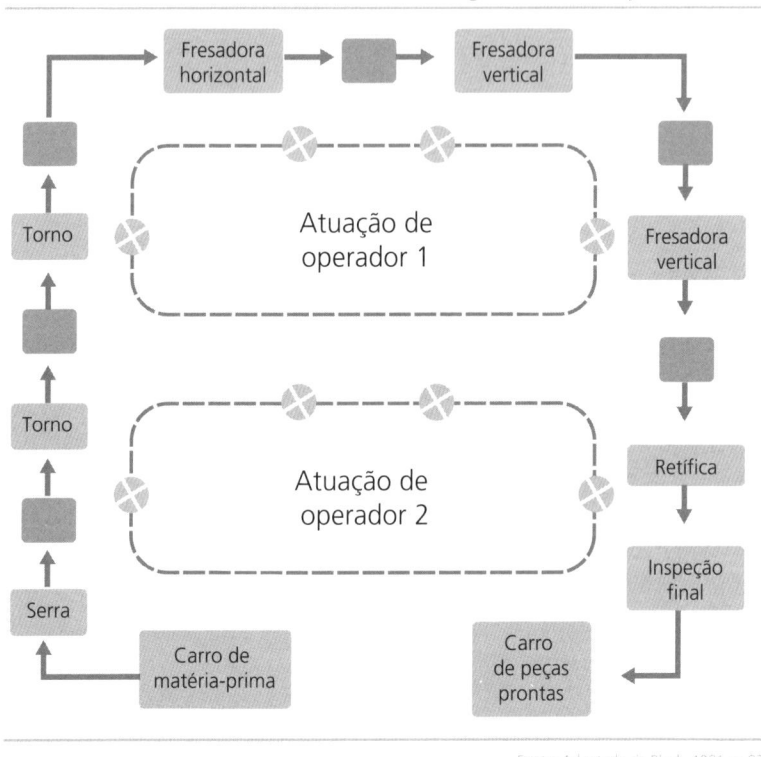

Figura 5.14 – Arranjo físico celular

Fonte: Adaptado de Black, 1991, p. 93.

Assim como devemos estudar os arranjos físicos clássicos, devemos também nos inteirar das novas tendências de arranjos físicos. Por exemplo:

- **Arranjo físico ágil**: Descrito por Benjaafar, Heragu e Irani (2002, p. 71) e Montreuil et al. (1993, p. 1).
- **Células virtuais de manufatura** (Figura 5.15): Descritas por Irani, Cavalier e Cohen (1993, p. 793), Ko e Egbelu (2003, p. 2.367), Mclean, Bloom e Hopp (1983, p. 108) e Sarker e Li (2001, p. 673).

capítulo 5

Figura 5.15 – Arranjo físico por células virtuais

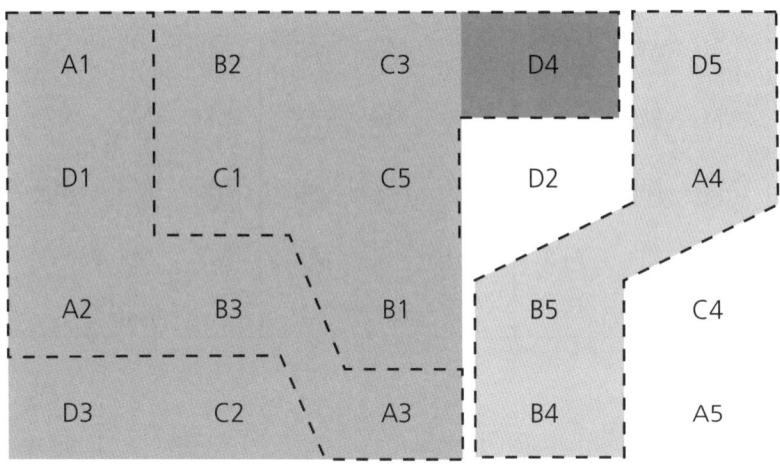

A1	B2	C3	D4	D5
D1	C1	C5	D2	A4
A2	B3	B1	B5	C4
D3	C2	A3	B4	A5

Fonte: Adaptado de Sarker; Li, 2001, p. 674.

- **Arranjo físico holônico**: Descrito por Askin, Ciarallo e Lundgren (1999, p. 962-964), Ozcelik e Islier (2003, p. 2.712), Baykasoglu (2003, p. 2.599), Montreuil et al. (1993), McFarlane (1995), Bussmann e McFarlane (1999), Wang (2001), Wullink, Giebels e Kals (2002), Cheng, Chang e Wu (2004) e Kriz (1995).
- **Arranjo físico modular**: Descrito por Irani e Huang (2000), pode ser módulo fluxo em linha (*flowline module*), módulo fluxo em linha ramificado (*branched flowline module*), módulo célula (*cell module*), módulo centro de usinagem (*machine center module*), módulo funcional (*functional layout module*) ou módulo fluxo padronizado (*patterned flow module*).
- **Arranjo físico fractal** (Figura 5.16): Descrito por Saad e Lassila (2004, p. 3.530), proposto por Warnecke (1993), Venkatadri, Rardin e Montreuil (1997, p. 912) e Montreuil, Venkatadri e Rardin (1999).

Figura 5.16 – Arranjo físico fractal

Célula 1	Célula 2	Célula 3
M2 M3	M5 M2 M9	M2
M4 M5 M6	M5 M4 M3	M8 M3 M6
M5 M8 M9	M8 M7 M6	M5 M4 M9
M1 M7	M9 M2 M1	M7 M1 M2

Fonte: Adaptado de Montreuil; Venkatadri; Rardin, 1999, p. 912.

- **Arranjo físico distribuído** (Figura 5.17): Descrito por Benjaafar, Heragu e Irani (2002, p. 66), Montreuil, Venkatadri e Lefrançois (1991, p. 10), Benjaafar e Sheikhzadeh (2000, p. 318) e Lahmar e Benjaafar (2002, p. 3).

Figura 5.17 – Arranjo físico distribuído

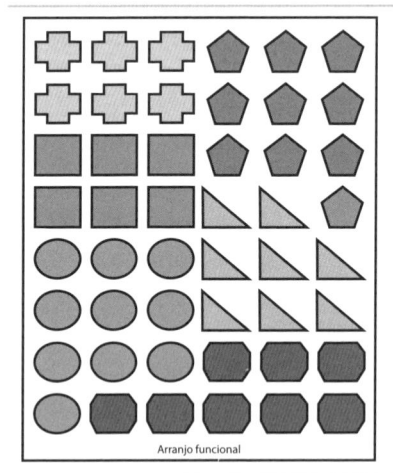

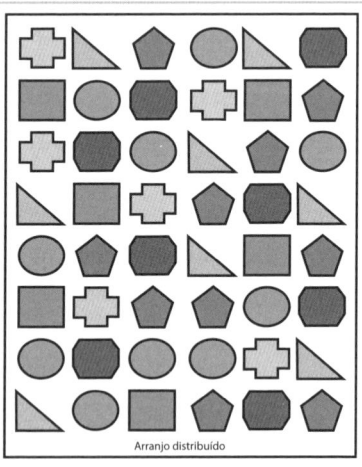

Arranjo funcional | Arranjo distribuído

Fonte: Adaptado de Benjaafar; Heragu; Irani, 2002, p. 67.

- **Arranjo físico parcialmente distribuído** (Figura 5.18): Descrito por Benjaafar e Sheikhzadeh (2000).

Figura 5.18 – Arranjo físico parcialmente distribuído

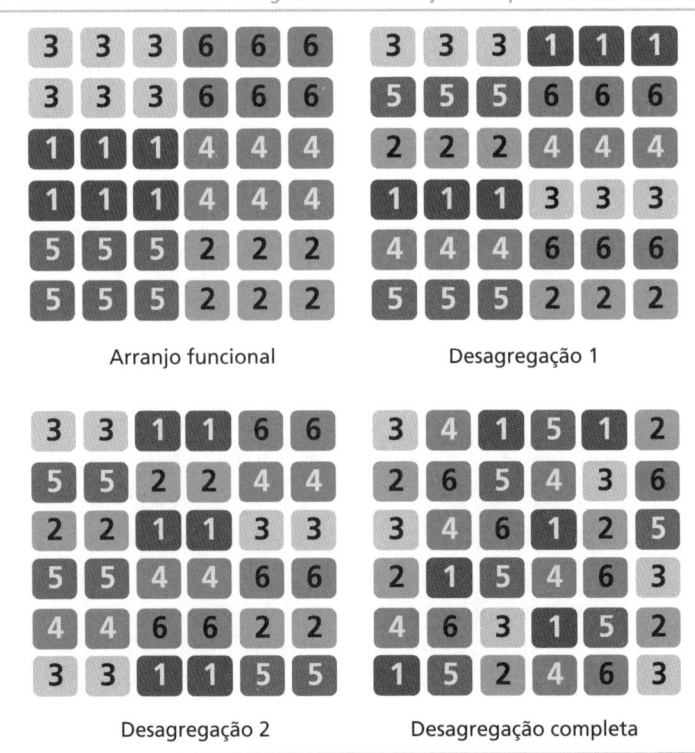

Arranjo funcional	Desagregação 1

Desagregação 2	Desagregação completa

Fonte: Adaptado de Benjaafar; Sheikhzadeh, 2000, p. 320.

Além de determinarmos o tipo de arranjo físico em nossa empresa, precisamos explicar em nosso plano operacional as formas de modificações progressivas ou imediatas que forem necessárias no *layout* quando da aquisição de novos equipamentos ou materiais.

Ainda de acordo com Rocha (1995), o objetivo principal do correto arranjo físico é obter operações econômicas e otimizadas para:

- maximizar o potencial uso do espaço;
- facilitar o fluxo da produção;
- oferecer condições de trabalho seguras e eficientes aos operadores;
- evitar investimentos desnecessários;
- facilitar e aperfeiçoar o tempo de manutenção;
- obter soluções flexíveis quando necessário.

O desenho dos arranjos físicos pode ser elaborado em linha, quando o foco é o produto, ou de forma funcional, quando o foco é o processo. Tudo depende das características do nosso produto e/ou serviço, em que ambas as linhas possuem suas vantagens e desvantagens em relação à outra. Nesse caso, devemos considerar os seguintes fatores na determinação da área e da disposição dos equipamentos e materiais:

- dimensões, peso, quantidades, características físico-químicas, entre outras dos produtos e das matérias-primas utilizadas;
- capacidade, eficiência, quantidade produzida, necessidade de energia consumida, dimensão e espaço das máquinas e equipamentos;
- bem-estar, segurança, movimentação e condições ambientais para que os colaboradores realizem suas tarefas;
- características do tipo de transporte dos materiais e matéria-prima utilizados e produzidos (esteira, carros, roletes, guindaste, trator, empilhadeiras etc.);
- área de descanso dos produtos em processo;
- área social, de recreação ou movimentação de pessoas visitantes (auditores, técnicos, acionistas, entre outros);
- outras características próprias que seguem o ramo e objetivo de cada empresa.

Além dessas características, o que devemos observar e descrever no nosso plano operacional são as seguintes considerações:

- definir claramente os objetivos de cada *layout* – quantidade e qualidade a ser produzida;
- definir as metas de produção, com fluxograma que otimize a movimentação de equipamentos, material e pessoal;
- definir as prioridades dos processos, equipamentos, quantidades de material e produção em termos de localização e movimentação;
- definir cada espaço de acordo com as necessidades, compatibilizando e flexibilizando futuras alterações (expansão ou retração, movimentações, circulação, tempo etc.);

- definir a disposição física dos setores produtivos mediante cálculos de produção (pesquisa operacional, matriz de produção, entre outras técnicas);
- definir o dimensionamento do número de máquinas (também mediante cálculos);
- definir o tempo e os parâmetros da produção para redefinir *layout* (mediante cálculos);
- definir o balanceamento de linhas de produção, obedecendo ao arranjo escolhido;
- ouvir as pessoas envolvidas no processo – são as que mais conhecem e podem ajudar o processo de melhoria contínua dos *layouts*.

Como visto, a definição do arranjo físico não só depende do tipo de produto a ser produzido, mas também do espaço e do tipo de trabalho a ser executado sobre ele. Combinando arranjos físicos diferentes, aliado ao controle dos processos, mediante a metodologia de melhoria contínua destes, agregando o processo de monitoramento do cronograma das atividades e dos respectivos recursos empregados em cada um, poderemos ter a clara visão do processo, descrevendo-o no plano operacional. Como adicionante, vamos estudar os recursos humanos e as características inerentes a esse element o do nosso plano na próxima seção.

5.1.14 Recursos humanos

Quando trabalharmos operacionalmente com recursos humanos, devemos prestar uma grande atenção a esse trabalho, pois estamos trabalhando com "pessoas" e, como dito anteriormente, um fator muito importante das pessoas é a grande capacidade delas de se adaptarem e de apresentarem seus pontos de vista, que se traduzem em inovação. E inovação só vem de pessoas, não de máquinas! Por isso, organizar e gerenciar a equipe de pessoas com que iremos trabalhar no projeto é importante.

Podemos começar envolvendo as pessoas que trabalharão conosco já na fase de planejamento do nosso plano de negócios. Assim, poderemos montar uma equipe que conhece todo o escopo da nossa ideia desde o início. Os membros do grupo passam então a ter compromissos com o projeto e uns com os outros, o que se traduz em especialização de ações.

Planejamento, controle das atividades e da qualidade passam a ser ações da equipe, coordenadas pelo líder. Trabalhando junto com a equipe está o patrocinador, auxiliando com questões como recursos e agentes financeiros e investidores, esclarecendo questões referentes ao contexto do projeto junto a pessoas interessadas e que podem beneficiar o projeto.

De acordo com o *Guia PMBOK* (PMI, 2004), os processos de gerenciamento dos recursos humanos em um projeto devem incluir os seguintes fatores:

- **Planejamento de recursos humanos**: Devemos identificar e documentar as funções, responsabilidades e relações hierárquicas do projeto, além de criar o plano de gerenciamento pessoal, cujos passos de construção podem ser referenciados no próprio *Guia PMBOK* (PMI, 2004).
- **Contratação ou mobilização da equipe de projeto**: Precisamos obter os recursos humanos necessários para implementarmos e terminarmos o projeto.
- **Desenvolvimento da equipe de projeto**: Devemos procurar incentivos para melhorarmos as competências e para aumentarmos a interatividade da equipe de modo a aprimorarmos o desempenho do projeto.
- **Gerenciamento da equipe de projeto**: É de fundamental importância acompanharmos o desempenho de membros da equipe, fornecendo os retornos necessários (*feedback*). Devemos também resolver problemas e coordenar mudanças para melhorarmos a eficiência do projeto.

O *Guia PMBOK* (PMI, 2004) ainda nos recomenda um esforço maior na procura pela integração desses processos nas outras áreas de conhecimento do projeto, nas quais pode ocorrer a sobreposição das ações, o que é inclusive saudável para a equipe, proporcionando uma integração com membros de outras equipes: gerenciamento de riscos, comunicações, aquisições e outras.

O fator que devemos enfatizar é a mobilidade dos membros da equipe, ou seja, a locação de cada um e a correta designação de como e quando devem executar suas atividades! Por exemplo: se, por acaso, optarmos pela definição de tarefas a um membro da equipe e, no decorrer do projeto, verificarmos que devemos contratar outra pessoa para nos auxiliar, é possível que esse novo colaborador seja mais eficiente e mais eficaz que o anterior. Isso pode causar competição por competências, podendo provocar mudanças nas atividades, como duração, resultados, custos, entre outros.

Por isso, devemos dar um alerta: o mapeamento correto das competências e alocação dos recursos humanos nas seções corretas irá nos proporcionar maior conforto no controle das atividades e facilidade no acompanhamento da qualidade dos serviços ou produção dos produtos.

> O fator que devemos enfatizar é a mobilidade dos membros da equipe, ou seja, a localização de cada um e a correta designação de como e quando devem executar suas atividades!

Outro alerta diz respeito à segurança das pessoas quando da execução das suas atividades: uso de equipamentos de proteção individual (EPIs), senhas, acessos a determinadas áreas físicas, acesso a documentos, entre outros.

Devemos pensar e agir para interagirmos com membros do projeto de forma que fique claro que somos gestores da equipe do projeto, contemplando o acompanhamento do desempenho dos membros da equipe, o fornecimento de *feedback*, a resolução de problemas e a coordenação de mudanças para melhorarmos o desempenho do projeto. Esse processo pode ser complicado quando membros da equipe prestam contas para um gerente funcional e um gerente de projetos dentro de uma organização matricial. **O gerenciamento eficaz dessa dupla muitas vezes é um fator crítico de sucesso para o projeto**, sendo que em geral é responsabilidade do gerente de projetos.

Logística

Esse assunto se refere à logística de distribuição, que envolve todo o **processo de distribuição física dos produtos** (e, por que não, dos serviços). Por isso, em nosso plano operacional devemos considerar os seguintes fatores:

- **Transporte**: Sua função é estabelecer um canal que permita movimentar a produção desde o produtor até o vendedor, e deste até o consumidor, sendo um dos processos que mais requerem recursos no sistema de produção de bens. O modal de transporte deve então ser considerado em nosso plano operacional, designando o tipo básico a ser utilizado, bem como a descrição de suas especificações.
- **Armazenamento**: Consiste no processo que mais requer recursos depois do transporte. Nesse processo são utilizados depósitos, locais de armazenamento, contêineres, e outros recursos (próprios ou alugados) para a guarda (provisória ou de longo prazo) da produção.
- **Gerenciamento de estoque**: É o conjunto de ações que envolvem o controle do armazenamento e os custos envolvidos para essa ação sobre a produção. Um estudo dos diversos sistemas de gerenciamento de estoque (como *just-in-time* – modelo Toyota, entre outros) é interessante para que tenhamos uma clara ideia da relação custo-benefício de cada modelo.
- **Processamento de pedidos**: São ações que culminam com a identificação, a análise, o processamento e a distribuição de itens de produtos que compõem um pedido de determinada produção. Usam-se sistemas informatizados, ligados em rede de dados (locais ou distribuídos) para agilizar o processo de recebimento e expedição de produtos, agilizando o modelo de transporte e fluidez dos bem da empresa. Devemos verificar que tipo de gerenciamento de estoques escolhido pode influenciar esse processo.
- **Gerenciamento da distribuição física**: Envolve o conjunto de ações e decisões acerca dos serviços a serem ofertados aos clientes em termos de logística, ajudando a manter o equilíbrio dos lucros.

- **Tendências na distribuição física**: Diferentemente dos processos do início do século XX, nos quais a distribuição física dos produtos era feita por modais de transporte operacionalizados analogicamente, o século XXI enfatiza o processamento eletrônico, prinpalmente de dados, que caracterizam o produto sem necessariamente manter o seu estoque. Isso quer dizer que um representante de outra localidade pode proceder à entrega dos produtos sem a necessidade de se deslocar os mesmos de um depósito distante se o local possuir o equivalente. O sistema *just-in-time* preconiza esse modelo a fim de baratear custos de distribuição.
- **O papel do varejo na distribuição**: O papel de um varejista é realizar a coleta de produtos do produtor (ou atacadista) e entregar ao consumidor final. Existe uma classificação para os varejistas dependendo do tipo de operação que executam, sendo divididos basicamente em dois tipos: o varejista de loja, que opera na entrega de produtos diretamente no local onde o consumidor observa, analisa e escolhe o produto, que depende do grau de diversidade, conveniência e tipo de operações de venda que executa. São exemplos os supermercados, lojas de departamentos, lojas de conveniência, hiperdepósitos, entre outros. Há também o outro tipo, o varejista não lojista, cuja característica é a de não vender em lojas, mas sim de acordo com as características do produto: preço, nível de composto de produto ou conveniência. São exemplos os produtos de beleza especializados, vendas de carros personalizados, entrega de materiais de urgência e emergência (nas quais os clientes não se preocupam em pagar mais, e sim, por terem disponibilidade imediata do produto, que é o caso de bilhetes de estacionamento ou de entradas a eventos festivos), culminando com as máquinas de vendas, que podem estar em um local hoje e em outro amanhã.

Entendidas as características iniciais do sistema logístico a ser adotado, com seus elementos, vamos verificar quais os itens a serem observados para gerenciar os custos e os financiamentos destes na próxima seção.

Gerenciamento de custos e financiamentos

Em um mercado, seja ele grande, pequeno, nicho bem definido ou global, as empresas se veem obrigadas a reduzir seus custos sem a alteração de preços finais dos seus produtos e serviços para clientes, tornando necessária a correta análise dos seus custos e o eficiente gerenciamento dos mesmos.

Segundo Silva (1999, p. 18), "Nesse ambiente de maior acirramento da concorrência, a preocupação com a determinação dos custos e a definição destes como fator estratégico levaram à necessidade de se repensar os sistemas de custeio com ênfase na determinação do custo dentro deste ambiente de competitividade."

É importante que o plano de negócio da nossa organização possua uma estratégia que considere os custos e a análise dos processos de custo em que está inserida, para nos ajudar a tomarmos decisões de nível empresarial nesse contexto.

Preste atenção

O gerenciamento de custos deve ser pensado e elaborado para se adaptar às necessidades do mercado, com o propósito de podermos estabelecer a quanto o projeto irá custar e as relações com o preço de venda final de produtos e serviços realizados pelo nosso projeto.

Segundo Machado e Souza (2006), com a concorrência elevada do mercado, as empresas têm cada vez menos poder para imporem o preço de venda de produtos e serviços e, portanto, estas se voltam para a gestão de sua eficiência operacional, realizando um planejamento de controle de recursos mais minucioso.

Todas as empresas atuantes no mercado sabem que a globalização provoca alterações no modo de interação e aplicam a gestão de custos em seus projetos.

O gerenciamento de custos em projetos é subdividido em três processos que interagem entre si: estimativa de custos, orçamentação e controle.

Esses processos não agem isoladamente, sendo necessária a interação entre eles para que o orçamento e todos os custos do projeto sejam levantados e verificados para a validação da viabilidade da realização deste.

O gerenciamento de custos verifica os recursos que serão utilizados e o cronograma estipulado para a realização das ações, devendo também considerar decisões do projeto em relação à manutenção e vida do produto e/ou serviço, assim como estipular os custos adicionais de riscos aderentes às atividades realizadas.

Cabe-nos a tarefa de gerenciar custos, assumindo então o papel de gerente de custos, cujas funções consistem em: definir como serão quantificados os recursos, a precisão de cada estimativa, as medidas utilizadas para as atividades envolvidas, a contabilidade, o controle dos gastos, o formato de relatórios e a descrição de processos de documentados.

Estimativa de custos

Como empreendedores, devemos sempre nos questionar: "Como faço para estimar os custos do meu novo negócio?". Podemos apresentar a resposta analisando os processos que envolvem os custos de um projeto.

Inicialmente, precisamos analisar os fatores ambientais da empresa, isto é, considerar as condições do mercado identificadas na análise de mercado e nos dados comerciais, já apontados na análise SWOT adotada na fase inicial do nosso planejamento.

Devemos desenvolver e apresentar as políticas, os processos e as diretrizes relacionadas aos custos formais e informais existentes no nosso plano de negócios, considerando nosso processo de desenvolvimento e todas as variáveis possíveis.

> **A estimativa de custos está relacionada com a avaliação realizada dos recursos, somada à análise dos riscos do ambiente e dos processos envolvidos para a realização do projeto.**

Segundo Pompermayer (1999, p. 22):

> A aceitação por parte da empresa de que os custos têm sua origem no uso dos recursos colocados à disposição da produção, visando-se, assim, atingir a produção planejada, evidencia que a ocorrência de custos não deverá ser encarada negativamente pela empresa, mas sim que esses custos estarão presentes sempre que haja atividade econômica de produção.

Devemos encarar os custos como parte normal no planejamento de um projeto. Mas, para termos o controle sobre esses custos e podermos delimitar até que ponto os custos fazem parte do processo em valores, faz-se necessária a realização de estimativas de custos.

Para realizarmos essa estimativa, precisamos também assumir o papel de avaliadores, devendo considerar alternativas de custos que influenciam no valor do projeto, para assim conseguirmos encontrar meios de contornarmos situações que podem necessitar de um maior investimento por parte dos financiadores do nosso projeto. Por essa razão, é comum que as estimativas de custos sejam formalizadas e expressas em forma de unidades de moeda, para uma melhor mensuração e substituição de alternativas.

O desenvolvimento de um projeto de custos é fundamental para a realização de estimativas de custo, pois, com a aplicação do projeto e de todos os processos, a exatidão da estimativa de custos aumenta, visto que todos os envolvidos no contexto do negócio terão uma visão de recursos utilizados e possíveis riscos considerados ou desconsiderados anteriormente, somada ao tempo gasto em cada atividade, proporcionando uma maior fonte de informações necessárias para o desenvolvimento de novas mensurações e análises.

Importante

Para estimarmos custos, devemos levar em conta fatores que proveem informações de diferentes elementos e processos dentro do projeto. Para auxiliar na contabilidade e na análise desses fatores, precisamos considerar três categorias: entradas, ferramentas e técnicas e saídas.

capítulo 5

Para Silva (1999), os sistemas de custeio tradicionais levam em conta apenas fatores internos da empresa sem analisar entradas e saídas. Porém, esse é um problema que está sendo resolvido com a gestão estratégica de custos, que agrega novos valores, mas não age sobre a competitividade do custo na sua origem ou na sua elaboração, considerando o sistema com a definição de três processos básicos: entradas, técnicas e ferramentas para transformação e saídas.

> As entradas são os recursos considerados pelo gerenciamento de custos como necessários, tendo relação direta com processos já estabelecidos na empresa e com o conhecimento adquirido anteriormente.

As entradas são os recursos considerados pelo gerenciamento de custos como necessários, tendo relação direta com processos já estabelecidos na empresa e com o conhecimento adquirido anteriormente. Como fatores de entrada em um projeto, Silva (1999) apresenta os mesmos elementos elencados pelo *Guia PMBOK* (PMI, 2004, p. 162) destacando os seguintes:

- **Fatores ambientais da empresa**: Os fatores ambientais levam em conta pesquisas de mercado na busca de materiais que serão utilizados no projeto, de fornecedores materiais, da localização e do preço dos produtos e dos serviços requisitados. Para isso, as empresas também utilizam seus banco de dados e bancos de dados comerciais, buscando os recursos humanos e habilidades necessárias e também o custo de materiais.
- **Ativos de processos organizacionais**: Os ativos de processos consideram, para a realização da estimativa de custos, diretrizes e políticas da empresa relacionadas ao projeto, a busca de informações históricas dentro da empresa a respeito dos custos em projetos anteriores e o conhecimento e capital intelectual dos membros das equipes de organização do projeto. Como parte dos processos, empresas também estabelecem modelos para serem usados pela equipe de planejamento do projeto para realizar as estimativas e, assim, auxiliar na organização e classificação dessas informações.

- **Declaração do escopo do projeto**: Junto com o gerenciamento do escopo, a declaração de escopo do projeto impõe os limites, as requisições e as restrições estipuladas no momento da concepção e do desenvolvimento da ideia do projeto, e isso deve ser considerado nas estimativas de custos.
- **Estrutura analítica do projeto (EAP)**: A estrutura analítica do projeto criado pelo responsável pelo gerenciamento de escopo fornece uma relação mais detalhada dos materiais, dos componentes do projeto e das entregas a serem feitas. O dicionário da estrutura analítica do processo (EAP) produzido é uma fonte de informações sobre as entregas que devem ser feitas e os trabalhos relacionados ao cronograma.
- **Plano de gerenciamento do projeto**: O plano de gerenciamento do projeto define ferramentas e técnicas como o controle de mudanças e o sistema de informações do gerenciamento de projetos, que auxiliam no monitoramento e na orientação do controle dos custos relacionados ao projeto.
- **Plano de gerenciamento do cronograma**: Na relação entre as atividades, os recursos utilizados em certo tempo são fatores de grande importância para o sucesso do projeto. A estimativa de recursos no gerenciamento do tempo do projeto realiza várias avaliações para determinar e prever as quantidades de recursos para cada momento do projeto, relacionando cada elemento com a estimativa de custos. Durante o gerenciamento do tempo do projeto, também é realizada a estimativa da duração das atividades, a quantidade de recursos e o período de trabalho necessário para realizar cada atividade. Assim, a estimativa de duração influencia diretamente os custos do projeto e principalmente projetos com atividades sensíveis ao tempo, que utilizam mão de obra sindicalizada e outras negociações.

- **Plano de gerenciamento de pessoal**: Dentro do gerenciamento de recursos humanos, as tabelas de horários de trabalho, a necessidade de recrutamento e seleção e até mesmo os programa de reconhecimento inerente ao projeto devem ser considerados para a realização das estimativas de custos.
- **Registro de riscos**: O registro de riscos produzido no gerenciamento de riscos do projeto elabora uma lista com as principais causas e respostas possíveis que podem anulá-los. Esse registro deve ser considerado e todos seus elementos devem ser analisados para avaliadas as ameaças e oportunidades relativas ao projeto e como elas afetarão os custos do projeto.

De acordo com Machado e Souza (2006), as práticas utilizadas para a realização de estimativas e a aquisição de informações podem ser feitas como práticas de contabilidade societária. O *Guia PMBOK* (PMI, 2004, p. 164-166) apresenta uma série de ferramentas utilizadas e técnicas para a realização de estimativas de custos de projetos que podemos utilizar para melhor definirmos esse contexto em nosso plano de negócios:

- **Estimativa análoga**: A estimativa análoga se baseia em projetos já realizados e concluídos para a construção de estimativas de custos. São considerados, então, custos reais de recursos já utilizados anteriormente no projeto atual. Geralmente, esse tipo de técnica é utilizado nas fases iniciais do projeto, quando ainda não é possível obtermos muitas informações sobre os recursos. Apesar de ter um menor custo para elaboração, a estimativa análoga proporciona menor precisão nos valores cotados.
- **Determinar valores de custo de recursos**: Para determinar os custos dos recursos a serem utilizados, a pessoa ou grupo responsável deve conhecer os valores unitários e suas relações com o tempo gasto dentro das atividades no cronograma. Para isso, é necessário realizar as cotações com os fornecedores, com informações e ofertas adequadas ao projeto. A determinação desses valores também pode ser obtida em listas de preços.

- **Estimativa *bottom-up***: Essa estimativa consiste na técnica de realizar a estimativa de custos de pacotes de trabalhos e de atividades individuais no cronograma sem muitos detalhes. O custo e estimativa do *bottom-up* dependem da complexidade da atividade ou do tamanho do pacote individual.
- **Paramétrica**: Essa técnica relaciona estatisticamente o histórico de dados com outras variáveis de medida, como horas de trabalho e metros quadrados de construção. Criando essa relação, o grupo de gerenciamento de custos pode calcular a estimativa de custos para os recursos de uma atividade. Essa técnica depende dos dados adquiridos, dos recursos calculados e da sofisticação dos cálculos realizados.
- ***Software* de gerenciamento de projetos**: Essas ferramentas auxiliam no desenvolvimento de projetos em geral. Existem aplicativos, planilhas e ferramentas estatísticas que podem auxiliar na estimativa de custos, simplificando o uso de algumas técnicas e melhorando a visualização de diversas alternativas no gerenciamento de custos.
- **Análise de proposta do fornecedor**: Essa técnica abrange a análise e a comparação da proposta de fornecedores com os recursos financeiros do projeto. Em caso de comparação com mais de um fornecedor, outros fatores devem ser levados em conta, como os prazos de entrega e cada custo relativo.
- **Análise de reservas**: A análise de fundos de reserva necessita de uma avaliação de riscos de atividades do projeto. O gerenciamento dessas reservas é relacionado no projeto a uma atividade nula, na qual somente a reserva de contingência é alocada. Durante o decorrer das atividades do cronograma, a reserva de contingência pode ser ajustada de acordo com as necessidades. E como resultado dessa ação, a exatidão das estimativas de custos das atividades é maior, pois não são estimativas pessimistas e levam em conta os recursos de contingência.
- **Custo de qualidade**: Os custos de qualidade são os custos com a prevenção, a avaliação e o retrabalho de produtos ou serviços realizados pelo projeto que não atenderam aos padrões de qualidade impostos pelo projeto.

O processo que realiza as saídas do gerenciamento de custos leva em conta os fatores que influenciam o gerenciamento de custos, porém analisados na fase final das estimativas, quando as estimativas de entrada já foram estipuladas e definidas as técnicas e ferramentas para seu processamento.

Para Pompermayer (1999), uma das maiores dificuldades a serem consideradas nesse processo consiste na interpretação diferenciada e fundamental entre dados e informações de custos. Por esse motivo, é importante que sejamos capazes de interpretar (evitando posteriores enganos) todas as informações coletadas e disponibilizadas como saídas da estimativa de custos.

As saídas sugeridas por Pompermayer (1999) podem ser comparadas às saídas apresentadas pelo *Guia PMBOK* (PMI, 2004, p. 166-167), definidas pelos seguintes fatores:

- **Estimativas de custos da atividade**: É uma estimativa de custos prováveis de um recurso necessário para terminar certa atividade do cronograma. Os custos são estimados para todos os recursos e limitam-se a cada atividade desenvolvida. Como suporte à estimativa de custos de uma atividade, o gerenciamento do projeto deve estipular a documentação necessária, e essa documentação deve ter os detalhes da origem da estimação de custos, fornecendo uma imagem do escopo, a base da realização da estimativa, as premissas realizadas, as restrições consideradas e o intervalo de estimativas.
- **Mudanças solicitadas**: Qualquer mudança solicitada no projeto, como o escopo, as políticas e procedimentos, o custo ou o orçamento, pode ser gerada pelo processo de gerenciamento de custos, o que pode influenciar o plano de gerenciamento de custos como um todo. Essas mudanças devem ser consideradas no processo de Controle de mudanças realizado pelo componente de gerenciamento do projeto.

> **Atualizações no plano de gerenciamento de custo**: Qualquer mudança aprovada no projeto que resulte no processo de estimativa de custos afeta o plano de gerenciamento de custos, que deve ser atualizado de acordo.

Orçamento

O orçamento consiste na reunião de todos os custos estimados das atividades do cronograma para estabelecer uma base de custos total para o desenvolvimento do projeto.

Ao realizarmos o planejamento do orçamento, devemos levar em conta os custos projetados e os custos reais dos produtos e serviços do projeto. Segundo Silva (1999), o custo projetado é realizado no começo do projeto, quando a dinâmica dos fatores se adéqua à evolução do projeto. Já o custo real consiste nos recursos relacionados ao processo de produção de um bem que já está sendo fabricado.

Ainda de acordo com Silva (1999, p. 22):

> É na fase de projeto que se tem mais flexibilidade de se adaptar o projeto ou desenvolvê-lo alternativamente para que se atinja o valor estabelecido para o custo meta, já que, depois dos investimentos terem sido realizados e o produto fabricado, perde-se a propriedade de flexibilização do projeto na busca de adequá-lo a uma melhor alternativa técnica e econômica.

Precisamos preparar todas as estimativas de custos antes da autorização para a realização do trabalho e a entrega aos parceiros, aos financiadores do nosso projeto e aos agentes societários. Uma sugestão apresentada pelo *Guia PMBOK* (PMI, 2004, p. 168-169) é a divisão do orçamento em três fases: definição das entradas, especificação das técnicas e ferramentas e definição das saídas.

As entradas são os fatores a serem considerados no começo do processo de orçamento, que influenciam diretamente a realização da agregação de todos os custos, sendo divididas em:

- **Declaração do escopo do projeto**: O termo de abertura do projeto estipulado pelo plano de gerenciamento do projeto fornece as limitações e as restrições com recursos. Essas restrições são apresentadas na declaração de escopo do projeto.
- **Estrutura analítica do projeto**: Conforme citado anteriormente nas entradas das estimativas de custo, a estrutura analítica e o dicionário da EAP proporcionam a relação de materiais, atividades, recursos e do cronograma utilizado.
- **Estimativas de custo da atividade**: As estimativas de custos referentes a cada atividade são agrupadas, podendo ser obtida uma estimativa de custos por cada pacote de trabalho.
- **Detalhes que dão suporte à estimativa de custos da atividade**: A documentação levantada para a realização de estimativas, com as restrições, as limitações, o escopo pesquisado e os resultados obtidos.
- **Cronograma do projeto**: O cronograma reúne todas as datas das atividades a serem realizadas no projeto, com as datas de início e de finalização. Com essas informações, os custos são anexados a cada período do calendário do projeto.
- **Calendário de recursos**: O calendário de recursos estipulado pelo gerenciamento de tempo do projeto determina quais serão os dias de trabalho do projeto e quais serão os dias de ociosidade. Assim, o orçamento pode considerar esse calendário para realizar suas estimativas, evitando custos desnecessários.
- **Contrato**: O desenvolvimento do orçamento deve considerar informações de contrato estipulado pelo gerenciamento de aquisições do projeto, em relação aos produtos, aos serviços e aos seus custos.
- **Plano de gerenciamento de custos**: Esse plano e outros planos auxiliares do planejamento do projeto são considerados para a realização do orçamento.

Para realizarmos o plano de orçamento dentro do planejamento operacional, podemos utilizar algumas técnicas e ferramentas que são, inclusive, sugeridas pelo *Guia PMBOK* (PMI, 2004, p. 169). Para tanto, devemos realizar os seguintes processos:

- **Agregação de custos**: Todas as estimativas de custos realizadas são agregadas em pacotes e separadas por atividade de acordo com a estrutura analítica do projeto.
- **Análise das reservas**: A análise de reservas realizada no gerenciamento de riscos do projeto compara a quantidade de reservas de contingência com a quantidade de riscos restantes, para adequá-la ao ambiente atual do projeto.
- **Estimativa paramétrica**: Conforme descrito no planejamento de estimativas, a estimativa paramétrica usa a comparação de materiais com outros meios de medida simples ou complexos para realizar a estimativa de custos de uma atividade.
- **Reconciliação dos limites de financiamento**: A reconciliação do limites de financiamento é considerada no orçamento, pois, se o projeto exigir um reajuste na demanda de recursos financeiros, o cronograma será afetado e a adequação da estrutura analítica do projeto será necessária. Assim, será preciso estipular restrições de datas e marcos do cronograma. Essa adequação pode afetar a alocação dos recursos previstos para as atividades.

As saídas do orçamento são os elementos considerados em sua fase final. A seguir, o *Guia PMBOK* (PMI, 2004, p. 170) lista alguns elementos importantes de levarmos em consideração:

- **Linha de base dos custos**: É um orçamento dividido em fases para controle e medição dos custos e seu desempenho durante o projeto. Esse orçamento é graficamente representado em forma de curva "S", somando custos estimados por período.

- **Necessidade de financiamento do projeto**: A necessidade de financiamento é também derivada da linha de base de custos e é definida com uma margem maior para um início mais acelerado das atividades. Na linha de base de custos, essa necessidade é somada à reserva de contingência de gerenciamento.
- **Atualizações no plano de gerenciamento de custos**: Se as mudanças aprovadas pelo gerenciamento de riscos afetarem o plano de gerenciamento de custos, ele deverá ser atualizado e o orçamento será afetado.
- **Mudanças solicitadas**: O processo de orçamento pode gerar mudanças no plano do projeto, que devem ser verificadas e validadas pelo controle integrado de mudanças na parte de planejamento de riscos.

Controle de custos

Para Pompermayer (1999), é fundamental a aquisição de um sistema integrado de controle de custos para as organizações atuais se manterem no mercado, pois só com o auxílio desses *softwares* elas conseguirão manter suas atividades no mercado com alguma vantagem competitiva.

Mas é importante que todas as ações do sistema de custos estejam em sintonia com a estratégia de liderança da empresas, traçando comparações com seu sistema de informações, a fim de estabelecer medidas e parâmetros.

Como objetivos do controle de custos, o *Guia PMBOK* (PMI, 2004, p. 171) enfatiza as seguitens iniciativas que devemos tomar:

- controlar os fatores que criam mudanças na linha de base de custos;
- garantir que houve um acordo em relação às mudanças solicitadas;
- monitorar as mudanças reais quando e conforme ocorrem;

- garantir que os possíveis estouros nos custos não ultrapassem o financiamento autorizado periodicamente e no total para o projeto;
- monitorar o desempenho de custos para detectar e compreender as variações em relação à linha de base dos custos;
- evitar que mudanças incorretas, inadequadas ou não aprovadas sejam incluídas nos custos relatados ou na utilização de recursos;
- informar as partes interessadas adequadas sobre as mudanças aprovadas;
- agir para manter os estouros nos custos esperados dentro dos limites aceitáveis.

O controle de custos faz uma análise de impactos positivos e negativos no projeto, procurando a fonte desses impactos. Esse controle faz parte do gerenciamento de riscos e pode ser dividido em três processos: consideração dos elementos de entrada no processo, conjunto de técnicas e ferramentas que possibilitem seu controle efetivo e as informações (relatórios) de saída.

Para Machado e Souza (2006), as empresas devem basear seu controle de custos em custos-meta e custos-padrão, relacionando os dois quando necessário para que as organizações tenham mais informações do fluxo de custos produzido. Esses custos são divididos em vários elementos e, para considerarmos todos eles, vejamos as seguintes entradas sugeridas pelo *Guia PMBOK* (PMI, 2004, p. 172):

Linha de base de custos: Conforme citado como saída de orçamento, a linha de base cria um gráfico capaz de averiguar os custos no orçamento dividido em fases do projeto, auxiliando na visualização e controle de custos.

Necessidade de financiamento do projeto: A necessidade de financiamento verificada é importante, pois a visualização dos custos deve ser considerada com todos os fatores.

Relatórios de desempenho: Os relatórios de desempenho produzidos pelo gerenciamento de comunicações do projeto fornecem informações de grande importância sobre desempenho de custos e de recursos utilizados.

Informações sobre o desempenho do trabalho: As informações sobre o desempenho do trabalho coletadas pelo gerenciamento de riscos fornecem dados sobre o atual estado das atividades em andamento e dos custos relativos a cada uma delas.

Solicitações de mudanças aprovadas: Essas solicitações aprovadas no processo de controle integrado de mudanças no gerenciamento de riscos podem influenciar e causar mudanças no escopo do projeto e na linha de base de custos.

Plano de gerenciamento do projeto: O plano de gerenciamento do projeto e o plano de gerenciamento de custos são considerados durante a execução do processo de controle de custos.

Como técnicas e ferramentas utilizadas para a realização do controle de custos do projeto, Machado e Souza (2006) listam algumas que podemos considerar em nosso plano e que também são citadas pelo *Guia PMBOK* (PMI, 2004, p. 172):

- **Sistema de controle de mudanças nos custos**: Esse sistema define o método a ser utilizado no projeto para mudanças nos custos em relação às atividades. O sistema define formulários, documentação, acompanhamento e as aprovações necessárias em cada caso para que as mudanças ocorram. O sistema de mudanças no custo é associado ao gerenciamento de tempo no processo de controle integrado de mudanças.
- **Análise e medição de desempenho**: As medições de desempenho apoiam-se em técnicas para avaliar as variações nos custos do projeto. Essas técnicas são escolhidas de acordo com os fatores a serem avaliados, e verifica a extensão da variação e decidir se são necessárias ações corretivas.

- **Previsão**: São estimativas de condições futuras do projeto que se baseiam em informações e conhecimento disponíveis. As previsões são geradas e atualizadas conforme o desempenho do trabalho realizado pelo gerenciamento de riscos.
- **Análises de desempenho do projeto**: Essas análises comparam o desempenho de custos com o tempo de projeto e as atividades realizadas, para avaliar quais atividades estouram o orçamento ou estão abaixo dele. Para isso, a análise pode utilizar como ferramenta a análise de variação que envolve o desempenho real do projeto comparado ao planejado com uma frequência maior. A análise das tendências examina o desempenho do projeto ao longo do tempo e a técnica do valor agregado que compara o desempenho planejado e o real.
- *Software* **de gerenciamento de projetos**: Existem *softwares* e aplicativos para auxiliar o planejamento do projeto para o controle de custos. Um *software* capacitado para o controle de custos efetuará as tarefas de compilação e mensuração dos dados disponíveis, gerando informações estratégicas de grande importância. Neste assunto, Pompermayer (1999, p. 23) afirma que "o centro de informações receberá os dados e executará a operação de acumulação, organização, análise e interpretação desses dados, transformando-os em informações compatíveis com as saídas esperadas".
- **Gerenciamento das variações**: O plano de gerenciamento de custos descreve como as variações serão trabalhadas, com as devidas respostas para cada problema apresentado.

As saídas de controle de custos são os fatores que influenciam no processo de gerenciamento do projeto, resultados do gerenciamento de custos. Entre eles, Machado e Souza (2006) citam alguns dos princípios que estão em consonância com o disposto no *Guia PMBOK* (PMI, 2004, p. 177) que devemos considerar:

- **Atualizações de estimativas de custos**: As estimativas de custos que são atualizadas são reavaliadas e adaptadas ao cronograma de atividades. As pessoas adequadas devem ser comunicadas, mas as atualizações podem exigir alterações em outras partes do planejamento do projeto.
- **Atualizações na linha da base de custos**: As atualizações do orçamento são revisadas em resposta às variações de custo aprovadas no escopo do projeto.
- **Medições de desempenho**: Todos os valores calculados para os componentes do EAP são documentados e comunicados aos interessados.
- **Previsão de término**: Os custos e a quantidade de trabalho para terminar uma atividade do cronograma e a estimativa para terminar um trabalho podem ser relatados e documentados para o interesse das partes envolvidas.
- **Mudanças solicitadas**: O processo de controle de custos pode gerar mudanças no plano do projeto, que devem ser verificadas e validadas pelo controle integrado de mudanças na parte de planejamento de riscos.
- **Ações corretivas recomendadas**: Ações corretivas no ambiente de gerenciamento de custos envolvem a adaptação de orçamentos de atividades para equilibrar os custos e obter o desempenho esperado.
- **Atualizações de ativos de processos organizacionais**: Toda a documentação com erros e problemas identificados durante o projeto deve ser guardada em bancos de dados históricos para que a organização possa utilizar essas informações em projetos futuros.

Comunicações

Em se tratando da elaboração do nosso plano operacional, devemos considerar o que já foi mencionado e planejado no processo de comunicações do nosso plano de *marketing*. É muito importante que nosso plano operacional seja convergente ao disposto no plano de *marketing*, principalmente em se tratando de equipamentos, pessoas e principalmente à execução dos processos, pois isso nos facilitará o gerenciamento das atividades e das tarefas delegadas às pessoas envolvidas, contribuindo para o posicionamento competitivo da empresa.

O gerenciamento das comunicações é necessário em qualquer projeto! Definir o gerenciamento das comunicações é realizar o dimensionamento dos canais de comunicação que devem existir entre os membros do projeto no sentido de identificar, obter, analisar, processar, armazenar e difundir dados e informações a outros integrantes do projeto, a clientes (internos e externos) ao projeto e, se necessário, a todos os envolvidos no mesmo, resguardando questões de segurança quanto a amplitude e especialização das informações aos mesmos.

Portanto, devemos estar atentos aos processos de gerenciamento das comunicações, pois são esses processos que fornecem ligações críticas entre pessoas e informações, para que as comunicações sejam bem-sucedidas.

Os processos de gerenciamento de comunicações incluem:

- o planejamento das comunicações;
- a política de distribuição das informações;
- a apresentação do relatório de desempenho das comunicações;
- o gerenciamento das partes interessadas.

O manual prático do plano de projeto, sugerido pelo *Guia PMBOK* (PMI, 2004), complementa que os processos anteriormente citados são distribuídos ao longo das fases do nosso projeto, exemplificados de acordo com o Quadro 5.4 a seguir.

As ferramentas e técnicas utilizadas nesse processo de planejamento podem incluir a definição clara da:

- **Análise dos requisitos**: Texto formatado que resulta na soma das necessidades de informação combinado com o tipo, o formato e o valor agregado, pesquisado no mercado e no ambiente (interno e externo) no qual a empresa irá atuar, considerando ainda o escopo inicialmente definido, de forma a:
    - evitar a sobrecarga de informações com minúcias, comunicando apenas itens que conduzem ao sucesso ou fracasso do projeto;
    - prever os receptores das informações, identificando da mesma forma os emissores.
- **Tecnologia das comunicações**: Apresentação de uma metodologia para transferência de informações entre as partes interessadas. Esse processo inclui desde conversas breves até reuniões demoradas, documentos impressos ou acessados *online*. Os fatores das tecnologias que podem afetar o projeto abrangem:
    - a urgência das necessidades de informação;
    - a disponibilidade de tecnologia e formação do pessoal para operá-las;
    - a duração e ambiente do projeto.

Como saídas desse primeiro passo para o planejamento das comunicações, teremos um plano de gerenciamento das comunicações, que fará parte ou será um plano auxiliar do plano de gerenciamento do nosso plano de negócio, que nos fornecerá elementos importantes, como:

- todos os itens de comunicações, ou seja, as informações que serão distribuídas às partes interessadas;
- a definição clara do objetivo do plano de comunicações, ou seja, a razão da distribuição dessas informações;
- a noção da frequência da distribuição das informações (quando e quanto tempo levarão para serem disseminadas);
- as datas de início e fim quanto aos prazos para a distribuição da informação;

Quadro 5.4 – Processos de gerenciamento
comunicações distribuídos ao longo das fases do proj...

GERENCIAMENTO DAS COMUNICAÇÕES				
Iniciação	Planejamento	Execução	Controle	Finalização
	Planejamento das comunicações	Distribuição das informações	Relatório de desempenho	
			Gerenciar as partes interessadas	

Fonte: PMI, 2004, p. 223.

Ao iniciarmos o planejamento da gestão das comunicações do nosso plano de negócios, devemos direcionar atividades para o planejamento das comunicações, cujo processo determina as necessidades de informações e comunicações das partes interessadas. Esse planejamento deve responder às questões de quem precisa de qual informação, quando precisam dela, como e por quem serão fornecidas.

Um fator importante consiste em identificarmos as necessidades de informação das partes interessadas e determinarmos uma maneira adequada para atendê-las. Para isso, consideremos os seguintes elementos que compõem o início desse planejamento:

- fatores ambientais em que nosso negócio está inserido, levando em conta a cultura organizacional e do entorno; as normas utilizadas como protocolo de ação; a infraestrutura; os recursos humanos empregados e o modelo de gestão de pessoas; as condições do mercado; a tolerância a riscos; o sistema de bancos de dados e os sistemas de gerenciamento de projetos;
- os ativos de processos organizacionais, como processos, procedimentos, diretrizes e modelos, bem como a base de conhecimento utilizada e empregada;
- a declaração do escopo do projeto de comunicações, que servirá de base para futuras decisões.
- o plano de gerenciamento do projeto do produto e/ou serviço da empresa, que fornece as informações básicas do projeto do produto e/ou serviço a ser implementado.

- o formato ou meio físico que a informação será disseminada, contendo o *layout* das informações e métodos de transmissão;
- a definição de responsabilidades, ou seja, a pessoa responsável pela distribuição das informações.

O manual prático do plano de projeto das comunicações, segundo o *Guia PMBOK* (PMI, 2004), ainda acrescenta que, no plano de gerenciamento das comunicações, devem estar documentados e explicitados os seguintes elementos:

- título do projeto;
- nome da pessoa que elaborou o documento;
- descrição dos processos de gerenciamento das comunicações;
- eventos de comunicação (reuniões e apresentações);
- cronograma dos eventos de comunicações;
- atas de reunião;
- exemplo de relatórios do projeto;
- ambiente técnico e estrutura de armazenamento e distribuição da informação;
- alocação financeira para o gerenciamento das comunicações;
- outros assuntos relacionados ao gerenciamento das comunicações não previstos no plano;
- registro de alterações.

No que se refere à distribuição das informações, devemos saber que isso envolve disponibilizar as informações para as partes interessadas no momento adequado. Para que isso aconteça de forma satisfatória, precisamos considerar o plano de gerenciamento de comunicações no nosso planejamento de negócios.

Esse trabalho é facilitado pela habilidade de comunicação dos envolvidos no plano, ou seja, pela identificação e explicitação das habilidades de gerenciamento geral relacionadas às comunicações, de forma a garantirmos que a pessoa certa tenha a informação certa na hora certa.

De acordo com o *Guia PMBOK* (PMI, 2004), devemos enfatizar no nosso plano operacional a seção *comunicações*, que se refere às atribuições do emissor e do receptor das informações. Por exemplo:

- **Emissor**: Deve garantir a segurança, a integridade e o correto destino das informações.
- **Receptor**: Deve garantir o recebimento das informações, com integridade e segurança, alertando (feedback) o emissor da data, da hora e das condições de recebimento da mensagem que carrega a informação.

A Figura 5.19 a seguir ilustra o modelo básico de comunicação:

Figura 5.19 – Modelo básico de comunicação

```
┌─────────────────────┐                           ┌─────────────────────┐
│  Codificar          │ ─────────────────┼┼┼──▶   │  Decodificar        │
│                     │              Ruído        │                     │
│     Emissor         │                           │     Receptor        │
│                     │         Meio físico       │                     │
│  Decodificar        │ ◀──┼┼┼──────────────      │  Codificar          │
└─────────────────────┘     Ruído                 └─────────────────────┘
```

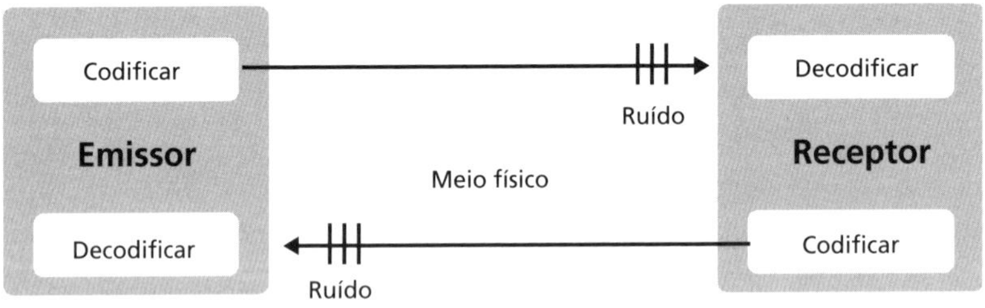

Fonte: PMI, 2004, p. 224.

O modelo básico do processo de comunicação envolve subprocessos que devemos agregar ao nosso planejamento das comunicações. Portanto, consideremos os seguintes elementos:

- O modelo do sistema de coleta e recuperação de dados e das informações, que podem ser executadas por diversos meios, inclusive por sistemas manuais de arquivamento, banco ou base de dados eletrônicos, *softwares* específicos, entre outros.

- Os métodos de distribuição das informações, que envolvem a coleta, o compartilhamento e a distribuição das informações às partes interessadas, no momento oportuno, podem ocorrer através de reuniões, distribuição de documentos, sistemas de arquivamento e banco de dados compartilhados, ferramentas eletrônicas de comunicação, entre outras formas.
- O processo de lições aprendidas, separando em uma seção de lições aprendidas, concentra-se na identificação de sucessos e fracassos do projeto e inclui recomendações para melhorar o desempenho futuro de outros projetos. As lições aprendidas referentes a aspectos técnicos, gerenciais e de processos são compiladas, formalizadas e armazenadas durante o projeto e devem incluir as causas dos problemas, as razões que motivaram as ações corretivas e outros tipos de lições aprendidas sobre a distribuição das informações.

Na continuidade desse processo, precisamos apresentar as saídas como os principais ativos dos nossos processos organizacionais, ou seja, devemos documentar as lições aprendidas. É importante fazermos registros do nosso projeto, ou seja, separar e organizar os documentos que descrevem o nosso projeto de comunicação, que podem ser relatórios do projeto, apresentações ou até mesmo os *feedbacks* das partes interessadas ou notificação das partes interessadas.

Importante

Devemos considerar também as mudanças solicitadas, ou seja, as adições, modificações, revisões ou outras alterações estruturais que causam modificações no plano de gerenciamento do projeto e no plano de gerenciamento das comunicações.

Ao final do nosso projeto de comunicações do plano de negócios, será muito oportuno apresentarmos um relatório de desempenho que reúna a coleta e distribuição das informações sobre o desempenho às partes interessadas.

Esse relatório deve, preferencialmente, fornecer informações sobre o progresso e o andamento do processo de comunicação, além de apresentar informações do escopo, do cronograma, do custo, da qualidade, do risco e das aquisições, além de apresentar áreas que compõem o plano operacional do plano de negócios. Para termos sucesso nesse relatório, ele deve conter preferencialmente as informações sobre o desempenho do trabalho, que diz respeito à situação atual das entregas e sobre o que foi realizado, as medições de desempenho e das medições de controle de qualidade, a previsão de término, o conjunto das solicitações de mudanças aprovadas e das entregas bem-sucedidas.

O processo de construção do relatório pode ser iniciado com a coleta e a compilação das informações sobre o desempenho do plano de comunicação. Para obter essa compilação, precisamos fazer uso de reuniões de avaliação do andamento e dos sistemas de avaliação de horas e custos.

Atualmente, com o uso da internet e dos correios eletrônicos, das salas virtuais de videoconferência, da telefonia móvel com transmissão e do recebimento de imagens, sons e documentos, as reuniões não têm mais local fixo para ocorrerem, podendo ser contemplados no seu plano como uma opção de planejamento.

A seguir, devemos processar as lições aprendidas e apresentar esse relatório por escrito, procurando facilitar o seu entendimento e a sua compreensão, dispondo as informações em forma de tabelas, gráficos, planilhas, apresentações e outros recursos de *software* que possam ser utilizados para criarmos imagens de qualidade para a apresentação dos dados.

Dessa forma, iremos fortificar os ativos de processos organizacionais e facilitar o gerenciamento das partes interessadas, ou seja, iremos gerenciar as comunicações para satisfazermos os requisitos das partes e resolver problemas com os interessados. Nesse caso, problemas podem ser resolvidos quando forem corretamente registrados. Não devemos nos opor a registrar problemas ou erros, pois esses registros são usados para podermos documentar e monitorar a resolução de problemas, sendo abordados para mantermos bons relacionamentos construtivos de trabalho entre as várias partes interessadas e, quando resolvidos, irão documentar as questões que foram abordadas e encerradas.

Dessa forma, aumentaremos as probabilidades de o projeto não desviar do curso, ajudando a desenvolver a capacidade das pessoas de operarem em sinergia, limitando as interrupções durante o projeto.

Riscos

De acordo com Crouhy, Galai e Mark (2004), a palavra *risco* possui muitas conotações e significados. É muito utilizada por profissionais, por gerentes e pelo público em geral, independentemente do ramo ou indústria na qual atuam.

Podemos entender risco, ou riscos, como os efeitos adversos decorrentes de eventos que acontecem em um projeto, podendo impactar mais ou menos sobre um ou mais objetivos do projeto.

Riscos variados surgem durante toda a execução do projeto, sendo maiores nas fases iniciais e diminuindo conforme as etapas do projeto vão sendo concluídas.

Milton Friedman, no artigo semanal *A metodologia da economia positiva*, escrito em 1953, já enfatizava que um modelo não pode ser avaliado apenas em termos de seu poder previsivo e em termos das suposições utilizadas, tampouco em termos de se ele parece ser suficientemente complicado para capturar todos os detalhes relevantes da "vida real". Baseado em Crouhy, Galai e Mark (2004, p. 22) concordam: "um modelo pode ser simples, e mesmo assim, ser julgado bem-sucedido se ajudar a prever o futuro e melhorar a eficiência do processo decisório".

O PMI apresenta em seu *Guia PMBOK* (PMI, 2004) a área de gerenciamento de um projeto o estudo do gerenciamento de riscos do projeto como sendo um conjunto de processos entre áreas de conhecimentos relacionados, resumido em seis áreas de processos:

- planejamento do gerenciamento de riscos;
- identificação de riscos;
- análise qualitativa de riscos;
- análise quantitativa de riscos;

- planejamento de respostas a riscos;
- monitoramento e controle de riscos.

Essas áreas de processos interagem entre si e também com outros processos de outras áreas de conhecimento. Cada processo pode envolver o esforço de uma ou mais pessoas ou grupos de pessoas (Figura 5.20), com base nas necessidades específicas de cada projeto (PMI, 2004, p. 237). O *Guia PMBOK* (PMI, 2004, p. 240) alerta ainda que, para ser bem-sucedida, a organização deve estar comprometida com uma abordagem de gerenciamento de riscos proativa e consistente durante todo o projeto.

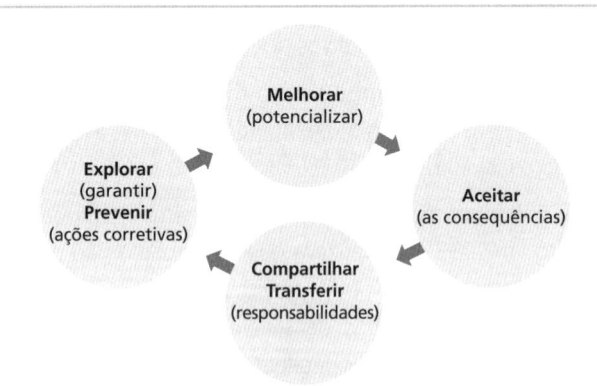

Figura 5.20 – Ciclo de respostas a riscos

Melhorar (potencializar)
Aceitar (as consequências)
Compartilhar Transferir (responsabilidades)
Explorar (garantir) **Prevenir** (ações corretivas)

Como, então, devemos planejar riscos?

Quando uma situação de risco não é percebida, ou quando não conseguimos visualizar o perigo, as ameaças, as ações adversas ou algo que possa dar errado, algum imprevisto, acidente, ações não controladas, aumentam as chances de o nosso plano de negócios não acontecer.

Dessa forma, precisamos ter em mente que, para não sermos surpreendidos, é necessária a prevenção, ou seja, é preciso que consigamos ter "imaginação" e "prever o futuro" para agirmos nos casos adversos. Devemos potencializar nossos pontos fortes para melhorarmos a prevenção de acidentes, ou seja, mitigar, diminuir as chances de ocorrer o risco e, caso este ocorra, aceitarmos as consequências e permanecermos prontos para compartilharmos experiências e responsabilidades, de modo a transferirmos conhecimento e experiência de modo a ajudarmos na prevenção de futuras repetições do caso. Precisamos garantir e explorar ao máximo nossas potencialidades de prevenção.

Em resumo, precisamos ter condições de realizarmos uma ampla e profunda análise dos riscos que envolvem nosso empreendimento. Precisamos avaliar os riscos, detalhando ao máximo cada um deles, além de procurar elaborar ações para evitar os riscos ou, ao menos, mitigá-los. Caso venham a ocorrer, devemos aceitar as consequências dos riscos e assumir responsabilidade, com a certeza de melhorar as ações corretivas, evoluindo para um novo plano de riscos à nossa empresa!

> Quando uma situação de risco não é percebida, ou quando não conseguimos visualizar o perigo, as ameaças, as ações adversas ou algo que possa dar errado, algum imprevisto, acidente, ações não controladas, aumentam as chances de o nosso plano de negócios não acontecer.

Vamos nos utilizar de um exemplo: os principais riscos enfrentados por uma instituição financeira são:

- riscos de mercado;
- riscos de crédito;
- riscos de liquidez;
- riscos operacionais;
- riscos jurídicos e regulatórios;
- riscos de fator humano.

Para cada um desses riscos potencialmente identificados pela instituição financeira, ela irá listar os elementos envolvidos, ou seja, quem, onde, quando, como, por quê, quanto custará, quanto tempo levará, quanto de material e pessoal será alocado caso um desses riscos afetem o bom andamento da instituição, desenvolvendo e apresentando um plano de ação para guiar seus integrantes na tomada de decisão acerca do que fazer.

No nosso caso, o importante é termos em mãos um plano de contingência, ou seja, um plano de ação para riscos, de modo que seja o nosso guia para agirmos caso algo de improvável venha a acontecer, que esteja fora do nosso alcance consertar ou modificar.

> **Uma dica: precisamos levar em consideração os mesmos elementos que uma instituição financeira considera. As chances de o nosso plano de negócio ser aceito nesse caso serão maiores!**

Enfatizando: devemos deixar pronto um plano de resposta aos riscos identificados, que deve contemplar apropriadamente cada elemento considerado. Para isso, precisamos analisar cada risco através de:

- reunião com nossa equipe para analisar prazos, orçamentos e execução;
- definição dos objetivos de cada membro da equipe com relação aos riscos, de forma objetiva e passível de execução;
- estabelecimento de alianças entre os membros da equipe, de modo que um risco não seja aumentado ou transferido para outros setores;
- determinação dos responsáveis pelo desencadeamento do plano de resposta aos riscos.

Análise de riscos também pode envolver acidentes ou ações de natureza aleatória e não controláveis.

Nesse sentido, Brown (1998) propõe a análise de vulnerabilidade para nossa organização. O autor define análise de vulnerabilidade como sendo "um estudo da extensão dos efeitos danosos aos seres humanos e materiais, decorrentes de incêndio, explosão e emissão tóxica ocorridos em instalações industriais". Ou seja, Brown (1998) diz que nessa análise determinamos as probabilidades de haver fatalidades nos eventos catastróficos ou naqueles historicamente mais prováveis sobre os seres humanos e/ou dimensão dos danos materiais decorrentes de tais eventos. Podemos também avaliar as consequências do chamado *efeito dominó*, que contém a seguinte afirmação:

> Para o cálculo das estimativas se utilizam equações matemáticas do tipo Probit, baseadas no modelo de risco de Eisenberg (1979). Este modelo considera a situação real de distribuição populacional, instalações físicas, direções e velocidades de ventos, além de eventuais fatores particulares a cada sistema em estudo. (Brown, 1998, p. 3)

Nesse sentido, é aconselhável que, para uma boa determinação dos riscos a que nosso empreendimento está suscetível, façamos uma análise das estimativas de frequência dos eventos indesejáveis que possam ocorrer e, em seguida, elaboremos uma lista de eventos que relacione as falhas e as ações a serem tomadas se ocorrerem, seja de caráter natural (terremotos, alagamentos, inundações, ventos, granizo etc.), financeiras (ações das bolsas, bancos etc.), ações governamentais, ambientais e de outras naturezas e categorias.

Para melhor gerenciarmos nossos riscos, devemos possuir informações para melhor planejarmos as ações do nosso plano de riscos.

Precisamos nos questionar e relacionar as respostas sobre os seguintes aspectos:

- "Como está o contexto da segurança do meu empreendimento?"
- "Como irei manter a garantia da integridade dos sistemas e dos fatores considerados críticos para meu negócio?"
- "Quais os procedimentos que devem ser adotados nos casos de ocorrerem acidentes e incidentes operacionais na minha empresa?"
- "A que tipo de treinamento ou capacitação devo submeter as pessoas da minha empresa para correta utilização de equipamentos operacionais e sistemas?"
- "Quais os sistemas de controle e prevenção de acidentes devo adotar, quem fornece e como podem ser utilizados?"
- "Que tipo de investigação devo apresentar no plano de negócios de modo a descrever as ações preventivas e corretivas em caso de impactos sociais ou ambientais?"

A resposta a essas perguntas nos ajuda a desenvolver um plano de ação para emergências, contendo as medidas e procedimentos a serem adotados por qualquer membro da organização para minimizar, combater e eliminar incidentes.

Preste atenção

Uma boa técnica para o desenvolvimento do plano de ação consiste em apresentarmos a descrição detalhada das instalações, a descrição de dois ou mais cenários a serem considerados, a área ou cobertura do acidente, a estrutura organizacional com definição de atribuição dos responsáveis; se possível, é interessante apresentarmos um fluxograma indicando ações e decisões, recursos materiais e auxiliares para apoiar na eliminação de acidentes.

A identificação e a análise dos processos que formam um projeto requerem o estudo dos elementos que o compõem, como observar seus objetivos, seus recursos humanos e materiais, a gestão de comunicações, os processos de coleta e entrega de produtos, a identificação e a agregação das pessoas em cada atividades, mapeando o tempo de duração de cada um (cronograma), entre outros elementos que caracterizam nosso projeto, tendo em mente que cada um destes possui níveis de riscos que podem e devem ser mapeados para uma correta implementação do plano operacional.

Síntese

Neste capítulo apresentamos os elementos que devem ser apresentados em um plano operacional: ciclo de vida do produto; serviços; tecnologia envolvida; capacidade instalada – atual e prevista (*forecast*); pesquisa e desenvolvimento; cronograma; tributos sobre produtos e serviços; matéria-prima envolvida; processos e operações; fluxograma operacional; identificação dos processos críticos – gargalo; instalações; equipamentos – materiais; recursos humanos; logística; gerenciamento de custos e financiamentos; estimativa de custos; orçamento; controle de custos; comunicações e riscos.

capítulo 5

Apresentamos o ciclo PDCA, descrevendo as suas fases e explicando a sua aplicação na gestão de processos nas empresas. Descrevemos também as características e a classificação dos serviços e os ambientes dos serviços. O processo *forecast* foi introduzido para facilitar o planejamento futuro, em termos de previsão de produção e oferta de serviços, assim como os diversos tipos e modelos de *layout* de arranjos físicos.

Ao falarmos sobre a tecnologia envolvida no plano operacional, destacamos a importância de investimentos em pesquisa e desenvolvimento dos produtos/serviços da empresa. A facilidade de planejarmos o cronograma foi abordada no sentido de focarmos o projeto do produto/serviço, englobando a sequência de atividades com uso do diagrama de precedência, que deve ser integrada à estimativa de custos e duração das atividades, previstas no *forecast*.

Descrevemos os principais tributos sobre produtos e serviços, com uma indicação de referência que pode auxiliar o planejamento futuro quanto a alíquotas a serem recolhidas pela empresa.

Quanto aos processos operacionais, descrevemos suas características básicas e os pontos a serem analisados, o uso e as vantagens do fluxograma para especificação e determinação de todos os processos, inclusive os críticos, que podem gerar gargalos na produção.

Abordamos também elementos a serem considerados no planejamento dos recursos humanos, assim como descrevemos os elementos necessários ao gerenciamento dos custos e das finanças da empresa, culminando com a programação orçamentária e nos elementos que facilitam o controle de custos. Descrevemos as formas e necessidades de comunicação entre processos e pessoas na empresa, finalizando o capítulo com a descrição dos riscos que o projeto do produto ou do serviço pode sofrer, alertando para a necessidade dessa salvaguarda no plano de negócios.

Questão para reflexão

As estimativas de custos do ciclo de vida do projeto que você pretende desenvolver para seu empreendimento podem ser aliadas a técnicas de engenharia de valor de forma a aprimorar e refinar o seu processo de tomada de decisão. Qual pode ser a influência do uso do *Guia PMBOK* (PMI, 2004) nessa estimativa?

Questões para revisão

1. Apresente a importância de se delinear um plano operacional ao plano de negócios.
2. Cite as fases do ciclo de vida de um produto, descrevendo as ações que devem ser tomadas em cada uma delas.
3. Quais são as características dos serviços?
4. Qual é a classificação dos serviços a serem descritos no plano operacional?
5. Quais os riscos que devem ser analisados para o seu plano de negócios?

Para saber mais

STEVENSON, W. J. **Administração das operações de produção**. 6. ed. Rio de Janeiro: LTC, 2001.

> Para entender cálculos e ordenamento de gerenciamento de espaço físico e arranjos para sua empresa, a leitura da obra de Stevenson é altamente recomendada.

capítulo

Plano financeiro

06

Conteúdos do capítulo:

- Investimento inicial;
- Projeção de resultados;
- Indicadores para análise de investimentos ao plano financeiro;
- Fluxo de caixa;
- Ponto de equilíbrio;
- Balanço patrimonial.

Após o estudo deste capítulo, você será capaz de:

- definir o investimento inicial e elencar seus elementos em um empreendimento;
- discutir projeção de resultados;
- ter a consciência da necessidade do uso de indicadores para análise de investimentos ao plano financeiro;
- definir e elencar os elementos que compõem o fluxo de caixa;
- definir ponto de equilíbrio e saber a sua importância;
- apresentar um balanço patrimonial e elencar seus elementos.

O plano de negócio deve contemplar um plano financeiro. É nele que devemos detalhar o orçamento e os custos do nosso negócio. De acordo com Duffy (2006), devemos ter uma boa gerência orçamentária em mente e precisamos ser capazes de traduzir o que foi planejado em valores monetários que possam ser medidos e que indiquem o custo de todos os recursos (materiais e humanos) e o retorno previsto ao longo de determinado período.

De acordo com Duffy (2006), da Harvard Business School, nem todos os orçamentos são iguais, e não são mesmo! Qualquer empresa que deseja iniciar seus negócios, ou mesmo expandir, deve ter um investimento inicial, uma verba orçamentária que garanta a aplicação das novas estratégias no/para mercado.

O ramo da atividade da empresa é que determina o plano financeiro e a gestão do seu orçamento. No caso de empresas públicas (como no caso de ONGs, ministérios, secretarias e outros), as verbas orçamentárias são distribuídas em rubricas próprias, em um sistema específico (por exemplo, o Sistema Integrado de Administração Financeira do Governo Federal – Siafe) a serem gastas de acordo com o plano financeiro apresentado no período anterior, informando as necessidades de gastos, onde e com o que as verbas serão utilizadas, sendo muito difícil a transferência de uma classe para outra. No caso de empresas privadas, a flexibilidade é maior, sendo possível a reestruturação do controle financeiro em reuniões com aprovação de novas estratégias de ação, adotando medidas emergenciais ou rotinas de empréstimo ou financiamento e refinanciamento por meio de financiadores, sócios, acionistas ou parceiros, facilitando a reformulação do plano financeiro.

O gerenciamento financeiro do nosso plano de negócio deverá abordar processos e técnicas de gerenciamento geral, como retorno sobre o investimento, fluxo de caixa e análise de retorno de capital investido.

6.1 Investimento inicial

O investimento inicial é a programação de todo o recurso financeiro (capital) de que dispomos, e de que iremos dispor, para iniciarmos (ou alavancarmos) nosso negócio. Fazendo parte do nosso orçamento, o investimento inicial relaciona todos os custos para a execução do plano de negócio; portanto, é uma análise da relação custo-benefício de cada ação a ser executada.

Para elaborarmos nosso plano financeiro, devemos ter em mente que nosso orçamento deve ser cuidadosamente distribuído de acordo com as necessidades e os requisitos do negócio e identificado no início do seu planejamento. Precisamos impor limites máximos e mínimos a serem aplicados em cada orçamento, dividindo-os em categorias.

Categorizar o orçamento viabiliza o respeito aos valores reservados para cada linha de ação e, caso uma linha seja ultrapassada, podemos reservar o direito de lançarmos o excedente em outra linha quando da revisão do nosso cenário financeiro.

O correto gerenciamento financeiro deve considerar também o efeito das decisões sobre o custo de utilização, manutenção e suporte do produto e/ou serviço.

Para determinarmos o custo real, Duffy (2006, p. 54-55) nos aconselha a subdividirmos nosso projeto de investimento pensando nas seguintes categorias:

> **Pessoal**: Que engloba grande parte do nosso investimento inicial. Devemos estar atentos à inclusão de todos os custos de funcionários, terceirizados ou temporários, inclusive nos casos que se requisitar, ou necessitar, de horas extras.
>
> **Deslocamento**: Seja de pessoal de outras localidades, seja de material de fornecedores distantes.
>
> **Treinamento**: Precisamos nos perguntar se todos os envolvidos sabem trabalhar com os equipamentos disponíveis ou que serão adquiridos e se possuem capacitação e qualificação necessária para operá-los. Caso contrário, devemos verificar em que casos os treinamentos serão efetuados, sua duração e seus custos.
>
> **Suprimentos**: Devemos listar quais equipamentos a empresa possui, quais os materiais adquiridos e a serem adquiridos, inclusive em termos de sistemas computacionais.
>
> **Espaço**: Definição do local de trabalho de cada funcionário, distribuição dos espaços a serem ocupados por cada departamento/setor e estudo das futuras necessidades de ampliação ou casos de retração.
>
> **Pesquisa**: Estudo do custo de aquisição dos dados que irão compor o planejamento inicial, o plano de *marketing* e outras pesquisas necessárias ao correto posicionamento do produto ou serviço da empresa.
>
> **Despesas de capital**: Relação dos custos de novos equipamentos, materiais ou atualizações técnicas, bem como o estudo das formas de captação dos recursos para este tipo de custo.

Despesas indiretas: Relação dos custos fixos projetados e que fazem parte do planejamento da empresa, com definição do respectivo enquadramento percentual. [grifo do original]

O que deve ficar claro é que as estimativas de custos, como investimento inicial, podem beneficiar o refinamento do plano financeiro, refletindo detalhes adicionais, quando disponíveis.

A estimativa exata aumenta à medida que o projeto de negócio se desenvolve, seguindo o cronograma e o ciclo de vida do produto, não se limitando à mão de obra, aos materiais, aos equipamentos, aos serviços e as instalações, indo além das previsões, como ações inflacionárias do mercado, ações de tributação lançadas pelo governo, custo de contingência, entre outros.

De acordo com o *Guia PMBOK* (PMI, 2004, p. 158):

> em alguns projetos, especialmente os que apresentam menor escopo, a estimativa de custos e o orçamento estão ligados de forma tão estreita que são considerados um único processo, que pode ser realizado por uma única pessoa durante um período de tempo relativamente curto [...]. A capacidade de influenciar o custo é maior nos estágios iniciais do projeto e esse é o motivo pelo qual a definição do escopo logo no início é essencial.

A gerência dos custos e as técnicas associadas às ferramentas, para seu eficaz levantamento e gestão, dependem muito da definição do produto ou serviço. Por isso, devemos produzir um plano financeiro que contemple os custos que permitam estabelecer os níveis de informação quanto à precisão dos valores identificados, bem como suas unidades de medida, as ligações entre os processos ao ciclo de vida dos seus produtos e os limites de controle, para especificação da variação de custos relacionados às quantidades produzidas.

> Para elaborarmos nosso plano financeiro, devemos ter em mente que nosso orçamento deve ser cuidadosamente distribuído de acordo com as necessidades e os requisitos do negócio e identificado no início do seu planejamento.

6.2 Projeção de resultados

Dentro do planejamento financeiro, projetar resultados significa que devemos definir o quanto esperamos vender, o quanto esperamos gastar e, como resultado, o quanto vamos lucrar nos próximos meses ou anos.

Uma maneira de calcularmos os resultados de quanto produzimos, quanto gastamos, vendemos e lucramos com a produção consiste em realizarmos a coleta de dados de cada uma dessas operações e armazenarmos em tabelas específicas para então montarmos indicadores e índices que nos mostrem, em forma de gráficos ou mesmo relatórios, o comportamento das mesmas.

Somente depois de analisarmos relatórios ou gráficos é que deveremos decidir sobre expandir ou retrair vendas, produção ou outras operações.

Devemos nos perguntar: "O que devo levar em consideração para projetar resultados para minha empresa ou para meu empreendimento?".

Frezatti (1999) alerta para que os seguintes aspectos:

- **Projeção de vendas**: Devemos realizar *benchmarking* para acompanhamento das ações dos concorrentes e, principalmente, realizar estudos do potencial de mercado, para termos noção de quanto produzir e de quanto será a nossa participação no mercado na venda de produtos ou serviços. Precisamos considerar sazonalidades, o crescimento da economia, o crescimento do setor ou o nicho do nosso mercado e entrada de novos concorrentes e, em qualquer dos casos, devemos calcular a margem segura de vendas para nossa empresa.
- **Formação de preços**: Que deve ser fruto dos cálculos do custo de produção, do produto ou do serviço, da margem de lucro que desejamos obter, do investimento realizado e do retorno esperado, do comportamento do mercado em relação ao nosso produto ou serviço e à estrutura que definimos para formarmos seus preços, às vezes pode ser modificada para atender aos novos comportamentos do mercado.

- **Projeção de custos dos produtos**: Uma vez estabelecidos os cálculos de vendas, a projeção de custos dos produtos é consequência juntamente com os insumos (matéria-prima) utilizados para sua produção, o mesmo se aplicando para o caso de serviços. Esse cálculo depende também do nosso estoque, tipo de fabricação e/ou custo de produção.
- **Projeção de despesas variáveis**: Uma vez determinada a quantidade de vendas, as despesas variáveis irão acompanhá-las! Gastos com energia para produção, comissões de vendedores, entre outros, sendo calculado sobre um percentual médio sobre o volume de vendas.
- **Projeção de despesas fixas**: São os gastos que se realizam para a realização das receitas, que não acompanha a variação do volume de vendas. Nesse caso, entram os aluguéis de áreas, depreciação de bens, entre outros.
- **Projeção de tributos**: Nesse caso, devemos relacionar e calcular todos os impostos e encargos que incidem (ou incidirão) sobre a empresa: ICMS, IPTU, IPI, ISS, Cofins, CSSL, II, IE, IR, INSS, entre outros, bem como os relacionados ao pessoal, como FGTS, 13º salário, férias, abonos pecuniários, planos de saúde, entre outros.
- **Projeção de necessidades de capital**: São as definições das necessidades de novas máquinas, novos instrumentos de trabalho, instalações, capital de giro, ou seja, engloba os recursos adicionais de que a nossa empresa necessitará, em um determinado intervalo de tempo, para continuar competitiva e em crescimento constante.

Trabalhar com projeções remete ao conceito apresentado no Capítulo 2 (**planejamento**) e no Capítulo 3 (**plano operacional**), nos quais estudamos o *forecast* e os elementos que compõem o nosso plano de negócios. Por isso, a construção desse item extremamente importante em nosso plano de negócios tem a ver com o interesse dos investidores e dos sócios, dos acionistas e dos clientes, pois decisões acerca da aceitação (ou não) da implementação do nosso negócio passa pela decisão destes.

A explicação das suas projeções de vendas, preços, produtos, despesas, tributos, necessidades é mais suave e simplificada aos *stakeholders* se, acompanhada das explicações de projeções, apresentarmos gráficos indicadores em função da agregação desses vários conceitos, o que veremos na seção seguinte.

6.3 Indicadores para análise de investimentos ao plano financeiro

Cientes da dinâmica de ação das empresas, do mercado e dos negócios, gerentes estão preocupados com a análise de investimentos realizados e a realizar (uso do *forecast*), sendo um parâmetro útil para avaliação do desempenho da empresa, das operações e nas decisões rotineiras.

Clemente (2001, p. 59) define investimento como "um desembolso feito pela empresa visando gerar um fluxo de benefícios futuros, usualmente superior a um ano", e chama a atenção aos elementos que compõem um projeto de investimento, destacando a aplicação das técnicas de análise de investimento, que está associado ao processo de geração de indicadores.

Usar indicadores financeiros, destacando sua aplicabilidade aos investidores, é essencial em um plano financeiro do plano de negócios, pois eles atendem à(s):

- especificações técnicas dos investimentos;
- geração de alternativas viáveis;
- alternativas viáveis tecnicamente;
- avaliação das alternativas;
- etapa do processo decisório.

Ainda referenciando Clemente (2001), os indicadores de análise de projetos de investimentos que podemos utilizar no nosso plano de negócios estão subdivididos em dois grupos, que devemos procurar estudar, pois irão nos auxiliar na percepção do comportamento esperado entre risco e retorno:

- Indicadores associados à rentabilidade (ganho ou geração de riquezas):
  - VPL – valor presente líquido;
  - VPLa – valor presente líquido anualizado;
  - TIR – taxa interna de retorno;
  - IBC – índice benefício/custo,
  - Roia – retorno sobre investimento adicionado;
- Indicadores associados ao risco do projeto:
  - TIR – taxa interna de retorno;
  - *Pay-back* – período de recuperação do investimento;
  - Ponto de Fischer.

Para exemplificarmos essa teoria, podemos afirmar que o comportamento normal entre risco e retorno consiste na seguinte frase: "Quanto maior for o risco, maior será o retorno!".

Por isso, é importante sabermos relacionar a estimativa do retorno esperado do nosso negócio e o grau de risco associado a esse retorno, efetuando avaliações distintas de uma mesma oportunidade de investimento.

Não sendo tarefa trivial, o risco não pode ser eliminado nem enquadrado em escalas, mas, como investidores, podemos melhorar nossa percepção de risco utilizando elevado nível de informações sobre nosso negócio, analisando os indicadores associados.

Para isso, o fluxo esperado de benefícios (CFj) pode ser obtido pelas estimativas de prováveis valores para prováveis cenários (Clemente, 2001, p. 60) como ilustrado no Quadro 6.1 a seguir.

Quadro 6.1 – Componentes do fluxo esperado de benefícios

	Início	1.º mês	2.º mês	3.º mês	...	n-ésimo mês
Investimentos						
Imóveis						
Instalações físicas						
Máquinas e equipamentos						
Móveis e utensílios						
Veículos						
Logística						
Capital de giro						

(continua)

(Quadro 6.1 – conclusão)

Fontes de financiamento
Capital próprio Capital de terceiros
Entradas de caixa
Vendas à vista Vendas a prazo Receitas não operacionais Valor residual do ativo fixo Valor residual do capital de giro
Saídas de caixa
Amortização de financiamento Despesas financeiras Aluguéis *Leasing* Máteria-prima Materiais auxiliares Materiais de higiene e limpeza Utilidades (água, vapor, gás, energia) Manutenção e reforma Mão de obra do setor produtivo Outros custos de operação Honorários de diretoria Salários do setor Administrativo Salários e comissões da área comercial Publicidade e propaganda Assistência ao cliente Outros custos de comercialização Impostos e taxas Outros tributos Outros custos operacionais Outras
Saldo de caixa   CF0   CF1   CF2   CF3   ...   CFn

Fonte: Adaptado de Clemente, 2001, p. 61.

De forma geral, precisamos planejar como investir os recursos, o que implica a transferência de investimentos de uma fonte para uma atividade que proporcione lucros, por um determinado tempo. Clemente (2001) alerta que, ao final desse tempo, devemos esperar maiores recursos do que aqueles imobilizados inicialmente e mais aquilo que teríamos ganho se o capital tivesse sido orientado para a melhor alternativa de investimento de baixo risco disponível no momento do investimento inicial.

Devemos considerar ainda no nosso plano financeiro:

- atratividade financeira de projetos, na qual o fluxo esperado de benefícios deve superar o valor do investimento que originou o fluxo, procurando posicioná-los em uma única linha de tempo (sabemos que valores monetários de tempos distintos – para CFJs – não têm o mesmo significado) concentrando os valores do fluxo de caixa e a descapitalização composta como relação de equivalência;
- taxa de mínima atratividade (TMA), ou seja, a melhor taxa, com baixo grau de risco, disponível para aplicação do capital em análise, tendo como base para estabelecer uma estimativa da TMA à taxa de juros praticada no mercado, como taxa básica financeira (TBF); taxa referencial (TR); taxa de juros de longo prazo (TJLP) e taxa do sistema especial de liquidação e custódia (Selic);
- valor presente líquido (VPL), que é a concentração de todos os valores esperados de um fluxo de caixa na data zero, com operacionalização mais simples se comparado à atratividade.

É interessante percebermos que a apresentação desses indicadores nos auxilia a explicar e explicitar os custos, os gastos, as projeções e as fundamentações das verbas que nosso negócio deve (pode) dispor, facilitando ainda o entendimento do fluxo de caixa e das movimentações previstas para o nosso projeto no plano de negócios, o que passaremos a discutir na próxima seção.

6.4 Fluxo de caixa

Fluxo de caixa é um modelo baseado em cálculos matemáticos (planilhas ou tabelas) que têm o objetivo de facilitar o estudo e os efeitos da análise de certa aplicação, que pode ser um investimento, empréstimo, financiamento ou qualquer outro elemento financeiro. Esse fluxo relaciona entradas, saídas e saldo, assinalados de acordo com a linha de tempo (cronograma) de um projeto, com início no instante de tempo igual a zero.

Já tratamos anteriormente, nos itens 5.1.18 (*Orçamento*) e 5.1.19 (*Controle de custos*), das estimativas de custos das atividades operacionais, dos detalhes da estimativa de custos quanto a equipamentos e materiais e quanto ao gerenciamento do tempo (cronograma), da análise das reservas, das estimativas paramétricas orçamentárias para o futuro e dos limites de financiamento. Agora, é hora de definirmos em nosso plano de negócio a linha de base dos custos, que é um orçamento dividido em fases usado como base em relação à qual será medido, monitorado e controlado o desempenho de custos geral no nosso projeto.

Preste atenção

A linha de base de custos é desenvolvida ao somarmos os custos estimados por período e exibida em forma de curva "S" (Figura 6.1). Em projetos grandes, há várias linhas de base dos custos e dos recursos e linhas de base de produção. Podemos ver a diferença entre o financiamento máximo e o final da linha de base dos custos na Figura 6.1 a seguir, que representa a reserva para gerenciamento do nosso projeto.

Os financiamentos totais ou periódicos são derivados da linha de base dos custos. Podemos definir que ela tenha um excesso, uma margem, para prevermos um início mais acelerado ou estouros nos custos.

Figura 6.1 – Exibição do fluxo de caixa, da linha de base dos custos e do financiamento

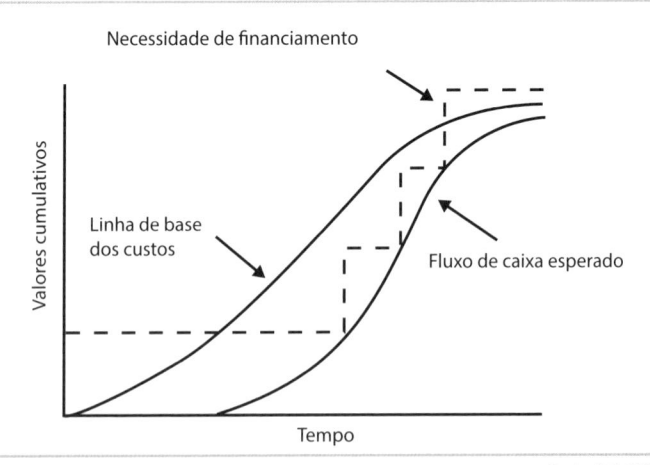

Fonte: PMI, 2004, p. 170.

Para elaborarmos nosso fluxo de caixa, recomendamos a adoção de um padrão que facilita muito a leitura e interpretação das nossas linhas de ação, apresentando nossas receitas e deduções, postura que é aceita na maioria das instituições financeiras. Podemos seguir as dicas da relação a seguir para montá-lo:

- reunir informações básicas sobre o negócio e analisar as opções;
- checar adequadamente as entradas – fazer uma provisão para contas que provavelmente não serão recebidas;
- em qualquer negócio, há despesas e gastos imprevistos; faz-se necessário realizar uma previsão razoável e incluí-la na planilha;
- não esquecer de incluir pró-labore dos diretores e sócios, pagamentos de juros e outros gastos habituais;
- revisar periodicamente a projeção;
- checar os planos de expansão e investimento da empresa.

Um exemplo de fluxo de caixa é apresentado pela Associação Brasileira de Normas Técnicas – ABNT[1], conforme sua Norma NBR 14653 para Avaliação de Bens – Empreendimentos. Recomendamos que os elementos básicos do fluxo de caixa sejam apresentados, conforme apresentado na Relação a seguir:

Estrutura básica do fluxo de caixa

1 Receita líquida (1.1 – 1.2)
    1.1 Receita bruta
    1.2 Deduções da receita bruta
2 Custo direto (2.1 +....+2.4)
    2.1 Custo de mão de obra
    2.2 Custo de matéria-prima
    2.3 Custo de utilidades
    2.4 Custo de manutenção

---

[1] Para se inteirar mais profundamente sobre esse fluxo, acesse o *site*: <http://www.dec.ufms.br/lade/docs/ap/14653-4.pdf>.

3 Resultado bruto (1 – 2)
4 Custo indireto (4.1 + ...+4.4)
    4.1 Despesas administrativas
    4.2 Despesas com vendas
    4.3 Despesas gerais
    4.4 Resultado de operações financeiras
5 Resultado operacional (3 – 4)
6 Resultado não operacional (6.1 + 6.2)
    6.1 Receitas não operacionais
    6.2 Despesas não operacionais
7 Resultado antes de tributação (5 – 6)
8 Deduções da base tributária (8.1 + 8.2)
    8.1 Depreciação contábil do ativo imobilizado
    8.2 Outras deduções da base tributária
9 Lucro tributável (7 – 8)
    10 Impostos e contribuições (10.1 + 10.2)
    10.1 Imposto de Renda
    10.2 Contribuição social sobre o lucro tributável
11 Resultado após a tributação (7 – 10)
12 Investimento (12.1 + ... + 12.4)
12.1 Implantação

Fonte: ABNT, 2009.

Vemos outro exemplo de elaboração de um fluxo de caixa[2], com os elementos básicos, na Tabela 6.1 a seguir:

---

[2] Há um exemplo prático na web no qual você pode exercitar mais sobre a construção de um fluxo de caixa. No exemplo definido por Sodré (2005), há um estudo de caso de um empréstimo bancário realizado por uma pessoa, de forma que ela restituirá esse empréstimo em "n" parcelas iguais nos meses seguintes. No exemplo, são apresentados todos os passos da construção da planilha de cálculos ao fluxo de caixa do ponto de vista do banco e da pessoa. Disponível em: <http://pessoal.sercomtel.com.br/matematica/financeira/flcaixa/flcaixa.htm>.

capítulo 6

Tabela 6.1 – Exemplo de fluxo de caixa

FLUXO DE CAIXA		Realizado	Projetado				
		Mai./03	01/06 a 08/06	09/06 a 15/06	16/06 a 22/06	23/06 a 30/06	Jun./03
ENTRADAS	Vendas à vista	4.850,40	1.200,00	1.200,00	1.200,00	1.400,00	5.000,00
	Cobrança duplicatas	65.899,05	18.150,90	17.145,44	18.120,40	34.150,20	87.566,94
	Resgate – aplicações financeiras	17.899,00		5.400,00			5.400,00
	Empréstimos	10.100,00	10.000,00				10.000,00
	Aluguéis recebidos	2.500,00		2.500,00			2.500,00
	Outras entradas	150,00					0,00
	A – total dos recebimentos	101.398,45	29.350,90	26.245,44	19.320,40	35.550,20	110.466,94
SAÍDAS	Fornecedores	45.005,20	15.165,04	12.190,40	9.805,40	18.167,80	55.328,64
	Compras à vista	1.990,00	1.000,00	500,00	400,00	300,00	2.200,00
	Tributos	7.155,90	1.765,00	5.190,00	159,00	270,00	7.384,00
	Folha de pagamento	15.190,00	10.155,00	1.500,00	5.400,00	500,00	17.555,00
	Despesas gerais	7.199,05	2.150,00	4.005,00	1.100,00	1.050,00	8.305,00
	Amortização Empréstimos	11.420,50	-	5.155,00	5.188,00	10.340,00	20.683,00
	Outras saídas	3.450,20	1.000,00	1.050,00	1.000,00	1.000,00	4.050,00
	B – total dos pagamentos	91.410,85	31.235,04	29.590,40	23.052,40	31.627,80	15.505,64
SALDO	Saldo anterior	-	9.987,60	8.103,46	4.758,50	1.026,50	-
	Saldo da semana	9.987,60	(1.884,14)	(3.344,96)	(3.732,00)	3.922,40	(5.038,70)
	Saldo acumulado	9.987,60	8.103,46	4.758,50	1.026,50	4.948,90	4.948,90

Fonte: Portal Tributário, 2009.

6.5 Ponto de equilíbrio

O ponto de equilíbrio representa o momento em que todas as receitas da empresa se tornam iguais a todos os seus custos.

Importante

O ponto de equilíbrio é o valor ou a quantidade que a empresa precisa vender para cobrir o custo das mercadorias vendidas, as despesas variáveis e as despesas fixas. Com isso, a empresa não terá lucro nem prejuízo.

O ponto de equilíbrio é um gráfico que representa a situação de todas as rendas da empresa em um eixo e todos os custos em outro, tendo a intersecção das duas curvas o ponto de equilíbrio, que é útil para a tomada de decisão quanto ao direcionamento de ações para aumentar renda e diminuir custos no futuro funcionamento do empreendimento, representando então o ponto de equilíbrio contábil para a empresa.

O texto a seguir conta com um exemplo de aplicação dos conceitos e cálculos para o ponto de equilíbrio[3].

> Antes de ensinarmos o cálculo do ponto de equilíbrio, precisamos conhecer o conceito de custo fixo e custo variável.
>
> Custo fixo é o que ocorre independentemente do ato produtivo (venda), e desse modo são entendidos todos os custos suportados para que a empresa se encontre apta a funcionar: aluguel, impostos prediais, depreciações, vigilância, despesas administrativas.

---

[3] Este texto se encontra em um *site* muito referenciado quando se trata do tema *equilíbrio financeiro*. Nesse *site* você também poderá encontrar outros exemplos que irão auxiliá-lo a dominar o assunto. Disponível em: <http://www.administradores.com.br/artigos/ponto_de_equilibrio/25343/>. Caso se interesse pelo assunto, existem diversos sistemas computacionais que podem ajudá-lo a desenvolver e analisar o ponto de equilíbrio da sua empresa. *Site* para *download*: <http://superdownloads.uol.com.br/redir.cfm?softid=41246>.

Custo variável é o que ocorre à medida que a produção (venda) se desenvolve, como a matéria-prima, a mão de obra, o custo dos produtos vendidos e, quase sempre, comissões e impostos sobre as vendas.

O custo fixo e o custo variável têm conceitos antagônicos, numa situação o custo é constante e na outra varia, e vice-versa. Podem ser visualizados da seguinte forma:

Espécie de custo	Em relação à variação do volume
Fixo total	Não varia
Variável total	Varia proporcionalmente

Resta-nos esclarecer o que seja a margem de contribuição: diferença entre vendas totais e custos variáveis totais. Exemplo: Vendas totais 100,00 (menos) Custos variáveis totais 70,00 = margem 30,00.

(100,00 – 70,00) = 30,00/100 = 30% (margem em percentual)

São poucas as pequenas organizações empresariais que sabem quais as quantidades mínimas de produtos a serem produzidos ou vendidos para que obtenham resultados positivos, e isso ocorre porque muitas não enxergam o ponto de equilíbrio como uma técnica muito útil, de fácil aplicação e outros até mesmo por desconhecê-lo.

Não existe ponto de equilíbrio que se possa afirmar ser o ideal. Ele deve ser o mais baixo possível. Quanto menor o ponto de equilíbrio, mais segurança para a empresa não entrar na área de prejuízo.

Há várias formas de se calcular o ponto de equilíbrio! Usaremos a mais tradicional, em que, conforme explicado anteriormente, o valor das receitas iguala-se ao das despesas.

O ponto de equilíbrio é o quociente simples da divisão dos valores dos custos e despesas fixas pela margem de contribuição.

Exemplo:

Vendas totais 100,00

Custos variáveis totais 70,00

% margem de contribuição = 30,00 ou 30%

Valor total dos custos e Despesas fixas = 15,00

PE = (Custos e Despesas fixas / % margem)
PE = 15,00 / 30% = 50,00

	Dados acima		Ponto de equilíbrio	
Vendas totais	100,00	100,00%	50,00	100,00%
(-) Custos variáveis totais	70,00	70,00%	35,00	70,00%
(=) Mensagem de comunicação	30,00	30,00%	15,00	30,00%
(-) Custo fixo total	15,00	15,00%	15,00	30,00%
(=) Lucro	15,00	15,00%	0,00	0,00%

Como podemos observar no exemplo, vendendo 100,00, teremos um lucro de 15,00. Se vendermos apenas 50,00, que é o ponto de equilíbrio, não teremos nem lucro nem prejuízo.

Apenas a título de ilustração, daremos abaixo uma lista dos custos e despesas que geralmente ocorrem numa pequena empresa comercial.

Custos fixos/Despesas fixas:
- Aluguel;
- Imposto Territorial e Predial;
- Folha de pagamento dos administrativos c/ encargos;
- Despesas de manutenção do prédio;
- Despesas com escritório de contabilidade;
- Depreciações e amortizações;
- Despesas com telefones;
- Material de escritório;
- Etc.

Custos variáveis/Despesas variáveis:
- Custo das vendas;
- Impostos sobre vendas;
- Folha de pagamento c/ encargos do pessoal de vendas/ Produção;
- Comissões de vendedores;

capítulo 6

- Comissões de vendedores;
- Etc.

Por derradeiro queremos deixar bem claro que não é nossa intenção esgotar o assunto e sim dar uma ideia ao pequeno empresário do que seja essa ferramenta e quão fácil é aplicá-la.

Fonte: Adaptado de Placonà, 2008.

6.6 Balanço patrimonial

Para facilitar nosso entendimento sobre as estimativas de investimento e custo, projeção de receitas, custos e apuração de resultados, bem como de toda a avaliação econômica do seu plano, podemos testar o conteúdo desses elementos ao preenchermos as seguintes tabelas:

Tabela 6.2 – Estimativa de investimento fixo

Investimento fixo			
Descrição do item	Quantidade	Valor	
		Unitário	Total
Subtotal			
Reserva técnica (%)			
Total			

Tabela 6.3 – Estimativa do custo com os recursos humanos

Recursos humanos				
Setor/Departamento	Descrição das funções	Área	Salário mensal	
			Valor unitário	Valor total
Soma dos valores				
Encargos sociais (x% sobre a soma)				
Valor total				

Tabela 6.4 – Estimativas dos custos fixos

Estimativas dos custos fixos			
Ordem	Descrição do custo fixo	Referência	Valor (R$)
Soma parcial			
Outros (x% sobre a soma parcial)			
Valor total			

Tabela 6.5 – Projeção das receitas operacionais

Projeção das receitas operacionais				
Ordem	Descrição dos produtos/serviços	Receita do mês _____		
		Quantidade	Valor unitário	Valor total

(continua)

Plano financeiro

(Tabela 6.5 – conclusão)

Valores totais				

Tabela 6.6 – Projeção dos custos variáveis

Projeção dos custos variáveis				
1 – Custo dos produtos (serviços) vendidos				
Produto/Serviço	Unidade	Quantidade	Valor unitário	Valor total
Valor total				

2 – Custo de comercialização	
Descrição do custo (tributo)	Valor total
Impostos federais (% da receita)	
Supersimples	
IPI	
PIS	
Cofins	
CSLL	
Outros	
Impostos estaduais (% da receita)	
ICMS	
Outros	
Impostos municipais (% da receita)	
ISS	
Outros	
Fretes	

(continua)

(Tabela 6.6 – conclusão)

Comissão (% da receita)	
Terceiros (% da receita)	
Taxas administrativas (bancos, etc.)	
Outros:	
Valor total (1 + 2)	

Tabela 6.7 – Projeção dos custos totais

Projeção dos custos totais	
Custos totais	Valores totais
1. Custos fixos	
2. Custos variáveis	
Total dos custos (1 + 2)	

Tabela 6.8 – Análise dos resultados

Resultados para análise		
Item	Descrição	Valor total
1	Vendas totais	
1.1	Vendas à vista	
1.2	Vendas a prazo	
2	Custos variáveis	
3	Margem de contribuição (1 – 2)	
4	Custos fixos	
5	Custo financeiro sem empréstimos	
6	Lucro operacional (3 – (4 + 5))	
7	Imposto de Renda	
8	Lucro líquido (6 – 7)	

Tabela 6.9 – Estimativas para capital de giro (necessidades)

Estimativas para capital de giro (necessidades)	
Item (descrição)	Valor total
Custos fixos	
Estoque (matéria-prima)	
Mão de obra variável	
Custos de comercialização	
Registro e legalização	
Publicidade	
Propaganda	
Outros:	
Valor total	

Tabela 6.10 – Investimento inicial (estimado)

Investimento inicial (estimado)		
Item	Descrição do investimento	Valor total
1	Investimento fixo	
2	Capital de giro	
3	Subtotal (1 + 2)	
4	Reserva técnica (% do item 3)	
VALOR TOTAL		

Tabela 6.11 – Avaliação econômico-financeira

Avaliação econômico-financeira
Rentabilidade   R % = (Lucro operacional/Investimento total) x 100
Lucratividade   L % = (Lucro líquido/Receita) x 100
Prazo de retorno = Investimento total/Lucro operacional
Ponto de equilíbrio = (Custo fixo x Receita)/Margem de contribuição

Para termos certeza sobre os custos a serem categorizados, Duffy (2006) aconselha que façamos as seguintes perguntas:

- Apresentados os esclarecimentos sobre o entendimento dos orçamentos aos membros da equipe?
- Identificados todos os custos do treinamento necessário para que os membros da equipe fiquem atualizados?
- Apresentados os custos do treinamento dos usuários que irão implementar o plano de negócios?
- Identificado o custo permanente em termos de pessoal?
- Apresentado o custo permanente da manutenção de novos espaços, como aluguel ou expansão de construção?
- Analisado o custo referente a seguros?
- Analisado o custo referente a eventuais licenciamentos?
- Identificado o custo do apoio externo prestado por advogados ou contadores?
- Identificado o custo de novas aquisições referente a equipamentos ou espaços?

Como podemos observar, **o plano financeiro do nosso plano de negócios deve contar com um apoio contábil muito bem elaborado**, considerando o montante disponível para o nosso investimento inicial, a projeção de resultados que espera no final da execução do nosso planejamento operacional, bem como a elaboração de indicadores para acompanhamento do nosso fluxo de caixa que seja sustentável para a empresa no futuro. Sugerimos aqui que o nosso balanço patrimonial seja executado em um cronograma previamente definido, contando sempre com o apoio de profissionais contábeis para facilitar seu desenvolvimento.

Síntese

Neste capítulo apresentamos os principais elementos que devemos considerar no plano financeiro e os cuidados que precisamos ter no orçamento no que diz respeito à sua distribuição, enfatizando as necessidades e os requisitos do nosso negócio, identificados nos planos de *marketing* e operacional.

Apresentamos as subdivisões das categorias do projeto de investimento, descrevendo os aspectos a considerarmos na projeção de resultados na venda de produtos/serviços do empreendimento. O uso de indicadores, suas características e principais vantagens foram definidos para que atendam às necessidades e requisitos do plano financeiro.

Ao apresentarmos o fluxo de caixa, sua importância e um exemplo de desenvolvimento e apresentação, nossa intenção foi mostrarmos a forma padronizada de descrição de seus elementos. Da mesma forma, explicamos o que é o ponto de equilíbrio de uma empresa e a sua construção, e definimos o ponto de equilíbrio contábil, mostrando um exemplo pronto, servindo de base para apresentar o funcionamento financeiro da empresa.

Para facilitarmos nosso entendimento sobre as estimativas de investimento e custo, o final do capítulo mostra exemplos (em forma de quadros) de projeção de receitas, custos e apuração de resultados, cuja a finalidade é avaliar economicamente um plano financeiro.

Questão para reflexão

Ao concluir o seu plano financeiro do plano de negócios, você realmente saberá se conseguiu identificar as suas reais necessidades e se apresentou os seguintes elementos: relação dos investimentos iniciais, projeção dos resultados, projeção do seu fluxo de caixa, projeção do seu balanço, definição do seu ponto de equilíbrio e, por fim, análise detalhada dos seus investimentos.

Questões para revisão

1. Quais são as categorias existentes na subdivisão do projeto de investimento?
2. Quais são os aspectos a considerar na projeção de resultados de uma empresa?
3. A que devem atender os indicadores para análise de investimentos?
4. Quais são os elementos a considerar na apresentação do fluxo de caixa de um plano financeiro?
5. Quais são os fatores a considerar na realização do balanço patrimonial de uma empresa?

Para saber mais

PLACONÁ, J. **Ponto de equilíbrio**. 2008. Disponível em: <http://www.administradores.com.br/artigos/ponto_de_equilibrio/25343/>. Acesso em: 19 mar. 2010.

> Você pode testar seus conhecimentos sobre os conteúdos deste capítulo no *site* Administradores – O portal da Administração, disponível em <http://www.administradores.com.br>. Procure simular o uso de um sistema computacional que executa a análise do ponto de equilíbrio de uma empresa.

capítulo

Plano jurídico

07

Conteúdos do capítulo:

- Questões norteadoras do plano jurídico;
- Leis e contratos do plano jurídico;
- Documentações relevantes para o plano jurídico.

Após o estudo deste capítulo, você será capaz de:

- apresentar respostas às principais questões norteadoras do plano jurídico;
- saber a importância das leis e contratos do plano jurídico;
- saber quais os documentos mais relevantes para o plano jurídico do seu empreendimento.

Nosso plano de negócios pode contar com a descrição da forma da constituição jurídica da nossa empresa e também das questões legais relacionadas a ela.

Devemos adaptar nosso plano jurídico ao plano de negócios e não o contrário, pois o plano jurídico estabelecerá o contrato social da nossa organização. Por isso, tratar do plano operacional e financeiro antes do plano jurídico nos dá a oportunidade de respondermos a questões importantes dessa etapa:

- Qual será a forma de constituição jurídica da empresa: sociedade por cotas, sociedade anônima, empresa individual ou responsabilidade limitada?
- Qual a forma de divisão cotista escolhida?
- Quais são as questões legais relacionadas à empresa?
- Qual advogado ou escritório jurídico representa a empresa?
- Que leis, responsabilidades, obrigações, licenças, permissões e outras questões jurídicas (legais) devem ser observadas?
- Qual patrimônio está legalmente ativo e utilizável?

- Que tipo de registros deverá ser realizado em órgãos públicos?
- Quais os custos jurídicos totais associados à reserva legal da empresa?
- Que pactos sociais a empresa estabelecerá?

Após termos decidido sobre essas e outras questões, precisamos firmar um contrato social da nossa empresa, estabelecendo e deixando claras todas as cláusulas legais sobre nosso empreendimento no que se refere aos cotistas, aos acionistas, aos parceiros, aos bancos, aos clientes, às instituições governamentais (alvarás, licenças etc.), aos fornecedores e aos outros envolvidos.

Cláusulas especiais poderão ser acrescentadas a qualquer momento, dependendo do tipo e forma que se apresentarem os assuntos e temas para a nossa empresa.

Leis e contratos

Com auxílio de um advogado (ou escritório jurídico), devemos concretizar o plano jurídico no ramo em que nossa empresa está inserida (ambiente privado ou público, como no caso de organizações não governamentais – ONGs), estabelecendo um contrato da área na qual atuará. Por exemplo: podemos ter os seguintes tipos de contratos ligados à área de administração e negócios:

- contrato de acordo de confidencialidade ou competência industrial;
- contrato de administração;
- contrato de parceria;
- contrato de distribuição;
- contrato de colaboração empresarial de serviços jurídicos pré-pagos para empresas;
- contrato de exportação;

- contrato de importação;
- contrato de direitos (autorais, patentes, registros etc.);
- contrato de licença comercial;
- contrato de convênio, entre outros.

Existem outros tipos de contratos e leis a serem respeitados, estudados, analisados e considerados em nosso plano jurídico, dependendo da empresa e do ramo de atividade e do apoio jurídico que escolhermos.

Por isso, precisamos estar atentos às leis e às obrigações que nossa empresa deve cumprir, buscando assessoria jurídica adequada para a formulação do nosso plano jurídico.

7.2 Documentações do plano de negócios

Como um plano de negócio consiste em um documento utilizado para atrair investidores, precisamos reunir alguns documentos básicos que servem para chamar a atenção do investidor, parceiro ou outros interessados no nosso empreendimento, anexando esses documentos ao plano de negócios. Podemos anexar quantos documentos acharmos necessários para que haja uma completa interpretação e entendimento dos leitores quanto ao nosso empreendimento.

Podemos citar alguns exemplos de documentos a serem anexados ao nosso plano de negócio:

- apresentação da empresa – organograma e fluxogramas;
- *curriculum vitae* dos sócios;
- contrato social (resultado do plano jurídico) – constituição da empresa;
- registro em órgãos públicos;

- observação de licenças e patentes;
- planilhas do nosso plano financeiro;
- fluxogramas do nosso plano operacional;
- fotos e descrição dos nossos produtos e/ou serviços;
- cópia das plantas da localização;
- resultado (gráficos ou relatórios) das pesquisas de mercado e/ou opinião;
- material de divulgação do nosso negócio (*folders*, catálogos, *banners* etc.);
- plano da política de qualidade da empresa;
- plano de gerenciamento das pessoas;
- outros documentos que acharmos necessários.

Neste capítulo procuramos, de forma muito objetiva, os principais elementos que devemos considerar para elaborarmos nosso plano jurídico. Como não é pretensão esgotarmos todos os elementos relacionados a esse aspecto do plano de negócios, um contato com um profissional de direito sempre é necessário para a finalização dos conteúdos de cada elemento aqui apontado, a fim de assegurarmos a correta aplicação e observância das leis, dos regulamentos e da ordem vigente na atualidade da sociedade brasileira.

Síntese

O plano jurídico deve ser delineado de acordo com os principais questionamentos relacionados aos aspectos legais do nosso empreendimento, devendo ser adaptado ao plano de negócios e não o contrário!

Os contratos de aspectos legais devem ser anexados ao nosso plano de negócios, se ele assim exigir, sendo identificados, analisados e redigidos por profissionais da área de direito legalmente representados por seus órgãos, sendo descritos os principais compostos desses documentos.

Questão para reflexão

Em seu plano jurídico, que estabelece o contrato social do seu empreendimento com a sociedade, há várias questões de ordem social, financeira, ambiental e geográfica a serem respeitadas. Você verificou se realmente abordou esses eixos temáticos em seu plano de negócios (juntamente com seus assessor jurídico – um advogado), no intuito de não se surpreender futuramente com sanções de ordem legal?

Questões para revisão

1. Por que o plano jurídico deve se adaptar ao plano de negócios e não o contrário?
2. Quais os questionamentos a serem realizados quando da apresentação de contratos legais da empresa?
3. Quais os documentos que o empreendimento deve apresentar se existirem aspectos de ordem legal a serem considerados?
4. Por que é importante ter assessoria de profissional jurídico no desenvolvimento do plano jurídico?
5. Quais são os tipos de contratos ligados à área de administração e negócios que podem ser considerados no plano jurídico? Qual é a principal utilidade de cada um?

capítulo 7

Para saber mais

NFE DO BRASIL. Disponível em: <http://www.nfedobrasil.com.br>. Acesso em: 19 mar. 2010.

Atualmente, o governo brasileiro tem investido no gerenciamento eletrônico de diversos processos em seus ministérios. Um exemplo é a automatização das notas fiscais no comércio, o chamado *NF-e*, ou seja, nota fiscal eletrônica, e também as petições eletrônicas endereçadas aos fóruns. Visite o *site* citado e saiba mais como proceder a atualizações sobre certificados digitais, NF-e, Sped (Sistema Público de Escrituração Digital), CT-e (Conhecimento de Transporte eletrônico), especificamente a legislação que rege esse conhecimento (Ajuste Sinief 09/07, Ajuste Sinief 02/08 e o Ato Cotepe 08/08).

capítulo

Cenários

08

Conteúdos do capítulo:

- Cenários e seu contexto;
- Elementos a serem observados na elaboração do cenário.

Após o estudo deste capítulo, você será capaz de:

- entender um cenário e seus contextos;
- apresentar os elementos que devem ser observados na elaboração do cenário.

Apresentar cenários, ou seja, descrever sobre o futuro da empresa, com narrativa plausível e estruturada, sem "previsões", sobre nosso propósitos, ajuda-nos a comunicar aos acionistas, parceiros e interessados o horizonte futuro da nossa empresa.

Preste atenção

A organização dos cenários pode ser dividida por áreas de interesse, como cenário político, cenário econômico, cenário tecnológico, cenário mercadológico, entre outros, podendo também agregar todas essas áreas em uma só, dependendo apenas do interesse e critério adotado.

Por isso, apresentar elementos, dados e informações que permitam analisar riscos e oferecer alternativas para tomada de decisão, analisar probabilidades e estudos baseados em cálculos estatísticos com objetivo de minimizar os graus de incerteza por parte das ações dos acionistas pode vir a facilitar a aprovação do nosso plano de negócios.

Ao desenvolvermos um cenário, devemos considerar os seguintes elementos:

- projeções dos anos anteriores comparados à realidade atual;
- avaliação do mercado nacional aliado ao comportamento do câmbio, comércio nacional, riscos e fatores que afetam as finanças a curto, médio e longo prazo;
- mudanças políticas e econômicas locais, regionais e globais, podendo estar ligadas a vários subfatores: desemprego, reforma trabalhista, judicial, tributária, crédito, sustentabilidade, meio ambiente, entre outros;
- estudo e análise dos dados macroeconômicos – nesse caso, podemos nos valer de dados macroeconômicos fornecidos pela Associação Nacional das Instituições do Mercado financeiro (Andima), por meio boletins elaborados pelo seu comitê de acompanhamento macroeconômico, que é integrado por economistas de diversas instituições financeiras;
- fortalecimento ou enfraquecimento das instituições políticas e/ou financeiras;
- efeitos da globalização e ações de outras empresas, pelo próprio dinamismo existente no mercado;
- cenário das políticas internacionais e nacionais, com tendências que podem influenciar direta ou indiretamente o comportamento da nossa empresa ou da indústria na qual está inserida, com reflexões sobre o estado e a integração social dos mesmos;
- recursos materiais, naturais, humanos, que necessitam de conhecimento ou tecnologia associados à melhoria de produtos, serviços e qualidade de vida;
- índices de produtividade das indústrias;
- fatores de automação e crises sociais ligados à mão de obra, ao desemprego e a outros fatores associados;
- riqueza e pobreza local, regional e global;
- tecnologias, infraestrutura de comunicações, telecomunicações e redes de informações, como uso da *web*, comércio eletrônico;
- fluxo das importações, exportações e livre comércio dos produtos/serviços.

Há outros fatores que podem e devem ser considerados e que não estão descritos. Ehrlich (2009) aponta para os principais indicadores de mudança ao descrevermos cenários:

- elevação do nível médio de educação;
- nível de gastos/deficit público;
- deterioração das contas externas;
- elevação das taxas de juros;
- deterioração das contas internas;
- indisposição para investimentos diretos;
- aumento da carga tributária.

A elaboração/apresentação de cenários deve considerar a presença dos elementos apresentados, bem como contemplar indicadores, índices ou parâmetros que possam estabelecer referências de longo prazo para nossa empresa.

Síntese

Cenários são úteis para descrevermos sobre o futuro da empresa, oferecendo em nossa apresentação alternativas para tomadas de decisão, além de possibilidades de realizarmos análises de probabilidades e estudos baseados em cálculos estatísticos com objetivo de minimizarmos os graus de incerteza que envolvem as decisões.

Apresentamos os elementos que compõem a descrição de cenários e os fatores que devem ser considerados para planejarmos alternativas de ação à tomada de decisões, contemplando riscos e prazos de execução.

Questão para reflexão

Ao elaborar cenários em seu plano de negócios, existe a necessidade de você apresentar o cenário político, o cenário econômico, o cenário tecnológico, o cenário mercadológico e o cenário legal do empreendimento aos seus futuros acionistas, parceiros e sócios? Justifique sua resposta.

Questões para revisão

1. O que é um cenário para o plano de negócios? Qual a importância em apresentá-lo?

2. Quais os fatores a serem considerados para elaborar um cenário ao plano de negócios?

3. Quais os fatores a considerar quando há mudanças no cenário a ser apresentado?

4. Como é possível realizar um estudo e análise dos dados macroeconômicos?

5. Cite cinco elementos que ajudam o empreendedor a entender a mudança de um cenário já elaborado.

Para saber mais

BIAGIO, L. A.; BATOCCHIO, A. **Plano de negócios**: estratégia para micro e pequenas empresas. São Paulo: Manole, 2005.

> Os autores Luiz Arnaldo Biagio e Antonio Batocchio apresentam, em sua obra *Plano de negócios*, as estratégias para micro e pequenas empresas realizarem seu plano de negócios, fornecendo diagnósticos e formulários para vários elementos apontados nesta obra, ajudando você a se aprofundar na descrição das alternativas para o futuro do seu empreendimento.

capítulo

Avaliação do plano de negócios

09

Conteúdos do capítulo:

- Itens de avaliação do plano de negócios;
- Viabilidade do plano de negócios;
- Elementos a serem considerados para avaliar o plano de negócios.

Após o estudo deste capítulo, você será capaz de:

- apresentar os itens que devem ser considerados quando estamos avaliando nosso plano de negócios;
- saber apresentar a viabilidade do plano de negócios;
- apresentar os elementos a serem considerados para avaliar o plano de negócios.

Poderemos realizar uma avaliação do nosso plano de negócios ao realizarmos a análise de seu conteúdo e comparar com o que os acionistas, sócios, parceiros ou interessados em nosso empreendimento podem pensar a respeito.

Para isso, podemos nos questionar quanto ao nosso projeto descrito no plano:

- É bem estruturado e formatado?
- O resumo executivo está bem apresentado?
- É prolixo?
- Possui foco bem definido?
- Apresenta e possui fundamentação?
- É elegante?
- É objetivo?
- Apresenta metas realistas?
- O histórico foi bem apresentado?

- Os integrantes do empreendimento foram apresentados?
- A linguagem utilizada é adequada?
- É passível de realização?
- Apresenta o comprometimento do empreendedor?
- Apresenta proposição de valor?
- É consistente com a realidade do mercado?
- A estrutura dos planos operacional, de *marketing*, financeiro e jurídico é coerente?
- Haverá retorno sobre o investimento?
- O tempo (prazo) para o empreendimento se consolidar é factível?
- As projeções refletem o entendimento no ramo em que irá atuar?
- A ideia ou concepção já existe no mercado?
- Até quando o negócio poderá existir?
- O produto é adequado para o mercado?
- O plano de *marketing* contempla todos os requisitos necessários?
- As finanças contemplam todos os riscos, cálculos e retornos?
- O mercado foi analisado e contemplado quanto ao ramo, à cadeia de valor e à análise de concorrentes?
- Os processos internos foram apresentados?
- As comunicações foram definidas?
- A análise dos riscos é confiável?
- As projeções são realistas?
- Os cenários são factíveis?
- As dinâmicas políticas, econômicas, sociais e ambientais foram contempladas?

Esses são apenas exemplos de perguntas que podem ser feitas em relação ao nosso plano. Claro que muitas outras podem ser elaboradas, todas com a intenção clara e direta de ajudar a minimizar erros e satisfazer as curiosidades dos leitores, que poderão investir muito para tornar nosso empreendimento, nosso sonho, em realidade lucrativa, em muitos aspectos.

9.1 Avaliação da viabilidade do plano de negócios

O plano de negócios é um documento estruturado, formalizado, concreto e que nos orienta a iniciarmos nosso negócio (ou ampliarmos o já existente), refletindo-se em orientações aos integrantes da organização. Os benefícios são amplos, devendo-se observar as seguintes recomendações:

- apresentação do negócio da organização, seu objetivo, suas estratégias, suas táticas e seus planos de ação;
- apresentação dos pontos positivos e das oportunidades que culminam com melhorias nos processos, redundando em vantagem competitiva frente aos concorrentes do mesmo setor do mercado;
- minimização dos erros ou equívocos na hora de tomar decisões;
- facilitação dos cálculos de riscos mediante a apresentação do planejamento estratégico geral;
- definição (ou redefinição) dos produtos e/ou serviços ofertados;
- fornecimento de um documento formalizado que represente as ações futuras da empresa (isso pode facilitar a solicitação de financiamentos ou empréstimos);
- fornecimento de um plano de *marketing* ao produto e/ou serviço, descrevendo ações e apresentando recursos para atingir o nicho de mercado;
- fornecimento de um plano financeiro que apresente o fluxo de caixa e os retornos de investimentos de cada setor da empresa, facilitando sua análise interna e futura tomada de decisão quanto à ampliação ou ao retraimento do empreendimento;
- identificação, mapeamento, análise e definição dos pontos fortes, dos pontos fracos, das oportunidades de melhoria e das ameaças apresentadas pelos clientes, pelos fornecedores, pelos parceiros e pelo mercado, permitindo uma comparação frente aos produtos e/ou serviços oferecidos pelos concorrentes.

Devemos lembrar que no final desta seção do nosso plano de negócios é importante que tenhamos em mente a resposta aos principais questionamentos sobre nosso projeto descrito no plano, como também o resultado da avaliação das recomendações aqui apresentadas, a fim de não termos surpresas inesperadas e não contempladas no nosso plano de negócios.

Síntese

Neste capítulo vimos os principais elementos a serem levados em conta na avaliação do plano de negócios, em seus aspectos estruturais, focando na sua produção textual e apresentação visual e até seus aspectos contraditórios, nos quais avaliamos todos os elementos constituitivos do plano de negócios, detalhadamente descritos no decorrer desta obra. Destacamos também um aspecto óbvio, mas de máxima importância para a consolidação do empreendimento: usabilidade do plano de negócios. Essa avaliação consiste na consideração de todos os elementos internos e externos ao empreendimento, para que, enfim, empreendedor e demais colaboradores (invetidores, sócios) cheguem à conclusão de que o sonho do empreendimento pode ser realizado.

Questão para reflexão

Além das questões e das recomendações apresentadas neste capítulo, você poderia recomendar outras no que se refere ao seu plano jurídico e financeiro?

Reflita sobre a possibilidade de sobrepor (repetir) todos os questionamentos apresentados neste capítulo em todos os planos que compõem seu plano de negócios.

Questões para revisão

1. Como podemos realizar a avaliação do nosso negócio?
2. No que se refere à avaliação, apresente sete questionamentos acerca do seu projeto.

3. Cite algumas recomendações acerca da avaliação de um plano de negócios.

4. Quando enfatizamos que é necessário definir os produtos e/ou serviços ofertados no plano de negócios, como proceder à correta definição destes?

5. Em se tratando de avaliação do plano de negócios, enfatizam-se a identificação, o mapeamento, a análise e a definição dos pontos fortes e fracos, das oportunidades de melhorias e das ameaças do negócio. Como proceder nesse caso?

Para saber mais

CASSETTARI, A. Sobre um modelo matemático para avaliação de empresas e negócios em finanças corporativas. **Revista de Administração**, São Paulo, v. 37, n. 2, p. 57-69, abr./jun. 2002.

Leia o artigo do professor Ailton Cassettari, que versa sobre diversos modelos matemáticos que auxiliam na análise dos negócios empresariais.

MÜLLER, A. N.; TELÓ, A. R. Modelos de avaliação de empresas. **Revista FAE**, Curitiba, v. 6, n. 2, p. 97-112, maio/dez. 2003.

Artigo muito interessante dos professores Aderbal Müller e Admir Teló, no qual discutem limitações de modelos de avaliação de empresas, analisando modelos com base em balanço patrimonial, demonstração de resultados, fluxo de caixa e criação de valor.

Para concluir...

Como evidenciamos nesta obra, um plano de negócios é um texto que deve ser escrito de forma coerente, precisa, elegante e em linguagem culta, apresentando a visão de negócio do empreendedor ao leitor.

A apresentação do negócio envolve uma série de elementos que são importantes para que investidores entendam e, principalmente, compreendam qual é o objetivo do empreendedor e como este quer apresentar seu projeto para discussão sobre a mesa! Assim, para ajudar o futuro empreendedor a definir a estrutura do seu plano de negócios, neste livro tivemos como princípio familiarizar o leitor com os elementos que compõem cada fase estrutural e, dentro de cada uma delas, as particularidades que facilitam a transmissão da visão do negócio para os interessados (acionistas, parceiros, sócios e outros), convergindo para um plano de negócios coeso e altamente detalhado.

Ao entender que é necessário definir um planejamento para o seu negócio, o empreendedor deve sempre dar início ao seu plano de negócios pelo diagnóstico de como o mercado se encontra, fazendo uso das diversas ferramentas indicadas (análise SWOT, BSC, matriz ABC, matriz BCG, entre outras), que auxiliam e corroboram para definição da forma e tamanho do seu futuro texto.

Esse posicionamento inicial é importante, porque define todo o ciclo de estratégias, táticas e ações a serem definidas no corpo do seu plano de negócios.

Tomando como base a identificação correta dos seus clientes, das suas necessidades e do mercado, bem como dos elementos circundantes, como os 4 Ps básicos do *marketing* (para aprofundamento, leia Kotler e Keller (2006), adquire-se um bom conhecimento acerca do mercado em que iremos atuar.

Uma vez possuindo a correta identificação dos objetivos do seu negócio, contemplado por um plano de ação que pode ser executado com base em um plano estratégico que agregue todos os elementos de um projeto, o empreendedor terá em mãos os principais objetos para construir um projeto apoiado por quesitos que definem a base da tomada de decisão por parte de todos os envolvidos no seu empreendimento.

Dessa forma, fica claro que o empreendedor já possui elementos suficientes para definir, apresentar e detalhar o sumário executivo do seu plano de negócios, que é um importante item para fixação da visão (objetivos) e conhecimento detalhado da estrutura do seu mercado, abordando e pensando nos fatores críticos de sucesso, no detalhamento das certezas (e minimização das incertezas), nas oportunidades e pontos fortes do seu empreendimento.

A qualidade do diagnóstico, a definição dos objetivos, a correta agregação dos elementos de projeto aliado ao escopo de *marketing*, ao plano de gerenciamento de processos e às políticas de uso dos recursos financeiros estão todos apresentados com detalhes nesta obra, sendo considerados fatores importantes e vitais para o sucesso do seu plano de negócios. Detalhes que o empreendedor estudará e contemplará quanto à adoção e ao uso dos elementos tecnológicos, à organização e

Para concluir...

à disponibilização geográfica dos produtos e serviços, aos investimentos em capitais de relacionamento, estrutural e intelectual dos envolvidos no projeto, com ciência dos riscos que estão envolvidos, de forma a possibilitar uma concorrência leal, com produtividade e ética, respeitando regras e legislação vigentes no seu nicho de atuação, também são generosamente descritos, de forma a alertar os futuros empreendedores para a complexidade da criação de um negócio bem-sucedido.

O raciocínio básico sobre seu negócio reside então na amplitude e na profundidade que o empreendedor conseguirá atingir ao detalhar cada elemento que compõe seu plano de negócios, sendo fundamental para atingir a eficiência, a eficácia e, consequentemente, a efetividade do seu empreendimento, traduzindo-se em sucesso empresarial.

Referências

ABNT – Associação Brasileira de Normas Técnicas. **Estrutura básica do fluxo de caixa**. Disponível em: <http://www.dec.ufms.br/lade/docs/ap/14653-4.pdf>. Acesso em: 15 set. 2009.

AMARA, R.; SALANIK, G. Forecasting: From Conjectural Art Toward Science. **Technological Forecasting and Social Change**, New York, v. 3, n. 3, p. 415-426, 1972.

ANGELONI, M. T.; MUSSI, C. C. **Estratégias**: formulação, implementação e avaliação. Saraiva: São Paulo, 2008.

ARAÚJO, L. C. G. de. **Teoria geral da administração**: aplicação e resultados nas empresas brasileiras. São Paulo: Atlas, 2004.

ARAÚJO, O. **Análise SWOT**. Disponível em: <http://www.dearaujo.ecn.br/cgi-bin/asp/analiseSwot.asp>. Acesso em: 14 jun. 2008.

_____. **Nomenclatura usual da precificação**. Disponível em: <http://www.dearaujo.ecn.br/cgi-bin/asp/precificacao.asp>. Acesso em: 19 mar. 2010.

ASKIN, R. G.; CIARALLO, F. W.; LUNDGREN, N. H. An Empirical Evaluation of Holonic and Fractal Layouts. **International Journal of Production Research**, London, v. 37, n. 5, p. 961-978, 1999.

BAIN, J. **Barriers to New Competition**. Cambridge (MA): Harvard University Press, 1956.

BARBOSA, F. V. Competitividade: conceitos gerais. In: RODRIGUES, S. B. (Org.). **Competitividade, alianças estratégicas e gerência internacional**. São Paulo: Atlas, 1999.

BAYKASOGLU, A. Capability-Based Distributed Layout Approach for Virtual Manufacturing Cells. **International Journal of Production Research**, London, v. 41, n. 11, p. 2597-2618, 2003.

BENJAAFAR, S.; HERAGU, S. S.; IRANI, S. A. Next Generation Factory Layouts: Research Challenges and Recent Progress. **Interfaces**, Hanover, v. 32, n. 6, p. 58-76, Nov./Dec. 2002.

BENJAAFAR, S.; SHEIKHZADEH, M. Design of Flexible Layouts for Manufacturing Systems. In: IEEE – INTERNATIONAL CONFERENCE ON ROBOTICS AND AUTOMATION, 1996, Minneapolis, Minnesota. **Proceedings**... Minneapolis, (MN): IEEE, 1996.

_____. Design of Flexible Plant Layouts. **IEEE Transactions**, Minneapolis, n. 32, p. 309-322, 2000.

BERNARDI, L. A. **Manual de empreendedorismo e gestão**: fundamentos, estratégias e dinâmicas. São Paulo: Atlas, 2003.

BERRY, L.; PARASURAMAN, A. **Serviços de marketing**: competindo através da qualidade. São Paulo: Maltese-Norma, 2002.

Referências

BIAGIO, L. A.; BATOCCHIO, A. **Plano de negócios**: estratégia para micro e pequenas empresas. São Paulo: Manole, 2005.

BLACK, J. T. **O projeto da fábrica com futuro**. Porto Alegre: Artes Médicas, 1991.

BLEEKE, J.; ERNST, D. (Ed.). Collaborating to Compete: Using Strategic Alliances and Acquisitions in the Global Market Place. **Directors & Boards**, New York: Mckinsey & Company, 1994.

BOLSON, E. **Tchau, patrão!** Como construir uma empresa vencedora e ser feliz conduzindo seu próprio negócio. Belo Horizonte: Senac/MG, 2003.

BOONE, L. E.; KURTZ, D.L. **Marketing contemporâneo**. 8. ed. Rio de Janeiro: LTC, 1995.

BRANDME. **Modelo de Maslow relacionado ao comportamento pessoal**. Disponível em: <http://www.brandme.com.br/>. Acesso em: 4 nov. 2009.

BROWN, A. E. P. **Quantificação de riscos em análise de riscos de processo**. Boletim técnico [da] GSI/NUTAU/USP. Publicação periódica do Grupo de Pesquisa em Segurança contra Incêndio do Núcleo de Pesquisa em Tecnologia da Arquitetura e do Urbanismo da Universidade de São Paulo, ano 3, n. 2, mar./abr. 1998.

BUSSMANN, S.; MCFARLANE, D. C. Rationales for Holonic Manufacturing Control. In: INTERNATIONAL WORKSHOP ON INTELLIGENT MANUFACTURING SYSTEMS, 2., 1999. **Proceedings**... Leuven: Belgium, 1999.

CARDOSO, F. F.; MELHADO, S. B.; SOUZA, U. E. L. de. **Organograma da empresa B**. Disponível em: <http://pcc5301.pcc.usp.br/PCC%20 5302%202005/Aula%201%20-%20est%20Org/Vivancos%20e%20Cardoso %20Sibragec%2099%20Organogramas.pdf>. Acesso em: 8 out. 2009.

CHENG, F.; CHANG, C.; WU, S. Development of Holonic Manufacturing Execution Systems. **Journal of Intelligent Manufacturing**, New York, v. 15, n. 2, p. 253-267, 2004.

CLELAND, D.; IRELAND, L. **Gerência de projetos**. Rio de Janeiro: Reichmann & Affonso, 2002.

CLEMENTE, A.; SOUZA, A. **Decisões financeiras e análise de investimentos**. 4. ed. São Paulo: Atlas, 2001.

COELHO, G. M. **Prospecção tecnológica**: metodologias e experiências nacionais e internacionais. Rio de Janeiro: INT/Finep/ANP, 2003.

COSSETE, C. **La créativité, une nouvelle façon d'entreprendre**. Montréal: Les Éditions Trasncontinental; Foundation de l'entrepreneurship, 1990.

COSTA, N. A. A. et al. **Gerenciamento de processos**: metodologia base para a melhoria contínua. 2009. Disponível em: <http://www.abepro.org.br/biblioteca/ENEGEP1997_T4109.PDF>. Acesso em: 9 nov. 2009.

COUTINHO, L.; FERRAZ, J. C. **Estudo da competividade de indústria brasileira**. Campinas: Papirus, 1994.

CROUHY, M.; GALAI, D.; MARK, R. **Gerenciamento de risco**: abordagem conceitual e prática – uma visão integrada dos riscos de crédito operacional e de mercado. Rio de Janeiro. Qualitymark; São Paulo: Serasa, 2004.

DEMING, W. E. **Qualidade**: a revolução da administração. Rio de Janeiro: Marques Saraiva, 1990.

DINSMORE, P. C. **Poder e influência gerencial**: além da autoridade formal. Rio de Janeiro: COP, 1989.

DOLABELA, F. O plano de negócio e seus componentes. In: FILION, L. J.; DOLABELA, F. **Boa ideia! E agora?** Plano de negócio, o caminho seguro para criar e gerenciar sua empresa. São Paulo: Cultura, 2000.

DORNELAS, J. C. A. **Empreendedorismo, transformando ideias em negócios**. 2. ed. rev. e ampl. Rio de Janeiro: Campus, 2005.

DUFFY, M. **Gestão de projetos**: arregimente os recursos, estabeleça prazos, monitore o orçamento, gere relatórios. Rio de Janeiro: Campus, 2006.

EHRLICH, P. J. **Dinâmica de sistemas na gestão empresarial.** Disponível em: <http://www.eaesp.fgvsp.br/AppData/Article/7-DinamicadeSistemaseCenarios.pdf>. Acesso em: 21 nov. 2009.

EISENBERG, N. A. et al. **Vulnerability Model**: a Simulation System for Assessing Damage Resulting from Marine Spills. Washington, D.C. Env. control for Dept. of Transportation, 1979.

FEIJÓ, F. **Promoção de marketing.** Disponível em: <http://www.fernandofeijo.com/promocao.htm>. Acesso em: 18 nov. 2009.

FERRAZ, J. C.; KUPFER, D.; HAGUENAUER, L. **Made in Brazil**: desafios competitivos para a indústria brasileira. Rio de Janeiro: Campus, 1995.

FERRAZ, J. C.; KUPFER, D; SERRANO, F. Incerteza, adaptação e mudança: a indústria brasileira entre 1992 e 1998. **Boletim de Conjuntura [da] IEI/UFRJ**, Rio de Janeiro, v. 19, n. 2, p. 57-61, jul. 1999.

FIESP – Federação das Indústrias do Estado de São Paulo. **Conceito de plano de negócio.** Disponível em: <http://www.fiesp.com.br>. Acesso em: 15 nov. 2009.

FILION, L. J.; DOLABELA, F. **Boa ideia! E agora?** Plano de negócio, o caminho seguro para criar e gerenciar sua empresa. São Paulo: Cultura, 2000.

FRANCIS, R. L.; WHITE, J. A. **Facility Layout and Location an Analytical Approach.** New Jersey: Englewood Cliffs, 1974.

FREZATTI, F. **Orçamento empresarial**: planejamento e controle gerencial. São Paulo: Atlas, 1999.

FURNVIAL, A. C.; PINHEIRO, S. M.; OLIVEIRA JUNIOR, J. C. A comunicação e compreensão da informação sobre riscos. **DatagramaZero**, v. 5, n. 2, abr. 2004. Disponível em: <http://www.dgz.org.br/abr04/Art_04.htm>. Acesso em: 24 set. 2009.

GARVIN, D. **Managing Quality**: the Strategic and Competitive Edge. New York: Harvard Business School, 1988.

GIL, A. de L. **Gestão da qualidade empresarial**: indicadores de qualidade. São Paulo: Atlas, 1997.

GOLDSCHMIDT, A. **Análise SWOT na captação de recursos**: avaliação de oportunidades, ameaças, pontos fortes e pontos fracos. Disponível em: <http://integracao.fgvsp.br/ano6/06/financiadores.htm>. Acesso em: 5 out. 2009.

GRAVES, C. W. Levels of Existence: an Open Systems Theory of Values. **Journal of Humanistic Psychology**, Washington, 1971.

GROOVER, M. P. **Automation, Production Systems and Computer Integrated Manufacturing**. New Jersey: Prentice-Hall, 1987.

GROOVER, M. P.; ZIMMERS JUNIOR, E. W. **CAD/CAM**: Computer-Aided Design and Manufacturing. New Jersey: Prentice-Hall; Englewood Cliffs, 1984.

HAGUENAUER, L. **Competitividade**: conceitos e medidas. Rio de Janeiro: Ed. da UFRJ, 1989.

_____. Competitividade: conceitos e medidas. **Texto para discussão n. 211**. Rio de Janeiro: Ed. da UFRJ, 1989. Disponível em: <http://camosneak.com/.i/2ywY3OxMaZiZGx4BF0kK0uuM3IyozS1MKVhpTEz>. Acesso em: 27 fev. 2010.

HAM, I.; HITOMI, K.; YOSHIDA, T. **Group Technology**: Applications to Production Management. Pennsylvania, USA: The Pennsylvania State University, 1985. (International Series in Management Science/Operations Research).

HAUSER, J.; CLAUSING, D. The House of Quality. **Harvard Business Review**, New York, v. 66, n. 3, p. 63-73, May/Jun. 1988.

HAW, S. **Marco Polo in China**: a Venetian in the Realm of Khlubilai Khan. Oxford: Routledge, 2006.

HOPE, J.; HOPE, T. **Competindo na terceira onda**: os dez mandamentos da Era da Informação. Rio de Janeiro: Campus, 2000.

Referências

IACIA, J. C. **Ferramentas para gestão empresarial e tendências da administração**: uma estratégia de sucesso da organização. Disponível em: <http://www.administradores.com.br/informe-se/artigos/ferramentas-para-gestao-empresarial-e-tendencias-da-administracao-uma-estrategia-de-sucesso-da-organizacao/29399/>. Acesso em: 27 abr. 2010.

IFC – International Finance Corporation. **Tributação de pessoas jurídicas**. Disponível em: <http://brasil.smetoolkit.org/brasil/pt/content/pt/4800/3-Tributa%C3%A7%C3%A3o-de-Pessoas-Jur%C3%ADdicas>. Acesso em: 20 nov. 2009.

INTELIMAP. **Análise SWOT**. 2009. Disponível em: <http://www.intelimap.com.br/papers/analise_SWOT.pdf>. Acesso em: 18 mar. 2010.

IRANI, S. A.; CAVALIER, T. M.; COHEN, P. H. Virtual Manufacturing Cells: Exploiting Layout Design and Intercell Flows for the Machine Sharing Problem. **International Journal of Production Research**, London, v. 31, n. 4, p. 791-810, 1993.

IRANI, S. A.; HUANG, H. Custom Design of Facility Layouts for Multiproduct Facilities Using Layout Modules. **IEEE Transactions on Robotics and Automation**, Minneapolis, v. 16, n. 3, June, 2000.

IRANI, S. A.; SUBRAMANIAN, S.; ALLAN, Y. S. Introduction to Cellular Manufacturing Systems. In: _____. (Ed.). **Handbook of Cellular Manufacturing Systems**. Hoboken, New Jersey: John Wiley & Sons Inc., 1999.

ISHIKAWA, K. **Controle de qualidade total à maneira japonesa**. Rio de Janeiro: Campus, 1993.

KO, K. C.; EGBELU, P. J. Virtual Cell Formation. **International Journal of Production Research**, London, v. 41, n. 11, p. 2365-2389, 2003.

KOTLER, P. **Marketing**. São Paulo: Atlas, 1996.

_____. **Marketing para o século XXI**: como criar, conquistar e dominar mercados. 16. ed. São Paulo: Futura, 1999.

KOTLER, P.; KELLER, K. L. **Administração de marketing**. 12. ed. São Paulo: Prentice Hall, 2006.

KRIZ, D. **Holonic Manufacturing Systems**: Case Study of an IMS Consortium. 1995. Disponível em: <http://hms.ifw.uni-hannover.de/public/Feasibil/fr_study.htm>. Acesso em: 31 mar. 2005.

KRUGMAN, P. **Internacionalismo pop**. Rio de Janeiro: Campus, 1997.

KUPFER, D. **Padrão de concorrência e competitividade**. Rio de Janeiro: Ed. da UFRJ, 1992. Disponível em: <http://www.ie.ufrj.br/download>. Acesso em: 23 jan. 2009.

LAHMAR, M.; BENJAAFAR, S. **Design of Dynamic Distributed Layouts**. 2002. Disponível em: <http://www.me.umn.edu/labs/ngfl/distlayout.pdf>. Acesso em: 6 abr. 2005.

LAS CASAS, A. L. **Plano de marketing para micro e pequenas empresas**. 4. ed. São Paulo: Atlas, 2006.

LÉVY, P. **O que é o virtual?** São Paulo: Ed. 34, 1996.

LIMMER, C. V. **Planejamento, orçamento e controle de projetos e obras**. Rio de Janeiro: LTC, 1997.

MACHADO, D. G.; SOUZA, M. A. Análise das relações entre gestão de custos e a gestão do preço de venda: um estudo das práticas adotadas por empresas industriais conserveiras estabelecidas no RS. **Revista Universo Contábil**, v. 2, n. 1, p. 42-60, jan./abr. 2006.

MAIER, N. R. F. **Frustration**: the Study of Behavior Without a Goal. Westport: Greenwood Press, 1982.

MANAGEMENT SYSTEMS INTERNACIONAL. Disponível em: <http://www.msiworldwide.com/index.cfm?msiweb=aboutus>. Acesso em: 15 set. 2009.

MAÑAS, A. V. **Administração de sistemas de informação**. 3. ed. São Paulo: Érica, 1999.

MASLOW, A. H. **O diário de negócios de Maslow**. Rio de Janeiro: Qualitymark, 2003.

MATTAR, F. N.; AUAD, M. Nicho de mercado: um conceito ainda indefinido. In: SEMEAD, 2., 1997, São Paulo. **Anais...** São Paulo.

MCFARLANE, D. Holonic Manufacturing Systems in Continuous Processing: Concepts and Control Requirements. In: ADVANCED SUMMER INSTITUTE (ASI) – LIFE CYCLE APPROACHES TO PRODUCTION SYSTEMS, 1995, Lisbon, Portugal. **Proceedings...** 1995.

MCKEEN, J. D.; SMITH, H. A. The Relationship Between Information Technology Use and Organizational Performance. In: BANKER, R. D.; KAUFMAN, R. J.; MAHMOOD, A. M. (Org.). **Strategic Information Technology Management**: Perspectives on Organizational Growth and Competitive Advantage. London: Idea Group Publishing, 1993.

MCLEAN, C. R.; BLOOM, H. M.; HOPP, T. H. The Virtual Manufacturing Cell. In: SYMPOSIUM ON INFORMATION CONTROL PROBLEMS IN MANUFACTURING TECHNOLOGY, 4., 1982. Maryland, USA. **Proceedings...** Oxford; New York: Pergamon Press, 1983.

MONTREUIL, B. et al. **Layout for Chaos**: Holographic Layout of Manufacturing Systems Operating in Highly Volatile Environments. Québec, Canadá: Université Laval, 1993.

MONTREUIL, B.; VENKATADRI, U. Scattered Layout of Intelligent Job Shops Operating in a Volatile Environment. In: ICCIM – INTERNATIONAL CONFERENCE ON COMPUTER INTEGRATED MANUFACTURING, 1991. **Proceedings...** David K. Kahaner, Singapore.

MONTREUIL, B.; VENKATADRI, U.; LEFRANÇOIS, P. **Holographic Layout of Manufacturing Systems**. Montreal; Québec: Université Laval, 1991.

MONTREUIL, B.; VENKATADRI, U.; RARDIN, R. Fractal Layout Organization for Job Shop Environments. **International Journal of Production Research**, v. 37, n. 3, p. 501-521, 1999.

MOREIRA, D. A. **Administração da produção e operações**. São Paulo: Pioneira, 1996.

MURPHY, A. H. **Skill Scores Based on the Mean Squareerror and their Relationships to the Correlation Coefficient**. 1988. Disponível em: <http://ams.allenpress.com/perlserv/?request=get-abstract&doi=10.1175%2F1520--0493(1988)116%3C2417%3ASSBOTM%3E2.0.CO%3B2>. Acesso em: 19 jan. 2009.

NORA, S.; MINC, A. **A informatização da sociedade**. Rio de Janeiro: FGV, 1980.

NORTH, D. **Institutions, Institutional Change and Economic Performance**. Cambridge, UK: Cambridge University Press, 1982.

OLIVEIRA, D. P. R. **Sistemas, organização e métodos**: uma abordagem gerencial. São Paulo: Atlas, 2002.

OLIVEIRA, E. S. **Construção de um modelo de gestão nas operações de serviços dos departamentos de recursos humanos utilizando o gerenciamento de processos**. 2005. 160 f. Dissertação (Mestrado em Engenharia de Produção) – Programa de Pós-Graduação em Engenharia de Produção, Universidade Federal de Santa Catarina, Florianópolis, 2005.

OLIVERIO, J. L. **Projeto de fábrica**: produtos, processos e instalações industriais. São Paulo: IBLC – Instituto Brasileiro do Livro Científico Ltda., 1985. Apostila.

OZCELIK, F.; ISLIER, A. A. Novel Approach to Multi-Channel Manufacturing System Design. **International Journal of Production Research**, v. 41, n. 12, p. 2.711-2.726, 2003.

PLACONÁ, J. **Ponto de equilíbrio**. 2008. Disponível em: <http://www.administradores.com.br/informe-se/artigos/ponto-de-equilibrio/25343/>. Acesso em: 10 set. 09

PLANEJAMENTO OPERACIONAL. Disponível em: <http://www.unicap.br/luis_peroba/Capitulo8-Planejamento_Operacional.pdf>. Acesso em: 15 out. 2009.

Referências

PMI – Project Management Institute. **Guia PMBOK**: um guia do conjunto de conhecimentos em gerenciamento de projetos. 3. ed. ANSI/PMI 99-001. 2004.

_____. **PMBOK**: gerenciamento de riscos. Disponível em: <http://www.pmipr.org.br/index.php?option=com_weblinks& catid=14&Itemid=23>. Acesso em: 23 set. 2009.

POLIEZI, D. l.; OZAKI, A. M. **Sociedade da informação**: os desafios da era da colaboração e da gestão do conhecimento. São Paulo: Saraiva, 2008.

POMPERMAYER, C. B. Sistemas de gestão de custos: dificuldades na implantação. **Revista FAE**, Curitiba, v. 2, n. 3, p. 21-28, set./dez. 1999.

PORTAL TRIBUTÁRIO. **Fluxo de caixa**. Disponível em: <www.portaltributario.com.br/modelos/fluxocaixa.xls>. Acesso em: 10 set. 2009

PORTER, M. **Estratégia competitiva**: técnicas para análise de indústrias. Rio de Janeiro: Campus, 2005.

_____. **Estratégia competitiva**: técnicas para análise da indústria e da concorrência. 7. ed. Rio de Janeiro: Campus, 1991.

POSSAS, M. L. **Concorrência e competitividade**: notas sobre estratégia e dinâmica seletiva na economia capitalista. Campinas: Hucitec, 1999.

RADOS, G. J. V. **Gerenciamento de processos**. Florianópolis: Ed. da UFSC, 2002. Apostila do Curso de Mestrado em Engenharia da Produção.

RADOS, G. J. V. et al. **Gerenciamento de processos**. Santa Catarina, 2000. Apostila.

REIS, L. dos. **Estratégia empresarial**: análise, formulação e implementação. Lisboa-Portugal: Editora Presença, 2000.

ROCHA, D. R. da. **Fundamentos técnicos da produção**. São Paulo: Makron Books, 1995.

SAAD, S. M.; LASSILA, A. M. Layout Design in Fractal Organizations. **International Journal of Production Research**, v. 42, n. 17, p. 3529--3550, 2004.

SALLES-FILHO, S. L. M. (Coord.). **Instrumentos de apoio à definição de políticas em biotecnologia**. Brasília: MCT; Rio de Janeiro: Finep, 2001.

SARKER, B. R.; LI, Z. Job Routing and Operations Scheduling: a Network--Based Virtual Cell Formation Approach. **Journal of the Operational Research Society**, n. 52, p. 673-681, 30 May. 2001.

SEBRAE - PR – Serviço de Apoio às Micro e Pequenas Empresas. Empreendedorismo. **Boletim Mensal**, ano 3, n. 49, fev. 2010. Disponível em: <http://www.sebraepr.com.br/portal/page/portal/PORTAL_INTERNET/BEMPR_INDEX/BEMPR_ARTIGO?_dad=portal&_boletim=4&_filtro=239&_artigo=3786>. Acesso em: 15 set. 2009.

SENGE, P. **A quinta disciplina**. 7. ed. São Paulo: Nova Cultural, 1990.

SILVA, C. L. da. Gestão estratégica de custos: o custo meta na cadeia de valor. **Revista FAE**, Curitiba, v. 2, n. 2, p. 17-25, maio/ago. 1999.

SMETOOLKIT. **Tabela sinótica dos principais tributos brasileiros**. Disponível em: <http://brasil.smetoolkit.org/brasil/pt/content/pt/4800/3-Tributa%C3%A7%C3%A3o-de-Pessoas-Jur%C3%ADdicas>. Acesso em: 28 set. 2009.

SODRÉ, U. **Matemática financeira**: fluxo de caixa. 2005. Disponível em: <http://pessoal.sercomtel.com.br/matematica/financeira/flcaixa/flcaixa.htm>. Acesso em: 12 nov. 2009.

SQUARE, N. Gerenciamento de tempo do projeto. In: **Guia PMBOK**: um guia do conjunto de conhecimentos em gerenciamento de projetos. 3. ed. Philadelphia, PA: Four Campus Boulevard, 2004.

STEVENSON, W. J. **Administração das operações de produção**. 6. ed. Rio de Janeiro: LTC, 2001.

STEWART, C. **Capital intelectual**: a nova vantagem competitiva das empresas. 7. ed. Rio de Janeiro: Campus, 1998.

STIGLER, G. J. Price and Non-Price Competition. **Journal of Political Economy**, University of Chicago Press, v. 76, 1968.

STONER, J. A. F.; FREEMAN, R. E. **Administração**. 5. ed. Rio de Janeiro: JC, 1999.

THE WORLD BANK. **Manual of Industrial Hazard Assessment Techniques**. Washington D.C., USA: Office of Environmental and Scientific Affairs, 1985.

TNO – Technics Netherlands Organization. Methods for the Determination of Possible Damage. **TNO Netherlands Organization for Applied Scientif Research**, Holland, 1982.

TOMPKINS, J. A. et al. **Facilities Planning**. 2. ed. Petersham: John While & Sons Inc., 1996.

TROGIANI, C. et al. **Apostila de plano de negócios**. 2006. Programa Inclusão Produtiva. Disponível em: <http://www.erudito.fea.usp.br/PortalFEA/Repositorio/1087/Documentos/OAF%20-%20Apostila%20Plano%20de%20Neg%C3%B3cios.doc>. Acesso em: 24 fev. 2010.

UFPR – Universidade Federal do Paraná. **UFPR**: cursos e profissões. Assessoria de Comunicação Social. Curitiba: Ed. da UFPR, 2007.

VALERIANO, D. L. **Gerência em projetos**: pesquisa, desenvolvimento e engenharia. São Paulo: Makron Books, 1998.

VALLE, A. B. do et al. **Fundamentos do gerenciamento de projetos**. Rio de Janeiro: FGV, 2007.

VENKATADRI, U.; RARDIN, R. L.; MONTREUIL, B. A Design Methodology for Fractal Layout Organization. **IEEE Transactions**, Minneapolis, n. 29, p. 911-924, 1997.

WANG, L. Integrated Design-to-Control Approach for Holonic Manufacturing Systems. **Robotics and Computer-Integrated Manufacturing**, n. 17, v. 1-2, p. 159-167, 2001.

WARNECKE, H. J. **The Fractal Company**: a Revolution in Corporate Culture. New York: Springer-Verlag, 1993.

WULLINK, G.; GIEBELS, M. M. T.; KALS, H. J. J. A System Architecture for Holonic Manufacturing Planning And Control (EtoPlan). **Robotics and Computer Integrated Manufacturing**, St. Louis, n. 18, p. 313-318, 2002.

WYSOCKI, R. K. **Project Management Process Improvement**. Norwood: Artech House, 2003.

Respostas

Capítulo 1
Questões para revisão

1. As principais resumem-se às atitudes de saber ouvir, estar atento, saber interpretar e analisar as informações do mercado, ter condições de elaborar um planejamento de suas ações futuras, traçar objetivos e todo um roteiro teórico-prático para poder atingi-lo, além das apresentadas por Filion e Dolabela (2000), que são: conceito de si, energia, liderança, compreensão do setor, relações e espaço de si.

2. A estrutura piramidal é:

- **Autorrealização**: Desafios mais complexos, trabalho criativo, autonomia, participação nas decisões.
- **Autoestima**: Ser gostado, reconhecimento, promoções responsabilidade, por resultados.
- **Afetismo-social**: Bom clima, respeito, aceitação, interação com colegas, superiores e clientes etc.
- **Segurança**: Amparo legal, orientação precisa, segurança no trabalho, estabilidade, remuneração.
- **Fisiológicas**: Alimentação, moradia, conforto físico, descanso, lazer etc.

Os elementos são importantes para que o empreendedor entenda e compreenda que, se um nível de necessidade foi, de alguma forma, satisfeito, começam a prevalecer outras necessidades.

3. Porque, depois de ele pensar e repensar seu sonho, sua visão, necessita analisar e interpretar qualquer um dos sinais apresentados neles, de forma a evitar cair em frustração, que, de acordo com Maier (1982), é um bloqueio ou impedimento da consecução do objetivo, podendo evoluir para a agressão, ou seja, conduzir a comportamentos destrutivos, como hostilidade e ataque, acarretando danos que acabarão por destruir seu lado empreendedor.

4. Depende do grau de visão que está planejando para sua carreira empreendedora, partindo do ponto que planejou e culminando com o sucesso total perante clientes, fornecedores e parceiros e que pode ser realmente concretizado sem danos, como resignação ou frustração.

5. São basicamente: persuasão, rede de contatos, independência e autoconfiança.

Capítulo 2
Questões para revisão

1. Quando o gestor define a visão organizacional, define a ideia lógica, a prospecção abstrata para atingir os objetivos da organização. Derivada da visão vem a declaração da missão, que é a base de existência da organização, a resposta ao questionamento que os líderes se fazem sobre qual é o negócio da empresa. A resposta deve ser clara, concisa, precisa e direta, de modo a figurar e proporcionar o entendimento rápido das pessoas que são e compõem a empresa. Definidas a visão e missão organizacionais, fica claro o estabelecimento de estratégias para atingir o objetivo organizacional. De acordo com Porter (2005), estratégias de fato são aquelas que mudam os objetivos, os produtos, os serviços ou as relações ambientais de uma empresa, que fornecem vantagens de mercado significantes e que requerem novos padrões de comportamento organizacional. A definição de uma estratégia engloba a (re)definição do direcionamento de táticas, estabelecendo incialmente o escopo do projeto, de modo que não restem dúvidas em relação ao que deve ser realizado, seguindo-se da definição clara do prazo (ou cronograma) a ser cumprido do orçamento ou verba disponível para execução das atividades, das pessoas envolvidas e arregimentadas nos processos, bem como dos recursos materiais que estas usarão em prol das suas ações e do local claramente definido e selecionado de forma a proporcionar condições úteis e favoráveis ao cumprimento das ações previstas. A referência ou descrição detalhada do plano de atividades a serem executas pelas pessoas deve compor o conjunto de táticas, que compõem uma estratégia cuidadosamente elaborada a partir da definição de uma missão, deixando claros os mecanismos de monitoramento e controle a que os processos serão submetidos.

2. Quando os processos recebem a aprovação do controle, diz-se que as metas foram atingidas, culminando então com os objetivos estabelecidos no planejamento (estratégia).

3. Ver Quadro 2.1 da p. 41.

4. Os principais cuidados a serem considerados na fase de elaboração do plano de negócios inclui inicialmente identificar as oportunidades para o sucesso do empreendimento, obtendo informações que ajudem a ter conhecimento sobre outras experiências que se aproximam da proposta. Tal postura é importante para que se tenha a concepção de riscos, custos e investimentos iniciais, auxiliando a quantificar melhor as projeções de lucro futuro e a definir as estratégias para eliminar erros já vistos e a viabilizar economicamente o negócio. Outras posturas a levar em conta são: utilizar sempre um vocabulário formal, precisar o que desejar apresentar, evitar textos prolixos, evitar precipitações na finalização das ideias, prestar atenção na ortografia do texto, nas normas de apresentação de textos; as orientações da Associação Brasileira de Normas Técnicas (ABNT), ter o cuidado de buscar ou procurar somente os interessados no plano.

5. Os clientes de um plano de negócios são seus futuros clientes, consumidores dos produtos ou dos serviços de uma organização, os potenciais investidores, sócios, parceiros, acionistas e outros que se interessem.

Capítulo 3
Questões para revisão

1. Os componentes do sumário executivo são: Descrição do enunciado do projeto, apresentação da empresa (organograma, estrutura organizacional e legal), informações dos integrantes da empresa (sócios, cargos, funções e perfil), apresentação clara e objetiva da visão da empresa (foco), descrição do ciclo de planejamento, declaração dos objetivos da empresa, declaração da missão da empresa, delineamento das estratégias, produtos e tecnologia, apresentação do capital e investimentos da empresa (projeção de vendas, rentabilidade e fonte de recursos) e apresentação da análise contextual (requisitos e necessidades).

2. São elas:
- What – O quê?
- When – Quando?
- Why – Por quê?
- Where – Onde?
- Who – Quem?
- Which – Qual?
- While – Enquanto?
- How – Como?
- How much? – Quanto custa?
- How to measure? – Como medir?

3. A matriz SWOT fornece suporte para futuras tomadas de decisões sobre como o empreendedor deve agir diante das circunstâncias e de que forma as tarefas podem ser realizadas para valorizar o potencial existente, evitando que as fraquezas e as ameaças se tornem reais. Araújo (2008) já defendia a ideia de que a ferramenta SWOT fornece apoio à formulação de estratégias, derivando "de sua capacidade de promover um confronto entre as variáveis externas e internas, facilitando a geração de alternativas de escolhas estratégicas, bem como de possíveis linhas de ação", que são mapeadas numa matriz.

4. Os pontos a serem considerados envolvem a identificação, o estudo e a análise dos seguintes fatores da sua empresa:
- *valores;*
- *cultura organizacional;*
- *fatores críticos de sucesso;*
- *sistemas (político, de qualidade, de compra, de venda etc.);*
- *processos;*
- *fluxos de informação;*
- *pessoas;*
- *equipamentos;*
- *materiais;*
- *relacionamento ou formas de comunicação;*
- *tratamento de riscos e acidentes, entre outros, dependendo da especificidade e ramo da empresa.*

5. Tenha como base o exemplo apresentado no estudo de caso do Capítulo 3.

Capítulo 4
Questões para revisão

1. São várias as definições de *marketing*. Uma delas foi apresentada pela Associação Americana de Marketing: "o processo de planejamento e execução da concepção, preço, promoção e distribuição de ideias, bens e serviços, organizações e eventos, para criar trocas que venham a satisfazer objetivos individuais e organizacionais".

2. Cada um dos elementos de *marketing*, preço, praça, produto e promoção, deve possuir o delineamento das estratégias referente a análise de mercado; a estratégias do produto; a estratégias do preço; a estratégias da praça – local; a estratégias da promoção/divulgação – publicidade/propaganda; a nicho de mercado e a estratégias de entrega – venda e pós-venda.

3. Nicho de mercado pode ser definido como uma parte, um segmento, uma porção de todo o mercado, que é composto por um número de consumidores que reúnem características comuns e necessidades parecidas. As características e as necessidades são geralmente de fácil identificação. A utilidade deste estudo fica evidente pela descoberta de quais são as características e as necessidades de cada um dos nichos (ou segmentos, parte, porção) desse mercado e então combinar esses atributos encontrados com o que estamos propondo ou oferecendo. Descobriremos então que podem existir clientes em potencial, que o produto ou serviço reúne características que podem satisfazer os requisitos e as necessidades daquele grupo, identificado agora como um nicho de mercado e potencial cliente.

4. São aqueles preconizados por Angeloni e Mussi (2008), ou seja:

Fatores empresariais:
- *o potencial das pessoas, predominantemente as que consigam manter o envolvimento e compromisso de outras, de todos os níveis, para atingir objetivos;*
- *os fatores de produção (máquinas, poder de investimento, energia etc.); e*
- *as ações de inovação de produtos e/ou serviços.*

Fatores estruturais:

Aqueles aos quais a capacidade de intervenção da empresa está limitada pela sua estrutura (tamanho, dinamismo, grau de sofisticação do mercado, articulações) e pelo grau de intervenção no mercado, devendo-se:
- *definir um modelo que apresenta a configuração da indústria;*
- *determinar as escalas de tamanho das empresas concorrentes;*
- *definir o regime de incentivos e a regulação da concorrência;*
- *abordar as tendências internacionais;*
- *procurar articulação entre empresas, e*
- *apresentar as características comportamentais da empresa.*

Fatores sistêmicos:

Envolvem os determinantes macroeconômicos; político-institucionais; legais-regulatórios; infraestruturais; sociais e internacionais.

5. São aqueles preconizados por Ferraz et al. (1995) em classes de determinantes:

Determinantes macroeconômicos:
- *o regime cambial;*
- *as políticas de regulação macroeconômica;*
- *os fatores que se referem à natureza e às características do sistema de crédito.*
- *Determinantes político-institucionais;*
- *políticas de comércio exterior;*
- *política tributária;*
- *política científica e tecnológica;*
- *política de compra do Estado;*
- *aparato judiciário às decisões judiciais.*

Determinantes legais-regulatórios:
- *promover a defesa da concorrência e do consumidor;*
- *do meio ambiente;*
- *da propriedade intelectual;*
- *do capital estrangeiro;*
- *estagnar o desenvolvimento tecnológico em função de uma reserva de mercado (como ocorreu ao Brasil nos anos 1980).*

Determinantes infraestruturais:
- *oferta de energia e transporte;*
- *políticas de investimento permanente no setor;*
- *políticas de sustentação de compromissos nacionais e internacionais (portos, rodovias, terminais de carga etc. assumidos pelas empresas e pelos fornecedores).*

Determinantes sociais:
- *o grau de educação do povo;*
- *a qualificação da mão de obra;*
- *a distribuição de renda, que determina a amplitude do mercado.*

Determinantes internacionais:
- *comércio internacional;*
- *acordos entre blocos;*
- *movimentos internacionais.*

Capítulo 5
Questões para revisão

1. O delineamento do plano operacional tem o objetivo de ajudar a compreender melhor o estado atual em que se encontra a empresa (em termos de macro e microambiente no plano de negócios), apresentando-se a identificação e análise dos elementos que compõem o macro e o microambiente, seguida da declaração do seu escopo.

2. São cinco as fases do ciclo de vida do produto, sendo descritas da seguinte forma:

Desenvolvimento do produto (Fase 1): Características – descrever os materiais e o método necessários para desenvolvimento da pesquisa do produto ou serviço, realizar uma análise e desenhar os projetos para a concepção do nosso novo produto ou serviço. Ações de *marketing* – incrementar as atividades de relações públicas, atualizar e utilizar nosso planejamento de *marketing* com integração interna e externa da empresa.

Introdução do produto (Fase 2): Características – é a ação de lançamento do produto ou serviço no mercado, com muito uso de propaganda de informação e indução. É uma fase característica de lenta elevação de vendas e com lucros reduzidos. Ações de *marketing* – comunicar ao mercado nosso produto e/ou serviço com o propósito de induzir a experimentação; acompanhar o grau de satisfação e análise da concorrência, procurando corrigir falhas.

Crescimento do produto (Fase 3): Características – leva em conta a acentuada elevação nas vendas, redução de investimento em comunicação, com propaganda de convencimento e aquisição, mais voltado à economia de escala. É a fase em que aumentam as ações da concorrência. Ações de *marketing* – aumentar nossos canais de distribuição, administrar o preço, melhorar a qualidade com processos advindos da política de qualidade e procurar novos consumidores.

Maturidade do produto (Fase 4): Características – é característica básica o nivelamento do consumo, a propaganda com intuito de lembrar os clientes; pequena queda percebida nos lucros. Ações de *marketing* – sustentar a fase com inovações tecnológicas ao produto e/ou ao serviço, renovar a marca, se preciso, relançando o produto e as embalagens.

Declínio do produto (Fase 5): Características – marca a acentuada queda de consumo, pouco lucro, com tendência de abandono. Ações de *marketing* – diminuir os canais de distribuição (manter só os mais fortes), reduzir as despesas e investimentos, iniciar a analisar a saída do mercado.

3. Os serviços possuem basicamente as seguintes características:
- *relação com o cliente;*
- *perecibilidade;*
- *intangibilidade;*
- *inseparabilidade;*
- *grande envolvimento do cliente;*
- *uniformidade.*

4. Moreira (1996) apresenta três razões para que trabalhemos com decisões sobre qualidade:

1.ª) "elas têm impacto potencial sobre a habilidade da empresa em atender a demanda futura, ou seja, a capacidade planejada fornece à empresa o limite de atendimento possível."

2.ª) "a relação entre capacidade e custos operacionais. [...] Operar muito tempo com uma capacidade excessivamente acima ou abaixo das necessidades do mercado irá aumentar inutilmente os custos operacionais, o que poderia eventualmente ter sido evitado através de uma análise mais criteriosa das necessidades de capacidade das instalações e de um plano racional de expansão."

3.ª) "o alto custo inicial que se segue às decisões sobre a capacidade [...] interligando-se às demais, com uma reforçando a outra.

5. Stevenson (2001) já apresentava algumas razões para trabalhar com decisões sobre capacidade instalada, que são basicamente: decisões acerca da capacidade de produção; decisões acerca dos custos operacionais; decisões acerca dos prazos; definição da medida da capacidade; decisões acerca das instalações; decisões relacionadas aos produtos e/ou serviços; fatores relacionados aos processos; fatores relacionados às pessoas que trabalham e/ou interagem com a empresa; fatores operacionais; consideração pormenorizada sobre fatores externos e sobre decisões acerca dos requisitos de capacidade efetiva, como instalações, produto; serviço; processos; fatores humanos; fatores operacionais e fatores externos.

Capítulo 6
Questões para revisão

1. São basicamente:
- *Pessoal;*
- *Deslocamento;*
- *Treinamento;*
- *Suprimentos;*
- *Espaço;*
- *Pesquisa;*

- *Despesas de capital e*
- *Despesas indiretas*

2. São os elementos elencados por Frezatti (1999), quais sejam:
- *projeção de vendas;*
- *formação de preços;*
- *projeção de custos dos produtos;*
- *projeção de despesas variáveis;*
- *projeção de despesas fixas: projeção de tributos;*
- *projeção de necessidades de capital.*

3. Os indicadores para análise de investimentos devem atender basicamente aos seguintes requisitos: definir as especificações técnicas dos investimentos; apresentar alternativas viáveis tecnicamente; permitir uma avaliação das alternativas; apresentar todas as etapas que permitam levar ao processo decisório.

4. Na apresentação do fluxo de caixa do plano financeiro devemos considerar a reunião das informações básicas sobre o negócio e analisar as opções; efetuar a checagem adequada das entradas, ou seja, fazer uma provisão para contas que provavelmente não serão recebidas; fazer uma previsão razoável e incluir as despesas e gastos imprevistos na planilha; incluir pró-labore dos diretores e sócios, pagamentos de juros e outros gastos habituais; revisar periodicamente a projeção e checar os planos de expansão e investimento da empresa.

5. Realiza-se um balanço patrimonial básico em uma empresa quando se apresentam números em gráficos (planilhas) que demonstrem:
- *a estimativa de investimento fixo;*
- *a estimativa do custo com os recursos humanos;*
- *a estimativa do custo com os recursos humanos;*
- *a projeção das receitas operacionais;*
- *a projeção dos custos variáveis;*
- *a projeção dos custos totais;*
- *a análise dos resultados;*
- *as estimativas para capital de giro (necessidades);*
- *o investimento inicial (estimado);*
- *a avaliação econômico-financeira do negócio.*

Aconselha-se ainda responder aos seguintes questionamentos:
- *Foram apresentados os esclarecimentos sobre o entendimento dos orçamentos aos membros da equipe?*
- *Foram identificados todos os custos do treinamento necessário para que os membros da equipe fiquem atualizados?*
- *Foram apresentados os custos do treinamento dos usuários que irão implementar o plano de negócios?*
- *Foi identificado o custo permanente em termos de pessoal?*
- *Foi apresentado o custo permanente da manutenção de novos espaços, como aluguel ou expansão de construção?*
- *Foi analisado o custo referente a seguros?*
- *Foi analisado o custo referente a eventuais licenciamentos?*
- *Foi identificado o custo do apoio externo prestado por advogados ou contadores?*
- *Foi identificado o custo de novas aquisições referente a equipamentos ou espaços?*

Capítulo 7
Questões para revisão

1. Porque no plano jurídico é que se estabelece o contrato social da organização. Por isso, tratar o plano operacional e financeiro antes do plano jurídico dá a oportunidade de responder a questões importantes, ação que não seria possível realizar se a ordem fosse invertida.

2. Alguns exemplos são citados no texto, como:

Qual será a forma de constituição jurídica da empresa: sociedade por cotas, sociedade anônima, empresa individual ou responsabilidade limitada?
- *Forma de divisão cotista escolhida?*
- *Questões legais relacionadas à empresa?*
- *Qual advogado ou escritório jurídico representa a empresa?*
- *Que leis, responsabilidades, obrigações, licenças, permissões e outras questões jurídicas (legais) devem ser observadas?*
- *Qual patrimônio está legalmente ativo e utilizável?*
- *Que tipo de registros deverá ser realizado em órgãos públicos?*
- *Quais os custos jurídicos totais associados à reserva legal da empresa?*
- *Que pactos sociais a empresa estabelecerá?*

3. Podemos citar:
- *contrato de acordo de confidencialidade ou competência industrial;*

- contrato de administração;
- contrato de parceria;
- contrato de distribuição;
- contrato de colaboração empresarial de serviços jurídicos pré-pagos para empresas;
- contrato de exportação;
- contrato de importação;
- contrato de direitos (autorais, patentes, registros etc.);
- contrato de licença comercial;
- contrato de convênio, entre outros.

4. Porque é o profissional de direito que possui competência e goza de prerrogativas legais para identificar, analisar, propor alterações, elaborar e concretizar documentos de ordem jurídica nos estabelecimentos legais, mediante assinatura.

5. Os principais contratos ligados à área de administração e negócios são:
- contrato de acordo de confidencialidade ou competência industrial;
- contrato de administração;
- contrato de parceria;
- contrato de distribuição;
- contrato de colaboração empresarial de serviços jurídicos pré-pagos para empresas;
- contrato de exportação;
- contrato de importação;
- contrato de direitos (autorais, patentes, registros etc.);
- contrato de licença comercial;
- contrato de convênio, entre outros.

Capítulo 8
Questões para revisão

1. É a descrição sobre o futuro da empresa, com narrativa plausível e estruturada, sem "previsões", sobre seus propósitos, ajudando a comunicar aos acionistas, parceiros e interessados o horizonte futuro da empresa. A importância resume-se em apresentar elementos, dados e informações que permitam analisar riscos e oferecer alternativas para tomada de decisão, analisar probabilidades e estudos baseados em cálculos estatísticos com objetivo de minimizar os graus de incerteza por parte das ações dos acionistas, de modo a facilitar a aprovação do plano de negócios.

2. Levar em conisderação:

- projeções dos anos anteriores comparados à realidade atual;
- avaliação do mercado nacional aliado ao comportamento do câmbio, comércio nacional, riscos e fatores que afetam as finanças a curto, médio e longo prazo;
- mudanças políticas e econômicas locais, regionais e globais, podendo estar ligadas a vários subfatores: desemprego, reforma trabalhista, judicial, tributária, crédito, sustentabilidade, meio ambiente, entre outros.

3. São basicamente:
- elevação do nível médio de educação;
- nível de gastos/déficit público;
- deterioração das contas externas;
- elevação das taxas de juros;
- deterioração das contas internas;
- indisposição para investimentos diretos; e
- aumento da carga tributária.

4. Realizando o estudo da conjuntura econômico-social regional e nacional em que o plano de negócios tomará lugar: indicadores disponibilizados pelos órgãos oficiais, pelas secretarias municipais, estaduais e federais, pelo estudo dos relatórios e planos de empresas atuantes no segmento.

5.
- Mudança nos índices de gastos ou do déficit público;
- Aumento da inadimplência ou deterioração das contas externas;
- Elevação de taxas de juros praticadas no segmento;
- Aumento da inadimplência ou deterioração das contas internas; e
- Aumento ou variabilidade constante da carga tributária no segmento.

Capítulo 9
Questões para revisão

1. Poderemos realizar uma avaliação sobre nosso plano de negócio ao realizarmos a análise de seu conteúdo e comparar com o que os acionistas, sócios, parceiros ou interessados em nosso empreendimento podem achar.

2.
- É bem estruturado e formatado?
- O resumo executivo está bem apresentado?
- É prolixo?

- *Possui foco bem definido?*
- *Apresenta fundamentação?*
- *É elegante?*
- *É objetivo?*
- *Apresenta metas realistas?*
- *O histórico foi bem apresentado?*

3.
- *Apresentação do negócio da organização, seu objetivo, estratégias, táticas e planos de ação;*
- *Apresentação dos pontos positivos e oportunidades que culminam com melhorias nos processos, redundando em vantagem competitiva perante os concorrentes do mesmo setor do mercado;*
- *Minimização dos erros ou equívocos na hora de tomar decisões;*
- *Facilitação dos cálculos de riscos mediante a apresentação do planejamento estratégico geral;*
- *Definição (ou redefinição) dos produtos e/ou serviços ofertados;*
- *Fornecimento de um documento formalizado que represente as ações futuras da empresa (isso pode facilitar a solicitação de financiamentos ou empréstimos).*

4. Elencando e apresentando as especificações contidas na seção *produtos e serviços* do plano de *marketing*, de modo a possuir uma linguagem única no plano de negócios: apresentação, definição e modo de avaliação.

5. Procede-se à avaliação da identificação, ao mapeamento, análise e definição dos pontos fortes, pontos fracos, oportunidades de melhoria e ameaças do negócio, respondendo a esses requisitos em atenção ao conteúdo exposto no planejamento do negócio (estudado no Capítulo 2).

Sobre o autor

Egon Walter Wildauer nasceu em Curitiba no dia 9 de outubro, mas cresceu em Guarapuava-PR. É bacharel em Informática (1992) pela Universidade Federal do Paraná – UFPR, especialista em Ciência da Computação (1995) pela Pontifícia Universidade Católica do Paraná – PUCPR, aperfeiçoamento em Pedagogia (1995), também pela PUCPR, mestrado em Engenharia de Produção (2002) pela Universidade Federal de Santa Catarina – UFSC e doutorado em Engenharia Florestal (2007) pela UFPR, com aperfeiçoamento florestal na Albert-Ludwigs Universität Freiburg (Alemanha, 2005).

Trabalhou no Centro de Informática N° 5 em Curitiba, onde foi oficial R/2 programador e analista de sistemas corporativos do então Ministério do Exército (1991-1998). Foi gerente de *bureau* na Schlumberger Inc., atuando na gestão de pessoas e processos na indústria de cartões magnéticos. Ingressou na vida acadêmica em 1996, sendo docente, coordenador de cursos e diretor em instituições de ensino superior de Curitiba.

Desde 2005, é professor adjunto I e atualmente exerce a função de vice-chefe do Departamento de Ciência e Gestão da Informação na UFPR. Tem experiência na área de ciência da computação, com ênfase em sistemas de informação, atuando principalmente nos seguintes temas: análise e projeto de sistemas de informação, banco de dados, gerenciamento eletrônico de documentos, fluxo da informação e gestão da informação. Atua também na área de administração nos seguintes temas: gerenciamento de processos, gestão da qualidade e indicadores, gestão de pessoas e fluxos informacionais.

Esse papel foi produzido com madeira
de florestas certificadas FSC® e
outras fontes controladas.

FSC
www.fsc.org
MISTO
Papel produzido
a partir de
fontes responsáveis
FSC® C051266

Impressão: Gráfica Exklusiva
Março/2018